思维型教学理论引领下的学科教学实践丛书

思维型教学理论引领下的学科教学实践

小学数学

总主编 胡卫平

编　著　韩　琴

陕西师范大学出版总社　西安

图书代号　　JY24N0703

图书在版编目(CIP)数据

思维型教学理论引领下的学科教学实践. 小学数学 / 胡卫平总主编；韩琴编著. — 西安：陕西师范大学出版总社有限公司，2024.6

ISBN 978-7-5695-4381-0

Ⅰ. ①思… Ⅱ. ①胡… ②韩… Ⅲ. ①小学数学课—教学研究 Ⅳ. ①G623

中国国家版本馆CIP数据核字(2024)第091996号

思维型教学理论引领下的学科教学实践　小学数学
SIWEIXING JIAOXUE LILUN YINLING XIA DE XUEKE JIAOXUE SHIJIAN XIAOXUE SHUXUE

胡卫平　总主编
韩　琴　编　著

出 版 人	刘东风
出版统筹	杨　沁
责任编辑	刘锋利
责任校对	刘　丽　王师伟
封面设计	李梦瑶
出版发行	陕西师范大学出版总社有限公司
	(西安市长安南路199号　邮编710062)
网　　址	http://www.snupg.com
印　　刷	陕西信亚印务有限公司
开　　本	720 mm×1020 mm　1/16
印　　张	17
字　　数	204千
版　　次	2024年6月第1版
印　　次	2024年6月第1次印刷
书　　号	ISBN 978-7-5695-4381-0
定　　价	65.00元

读者使用时若发现印装质量问题，请与本社联系、调换。
电话：(029)85308697

序　言

　　21世纪培养的学生应该具备哪些核心知识、关键能力和必备品格,才能适应社会需要,推动社会健康发展,成为国际组织和世界各国共同面对的课题,基于核心素养推进基础教育课程改革成为国际趋势。党的十八大报告指出:"坚持教育为社会主义现代化建设服务、为人民服务,把立德树人作为教育的根本任务,培养德智体美全面发展的社会主义建设者和接班人。"党的二十大报告明确提出:"育人的根本在于立德。全面贯彻党的教育方针,落实立德树人根本任务,培养德智体美劳全面发展的社会主义建设者和接班人。坚持以人民为中心发展教育,加快建设高质量教育体系,发展素质教育,促进教育公平。"核心素养是落实立德树人根本任务的重要抓手,是衡量教育质量的关键指标,为学校的育人画像,为教师的教学架桥,为学生的发展导航。发展学生的核心素养,已经得到国内外专家的广泛认同,也是我国新一轮基础教育课程改革的重要特征。

　　教学是发展学生核心素养的重要途径。那么,教学的本质是什么?这是我们需要回答的问题。30多年来,我们从四个方面对其进行了系统的研究:一是系统总结了教学思想的研究成果;二是全面概括了学习研究的最新进展;三是深入分析了核心素养的形成机制;四是利用脑科学、行为学、教育实验等方法系统研究教学方式对学生发展的影响。在此基础上,提出了"核心素养的核心是思维""教学的本质是思维"等观点,建构了以核心素养发展为目标、思维型教学理论为依据、教学实践和活动课程为核心,以综合评价为引领,以教师专业发展为支撑的教学、课程、评价与教师发展的思维型教学体系,系统回答了培养什么人、怎样培养人、谁来培养人和培养效果如何评价等问题。研究成果获得了3项国家级基础教育教学成果奖、1项国家级高等教育教学成果二等奖、2项山西省社会科学研究优秀成果一等奖和1项陕西省科学技术二等奖,应用于《义务教育科学课程标准(2022年版)》、教育部"国培计划"、国务院教育体制改革项目、国家义务教育质量监测等方面,推广到20多个省份的5 000余所学校,受益学生500余万,大幅提升了学生的核心素养、教师的专业素质、学校的办学水平以及区域的教育质量。建立了辽宁省、湖南省、重庆市、深圳市、武汉市和西安市等思维型探究实践基地。成果还被美国、俄罗斯等国家的部分学校使用,产生了广泛影响。

近年来,我们系统地总结思维型教学在各个领域的应用成果,陆续出版了系列专著和丛书。如在教师专业能力发展领域,出版了"思维型教学理论引领下的教师专业能力实训"丛书;在教学实践方面,出版了《思维型教学理论操作指南》;在课程建设方面,出版了《学思维活动课程》;在评价领域,开发了思维型教学引领下的学生核心素养、教师专业能力、学校创新指数等评价标准和工具;在科学教育方面,出版了"思维型教学理论引领下的科学教育研究"丛书;在区域和学校实践方面,出版了"思维型教学的实践探索"丛书。

为了便于教师更好地将思维型教学理论应用于学科教学,我们团队策划了"思维型教学理论引领下的学科教学实践"丛书。在丛书出版之际,感谢现代教学技术教育部重点实验室的大力支持,感谢团队成员的共同努力,感谢陕西师范大学出版总社领导的精心组织和编辑的认真工作。基于思维型教学理论进行教学设计是一项复杂的工作,由于水平所限,本丛书在理论与实践方面还有许多不足之处,恳请广大读者批评指正。

现代教学技术教育部重点实验室

2024年4月

前　言

　　教学设计为落实发展中小学生核心素养、提高教育教学质量提供了系统的可操作化的教学程序。小学数学教学设计是在《义务教育数学课程标准（2022年版）》指导下，以思维型教学理论为基础，以典型课型和典型教学设计案例为支撑，引领一线小学数学教师深度理解思维型教学理论，把"以思维为教学核心、以思考为学习关键"的教育理念落实在小学数学教学设计的各个环节，以此培养学生正确的价值观、必备品格和关键能力，引导学生成长为合格的社会主义建设者和接班人。

　　思维型教学理论是在林崇德先生的聚焦思维结构的智力理论、皮亚杰的认知发展理论和维果茨基的社会文化理论基础上发展起来，30 多年来经历了能力研究与培养阶段、理论建构及实验阶段、体系建构及推广阶段，在科学研究、实践检验、理论凝练的反复锤炼中，最终形成的教学理论。思维型教学理论引领下的小学数学教学设计强调五大基本原理的落实：动机激发、认知冲突、自主建构、自我监控、应用迁移。教学过程中，要创设接近真实生活情境或延展性、进阶性较强的实践情境，以激发学生参与课堂、参与项目活动的兴趣，诱发学生内在学习兴趣，完成从直觉兴趣到理论兴趣的进阶；在创设好的情境中，提出有利于启发学生思维的问题，学生对思维材料经过独立思考及与同伴互动，引起认知冲突，通过同化或顺应两种认知方式完成认知建构。为了提高学生对创造性问题的解决能力，教师要引导学生对学习对象、学习过程、思维方式、所学知识和方法等进行总结和反思，形成自己的认知策略，发展自己的认知结构，提高自我监控能力。为了提升学生的迁移应用能力，教师要创设情境引导学生将所学内容应用到更广泛的学科情境或生活情境中。

本书共四章：第一章思维型教学理论概述，主要讲述了思维型教学理论的三大理论基础和六大要素对教学设计的指导；第二章思维型教学理论引领下的教学设计，主要介绍了整体教学设计的基本思想及教学设计流程中的设计要点；第三章小学数学教学中典型课型的思维培育，主要介绍了小学数学概念教学、规律教学以及复习课教学在教学设计中的核心环节和注意事项；第四章小学数学教学设计案例，主要呈现了课时教学设计和单元教学设计的典型案例。

思维型教学理论是胡卫平教授团队30多年来，在40多项国家与省部级课题的支持下，经历能力研究与培养阶段、理论建构及实验阶段、体系建构及推广阶段，逐渐从教学实践到教学理论，经"科学研究—教学实践"反复检验形成的深受教育专家和一线教师喜欢的教学理论。本教材旨在引用思维型教学理论的基本理论和基本思想，引领一线教师完成思维型教学设计，以实现核心素养落地，为完成小学数学高效教学设计提出操作方法、提出实施建议、提供实践案例。

丛书出版之际，感谢陕西师范大学出版总社领导的鼎力支持和各位编辑的辛勤付出。本书写作过程中，参阅了大量文献和教学案例，在此对各位作者致以衷心的感谢，在引用过程中可能会出现遗漏现象，请多谅解，在此也一并向这些作者表示感谢。

限于水平，书中不免还存在不足与缺点，敬请读者批评指正。

韩琴

2024年5月

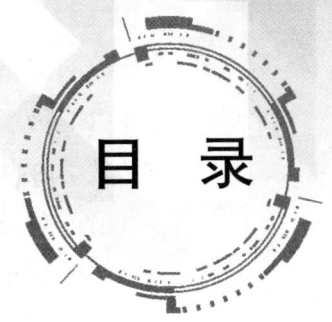

目　录

第一章　思维型教学理论概述 / 1

一、思维型教学理论的三大理论基础 / 1
　（一）聚焦思维结构的智力理论 / 1
　（二）认知发展理论 / 3
　（三）社会文化理论 / 4
二、思维型教学理论的六大要素 / 5
　（一）情境创设策略 / 6
　（二）问题提出策略 / 8
　（三）自主探究策略 / 9
　（四）合作交流策略 / 9
　（五）总结反思策略 / 9
　（六）应用迁移策略 / 10

第二章　思维型教学理论引领下的教学设计 / 11

一、教学目标的确定 / 11
　（一）课标研读 / 12
　（二）教材分析 / 12

（三）学情分析 / 15
　　（四）教学目标定位 / 23
二、教学内容进阶设计 / 24
　　（一）确定跨学段教学内容进阶结构 / 24
　　（二）确定单元教学内容进阶结构 / 27
　　（三）确定课时教学内容进阶结构 / 27
三、思维训练基础课型的教学过程设计 / 28
　　（一）思维方法基础训练课型的教学过程设计 / 28
　　（二）问题解决基础训练课型的教学过程设计 / 30
　　（三）创造性思维提升训练课型的教学过程设计 / 32
四、教学情境设计 / 34
　　（一）创设真实生活情境 / 34
　　（二）创设动态经验连续性情境 / 47
　　（三）利用教学媒体创设情境 / 51
五、课堂提问设计 / 53
　　（一）课堂提问的内涵及功能 / 53
　　（二）课堂提问的整体设计思想 / 54
　　（三）问题链的设计 / 55
　　（四）具体问题的设计 / 57
六、教学评价设计 / 71
　　（一）教学评价 / 71
　　（二）教学评价的类型 / 72
七、数学学科思维能力培养的整体设计 / 73
　　（一）制订学科思维能力培养计划 / 73
　　（二）教给数学思维方法 / 74
　　（三）训练思维品质 / 80
　　（四）指导学生学习 / 83
　　（五）培养非智力因素 / 83

（六）绘制思维方法进阶结构／88

第三章　小学数学教学中典型课型的思维培育／91

一、数学概念教学中的思维培育／91

（一）数学概念／91

（二）数学概念教学中的思维培育策略／93

二、数学规律教学中的思维培育／109

（一）数学规律／109

（二）数学规律教学中的思维培育策略／110

三、数学复习课教学中的思维培育／118

（一）复习课／119

（二）数学复习课教学中的思维培育策略／121

第四章　小学数学教学设计案例／126

案例1："数面积"课时教学设计／126

案例2："推理"课时教学设计／134

案例3："课桌有多长"课时教学设计／144

案例4："认识图形"课时教学设计／152

案例5："三角形的三边关系"课时教学设计／158

案例6："生活中的负数"单元教学设计／168

案例7："分数的意义"单元教学设计／187

案例8："100以内数的认识"单元教学设计／210

案例9："元、角、分"单元教学设计／237

参考文献／256

第一章
思维型教学理论概述

思维型教学的目标指向核心素养,小学数学核心素养的关键是思维。思维型教学理论引领下的教学设计,既要培养学生的核心素养,又要基于学生的认知水平和知识经验,制订系统的教学设计。

一、思维型教学理论的三大理论基础

思维型教学理论是在林崇德的聚焦思维结构的智力理论、皮亚杰的认知发展理论和维果茨基的社会文化理论基础上发展起来的教学理论。经过30多年的科学研究、实践检验、理论凝练、反复锤炼提升,最终形成现在的思维型教学理论。为了深度理解思维型教学理论,我们有必要剖析思维型教学理论的三大理论基础,并明确三大理论基础对小学数学教学设计的指导。

(一)聚焦思维结构的智力理论

智力理论的主要思想包括:思维是智力与能力的核心;概括是思维的基础;培养思维品质是发展智力与能力的突破口;思维能力的培养,最终要发展学生的逻辑思维能力;思维是一个系统的结构;各学科教学是否有成效,关键在于能否让学生形成各种学科能力;教学是师生交互作用的活动,教师和学生在教学活动中都是能动的角色和要素,他们互为主体、互相依存、互相配合,共同推动着教学过程向前发展。

聚焦思维结构的智力理论的核心是思维的"三棱结构"模型(见图1-1)。该模型认为,思维的心理结构是一个多侧面、多形态、多水平、多联系的结构,包括思维的目的、思维的过程、思维的材料、思维的品质、思维活动中的非智力因素和思维的监控。它是静态结构和动态结构的统一,动态性是思维结构的精髓。思维的品质反映了人与人之间思维的个体差异,是判断智力层次,确定一个人智力是正常、超常还是低常的主要指标。非智力因素是指除了智力与能力之外,同智力活动效应发生交互作用的一切心理因素,主要包括:情感过程(情绪、情感)、意志过程(意志)、意识倾向性(动机、理想、信念、世界观)、气质性格等。这些因素对学生的学习起着动力、定型和补偿作用。

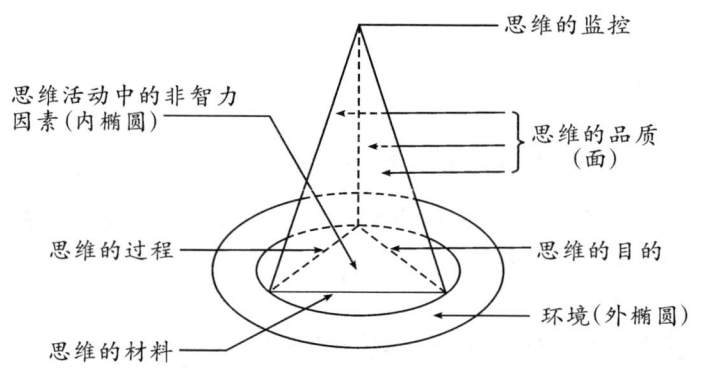

图 1-1 思维的"三棱结构"模型

思维的"三棱结构"模型为教学设计提供了理论性指导,为课堂教学的改革指明了方向。

(1)思维的"三棱结构"模型指出思维是一个系统的结构。教师在教学设计时,须遵从系统设计的原则,进行多层次、全方位的整体教学设计。

(2)环境(外椭圆)对教学设计的启示:教学设计过程中需要进行很好的情境创设。情境创设时需要注意考虑情境的以下特征:真实性、实践性、多样性、进阶性、整体性和延展性。

(3)思维活动中的非智力因素(内椭圆)对教学设计的启示:非智力因素对思维能力的培养起到启动、定向、补偿和协调的作用。教学设计中需考虑非智力因素的激发与维持,为学生进行积极主动地探究与思考提供源源不断的动力。

(4)思维的目的、过程、材料作为思维的心理结构模型塔身的根基,对教学设计的启示:教学设计需要有目标意识,教师需要在课标分析、教材分析、教学内容分析、学情分析的基础上确定单元教学目标和课时教学目标;教学过程设计时,需要依据思维的过程进行活动过程的设计,为培养学生的思维能力进行层次分明、逻辑清晰的活动设计;思维的训练需要借助一定的材料进行,教学设计中教师还需要考虑针对某种思维方法或思维品质,提供给学生哪些材料,引导学生从哪个视角进行层次递进的思考,学生才可以借助这些材料很好地进行信息加工,最终完成问题解决。在解决问题的过程中,逐渐从感知材料、提高感性认知,逐渐过渡到分析材料、提高理性思考,到综合分析材料、全面利用信息创造性地解决问题,在这个过程中实现思维能力的发展和核心素养的提升。

(5)思维的品质是思维心理结构模型的塔身,也是思维能力培养的突破口。教学设计过程中,教师需要进行思维品质培养的严密设计。针对深刻性品质,教学设计中要注意引导学生进行系统的理性思考,掌握透过现象看本质的基本方法和策略;针对灵活性品质,教学设计中需要创设延展性好的情境或问题,引导学生能够从不同的角度、用不同的方法和路径,实现创造性解决问题的效果;针对敏捷性品质,教学设计中要注重引导学生将所学内容形成科学完备的认知结构体系、完整的认知图式,面对问题时可以快速准确地制订解决方案并解决问题;针对独创性品质,教学设计过程中需要引导学生发挥想象、发散性思考问题,积极探索、突破思维定式,形成创造性想法、观念、策略,为解决问题奠定基础;针对批判性品质,教学设计中需树立学生的自信心,引导学生敢于挑战权威,敢于质疑问难,养成深入反思的习惯,对他人或自己的观点、做法敢于质疑,敢于提出新的观点,并能提出足够的证据支撑自己的观点和想法。

(6)思维的监控作为思维心理结构模型的塔尖,统领和监控着思维能力发展的各个环节和要素。教学设计过程中要同时关注思维能力培养活动的各要素:情境创设、非智力因素的激发与维持、目标的确定、材料的选择与准备、活动的过程设计与把控、思维品质的培养。为实现高效教学,教学设计中还要注意对各要素进行提前计划,做到逆向设计、正向"施工";教学过程中根据教学进程检查各要素是否按计划进行,形成科学合理的评价,用不同方法积极反馈,根据反馈情况及时对各要素进行调节,整体控制教学活动围绕教学目标有序开展。

(二)认知发展理论

皮亚杰的认知发展理论的核心观点:心理发展是主体与客体相互作用的结果。他用图式、同化、顺应和平衡四个基本概念阐释认知发展的过程,图式是认知结构,同化和顺应是认知结构发展完善的过程,平衡是认知发展的心理动力。皮亚杰还把认知发展分为四个阶段:感知运动阶段、前运算阶段、具体运算阶段、形式运算阶段。

认知发展理论是思维型教学理论的理论基础,对教学设计有重要的启示和指导作用。

(1)认知发展的四个基本概念中,教师要领略到:教学设计过程中,需要关注学生对认知图式的建构方法、过程和结果(图式)。思维型教学理论强调引导学生通过积极主动的认知建构形成科学完整的认知图式。图式的形成,有助于发展学生思维的敏捷性和思考问题的逻辑性和深刻性。

(2)思维型教学理论强调创设情境引导学生产生认知冲突,旨在打破原有认知结构,解决问题的不全面性,引导学生丰富知识、提升技能,寻求更有效的问题解决路径,通过同化或顺应实现新的认知平衡。在此过程中发展思维能力,提升核心素养。

(3)认知发展的四个阶段展现了儿童成长过程中,不同阶段认知发展的不同特征,展现了认知发展的进阶性。《义务教育数学课程标准(2022年版)》出台后,强调跨学段整体设计思想,强调各学段之间的衔接。教师在教学设计过程中,不仅要依据儿童认知发展的特征设计符合儿童发展的教学活动,还要形成跨学段整体设计思想和学段相关内容之间的进阶设计思想。

(三)社会文化理论

维果茨基的社会文化理论是关于人类思维高级功能发展的研究,该理论的核心组成部分有内化、最近发展区、脚手架,主要探索人类思维与文化、历史、教育之间的关系。该理论认为,认知发展多数是由机体外部向内发生的,是社会交互的结果。儿童在他们的世界里观察人们之间的相互作用,并且儿童自己也同其他人发生相互作用,然后利用这些相互作用来促进自己的发展。社会文化理论对教学设计的启示有:

(1)思维型教学理论强调课堂互动,不仅强调教学中教师和学生的双主体地位,还强调教学过程中教师、学生、内容和环境等要素两两之间的相互作用和相互影响。其中从师生互动和同伴互动层面强调思维互动为核心,情感互动为基础,行为互动为外在表现。

(2)内化主要是人与人之间、人与环境之间相互作用、相互碰撞之后,有意识的人脑经过思维,通过同化和顺应两种机制,形成相对稳定的认知结构的过程。为了促进学生对所学内容的内化,教学设计过程中要注重学习实践情境的创设,促进人与情境之间的相互作用;在设计活动环节时,要注意创设课堂互动情境,促进师生之间和同伴之间的相互作用;此外,还要注意新旧知识经验之间的相互联系,促进同化和顺应的顺利发生,实现认知建构的过程,完成由外向内的转化(即内化)。

(3)最近发展区的核心观点是认知发展要经历实际发展水平向潜在发展水平转化,两水平之间的区域为最近发展区。教育发生在最近发展区范围之内,教学设计中涉及的学习任务需要控制在最近发展区内,学生在适当的引导下,才可以顺利完成两水平的跨越发展。教学设计中教师提出的问题和设计的活动任务难度低于学生现有认知水平时,学生处于不学习即可完成任务状态;任务难度高于学生潜在认知发展水平时,学生即使努力思考依然无法完成任务。这两种状态,学生都无法完成认知发展。

(4)脚手架是和最近发展区有密切关系的一个概念,是在学生不能独立完成任务的情况下,教师、同伴或指导者通过交谈、讨论等方式,为学习者提供脚手架,最终实现任务解决。教学设计中,主要表现为教师设计层次递进的任务或问题链引导学生,使学生在轻松愉悦的情境下完成任务。尤其是学生在面对高难度或挑战性学习任务时,教师常会组织学生进行讨论,通过师生和同伴之间的互动,完成脚手架的搭建,实现学生无法独立解决的问题得以轻松解决。教师在教学设计中,需要根据学情分析,研判任务的难度,设置好梯度恰当的脚手架式的引导或活动。伍德曾提出搭建脚手架的六种策略:吸引学习者兴趣、简化任务难度、保持学习者完成任务的积极性、强调任务的重要特征、减少学习者的压力和沮丧感、演示完成任务的方案。教师在搭建脚手架时可以根据具体情况选择恰当的策略进行设计。

二、思维型教学理论的六大要素

思维型教学理论包含五大基本原理:动机激发、认知冲突、自主建构、自我监控、应用迁移(见图1-2)。这五大基本原理相互联系、相互支撑,是一个有效指导教学的完整体系。教师在教学过程中,创设情境激发学生学习动机,为学生积极主动学习提供物质情境和积极探索的心境;在教师恰当的提问和引导下引发学生产生认知冲突,促进学生积极思维,为学生认知建构开辟有效途径;在平等和谐的课堂互动和自主探究等活动中,学生完成自主建构;在认知冲突、积极思维、自主探究、自主建构的交替螺旋式递进的过程中,学生实现认知发展。

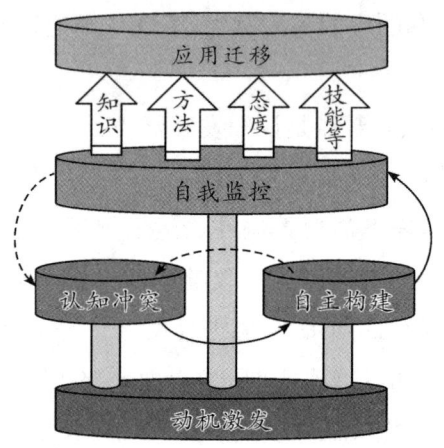

图1-2 思维型教学理论五大基本原理关系

为了形成整体认知发展的路径、策略和方法,教师需要引导学生跳出情境回顾总结整个学习活动,查缺补漏形成科学完备的认知结构,这个过程主要在自我监控中完成;学生完成初步的学习后,教师需要引导学生将所学的知识、技能、方法、态度等迁移应用于其他问题情境或日常生活情境中,实现学以致用,完成对所学内容的融会贯通,实现学科结构和跨学科结构的整合,同时实现对教学目标达成的检核。

思维型教学理论的五大原理反映在教学过程中体现为六大教学要素,即创设情境、提出问题、自主探究、合作交流、总结反思和应用迁移。下面从六大教学要素的视角,阐释在教学设计过程中教师需要关注的要点。

(一)情境创设策略

创设教学情境的核心目的是激发学生进行认知活动的心理准备和解决问题的动机,启动学生的学习过程,引导学生结合呈现的材料和问题情境解决问题,最终达到促进学生思维发展的目的,让学生有意识地将自己所学的知识和技能应用于不同情境中。教师创设的情境需要考虑真实性、实践性、多样性、进阶性、整体性、延展性等。

1. 真实性

教学情境是联系学生已有知识经验和新学内容的桥梁和纽带。教学设计中教师创设的情境需具有真实性。真实性情境不仅可以轻松将学生带入课堂，激发学生的学习动机，而且可以帮助学生在新旧知识之间建立联系，有效促进学生顺利完成认知建构，还可以促进学生深度思考，有利于学生将所学的内容应用迁移到更广泛的情境中。

2. 实践性

实践是认知的基础，是检验真理的唯一标准。实践性教学情境可以为学生提供生动活泼、可操作化的学习材料，不仅可以提高学生学习兴趣，激发学生学习动机，促进其积极主动地学习；富有趣味的实践情境还可以化枯燥为生动，促进学生将所学内容与情境相联结，提升其情境记忆。实践出真知，在实践过程中有助于学生深度思维，通过抽象概括把握事物的本质属性和共同特征。

3. 多样性

随着信息时代的飞速发展，以计算机为核心的现代教育技术被广泛地应用于教学。教学设计时教师不仅可以借助与教学内容密切相关的图片、动画、模型以及实验器材等进行情境创设，给学生提供大量直观形象的思维加工材料，而且可以借助信息技术交互式地综合处理文字、图形、图像、声音、动画、视频等多种媒体信息，将相关材料建立逻辑连接，集成一个信息丰富、呈现形式多样的信息系统，利用多媒体技术，为学生提供直观形象、多样化的协作学习情境。

4. 进阶性

教学的本质是促进学生思维进阶。不管是皮亚杰的认知发展理论，还是维果茨基的社会文化理论都强调学生学习的进阶发展。学习过程中任务难度适合学生现有认知水平，又高于学生现有水平，达到学生发展的潜在水平，将有利于学生完成学习进阶、思维进阶。教学设计中不管是课时学习，还是跨学段学习，教师创设恰当梯度的学习任务，将有利于学生在学习过程中获得成就感，同时学生可以将所学内容形成逻辑严谨的结构体系。

5. 整体性

教师在教学过程中，会将每个领域系统化的知识结构拆解开，一部分一部分地组织教学。学生一开始学习到的被拆分后的知识一定程度上呈现出碎片化状态,随着学习的发生,教师需要引导学生将所学碎片化的信息整合为组块化认知结构体系。组块化的知识结构是将所学知识逻辑清晰、层次分明地组织建构起来。创设整体性学习情境,不仅有利于学生将所学内容进行多重编码,提高记忆效果,而且可以减少认知负荷、提升学习效率,并有利于激活直觉思维和创造性思维。

6.延展性

教师创设延展性好的教学情境,既能让学生在课堂上积极主动地思考问题,又能让学生带着更多的好奇和探究欲望走出课堂,形成余音绕梁式的教学效果。教师进行教学设计时,可以综合考虑学生学习兴趣点,找准学生学习生长点,挖掘学习内容与生活实践的连接点,创设适于探究学习和实践性学习的教学情境。

(二)问题提出策略

好的教学情境是好的问题的摇篮,好的问题是激发学生深度思维的有效手段,设计出环环相扣、层层递进、逻辑关系强的问题链是成功教学的关键。问题链可以有效克服提问的细碎、离散、低认知及随意等不足,帮助学生完成知识建构,引导学生进行高水平的思维活动,促进学生深度理解,帮助学生获得解决问题的技巧策略,实现系统论中所说的"整体大于部分之和"之功效。

问题链设计第一步:基于核心素养确定单元学习主题中的核心观念。这一步主要是结合课标、相应教材等确定单元学习主题,结合课标把握单元学习主题的核心素养要求,明确本单元中重点培养的核心素养有哪些,厘清单元学习主题的知识结构与内在脉络,构建出单元学习主题的知识结构图。

第二步:依据核心概念设置与之关联的主干问题。主干问题设置的几点要求:一是要促进核心概念产生,需揭示核心概念背后的知识本质,需反映知识的发展脉络,彰显其蕴含的基本思想;二是要设置与内容密切相关的少而精的关键问题,能给学生提供充足的思考与探究的空间;三是要有一定的挑战性和开放性;四是主干问题在知识、方法、思维、价值观等方面彼此关联。

第三步:围绕主干问题铺设序列化子问题。子问题设置的几点要求:一是需充分展示子问题与主干问题关联的核心概念的发展与生成脉络,深入揭示其背后蕴含的知识与基本思想,让学生在"探究—综合—整理—提炼"的过程中,实现"子问题—主干问题—核心概念—核心素养"的领悟与提升;二是子问题的设计要在学生最近发展区内;三是子问题铺设不宜太细、太密集,防止异化;四是需要注意子问题的难度与梯度。

(三)自主探究策略

探究是获取科学知识的主要途径,是通过多种方法寻找证据、运用创造性思维和逻辑推理解决问题,并通过评价与交流等方式形成共识的过程。引导学生自主探究需要考虑:(1)创设恰当的探究学习的情境;(2)对学生探究精神、合作精神、创造性问题解决能力的培养;(3)基于学习进阶的思想,探究分为控制性探究、指导性探究、引导性探究、自主探究四个水平,教学设计需要考虑探究水平的进阶;(4)探究中学生需要掌握分析、综合、比较、抽象、概括、推理、类比等方法,教学设计中需要考虑学生思维方法的训练情况;(5)探究能力集中体现在八个方面:提出问题、作出假设、制订计划、搜集证据、处理信息、得出结论、表达交流、反思评价,教学设计过程中可以有针对性地训练学生某种能力或综合能力。

(四)合作交流策略

合作交流能力是学生最重要的学习能力,是两个或两个以上个体通过恰当地使用语言,产生有效互动,共同探讨问题、交流思想,激发彼此深度思维,促进对新知识的理解,建构新的认知结构,提高学习效果,提升合作交流等素养的一种能力。教学设计的过程中需要注意的事项:(1)问题提炼。精选提炼出操作性强或需合作探究的问题。(2)氛围营造。营造出小组成员平等互助、心理安全的活动情境和小组互动氛围。(3)互动深刻。合作交流过程重在思维互动充分,切忌浅尝辄止。(4)指导到位。学生合作交流过程中,教师对阻碍学生互动的困惑点给予及时指导。(5)展示充分。给学生合作交流的时间和空间后,要给学生展示的平台,让学生充分展示。(6)技巧提点。在同伴展示中,引导学生聆听同伴的发言,在深入思考的基础上能提出相应的评价。

(五)总结反思策略

总结反思策略是针对自我监控原理提出的教学要素。教师在教学设计过程中需要做到:(1)整体设计。教师不仅要进行课时教学设计,更要进行长期的教学规划、系统的进阶设计。(2)目标准确。2022版新课标的出台意味着课堂教学进入深度改革,核心目标是落实核心素养,总结反思过程首先要对教学目标进行审慎评价。(3)认知结构科学完整。教学设计提倡进行单元整体进阶设计,并根据单元核心素养目标的教学需要对教材内容进行合理调整,方便学生厘清各知识点的内涵及相互关系,建构科学完整的认知结构图。(4)方法训练到位。在每个单元的学习过程中会涉及一些核心的思维方法及问题解决方法,针对这些方法,教师在教学设计中有对应的训练方法和手段,学生能够掌握这些方法的要领,并能在不同情境中灵活运用。(5)教学设计迭代更新及时。通过课时教学反思、单元教学反思、学期教学反思、学年及学段的总结反思,要将反思的结果及时体现在教学设计中,将教学中总结出的成功点、教学亮点及时总结提炼成教学成果,进行分享与推广。将教学中不到位的地方及时进行调整更新,提出新的教学设计方案,以便下次教学实践中重新尝试探索,以追求最佳教学效果。

(六)应用迁移策略

应用迁移的核心目标是引导学生将所学知识、技能方法、态度观点应用到更广阔的情境领域和日常生活的真实问题情境中,以此促进学生形成科学完整的知识组块或知识结构图,促进学生深度思维,了解事物的本质属性和特征,促进学生对所学内容高度概括,以不同形式应用到不同情境中,最终实现知识扩展、方法发展、品质提升、能力提升和核心素养的有效发展。教师在教学设计中需要注意以下几点,(1)情境创设:创设出的应用迁移情境需要具有真实性、实践性、广阔性、延展性,需有利于知识、技能等的扩展与提升;(2)跨学科教研:应用迁移期望引导学生将所学内容迁移拓展到更多学科中,教师受学科知识领域的影响,跨学科知识储备往往存在不足的现象,建议进行跨学科教研,弥补学科知识的限制。

第二章
思维型教学理论引领下的教学设计

教学设计诞生于20世纪40年代,随着系统方法论的应用,在20世纪60年代末70年代初教学设计成为了一门正式的学科。何克抗等人将教学设计定义为:教学设计主要是以促进学习者的学习为根本目的,运用系统方法,将学习理论与教学理论等的原理转换成对教学目标、教学内容、教学方法和教学策略、教学评价等环节进行具体计划,创设有效的教与学系统的"过程"或"程序"。思维型教学理论强调教学的核心是思维,学习的关键是思考,教学是一门有规律可循的科学,也是充满创造的艺术。思维型教学理论引领下的教学设计突出强调教学设计各环节中对思维教学的思考与实践。

一、教学目标的确定

确定教学目标需要在研读课程标准的基础上,解析教材承载内容与课标的对应关系,并用多种手段精准把握学生现状,以此为基础达到精准把握单元及课时从哪里出发、借助什么内容和途径、达到什么目标。

2019年7月8日印发的《中共中央国务院关于深化教育教学改革全面提高义务教育质量的意见》为义务教育阶段的课堂革命给出旗帜鲜明的指导意见,2022年4月颁布的《义务教育数学课程标准(2022年版)》(以下简称"2022版课程标准")为落实核心素养提出具体可操作的实施指南。核心素养在数学课程中的内涵体现:通过数学课程的学习,学生达到"三会":会用数学的眼光观察现实世界,会用数学的思维思考现实世界,会用数学的语言表达现实世界。最终获得适应未来生活和进一步发展所必需的"四基":数学基础知识、基本技能、基本思想、基本活动经验。厘清知识、学科、生活之间的相互关系,在探索真实情境中提高"四能":发现问题、提出问题、分析问题、解决问题的能力。通过数学学习培养学生"非智力"因素,具体表现为:对数学具有好奇心和求知欲,了解数学的价值,欣赏数学美,提高学习数学的兴趣,建立学好数学的信心,养成良好的学习习惯,形成质疑问难、自我反思和勇于探索的科学精神。

教学目标的确定要以核心素养的构成要素"三会"为纲,以课程总目标中的"四基""四能""非智力"因素为目的,分纲目逐层制订。为了能准确定位单元教学设计和课时教学设计目标,必须遵循以下步骤。

(一)课标研读

2022 版课程标准的发布,标志着义务教育课程蓝图正式进入到实施层面,推动着教育教学的深度革命。2022 版课程标准强化了课程育人导向,优化了课程内容结构,研制了学业质量标准,增强了教学指导性,加强了学段衔接。

小学数学是研究数量关系和空间形式的科学。数学是通过数学的眼光观察现实世界,完成对现实世界的分析探究;用独特的数学思维思考现实世界,完成对现实世界纷繁复杂现象的抽象概括;用数学语言表达现实世界,完成对现实世界的科学决策与表达交流,以此指导人们运用规律科学实践的一门学科。数学是思维的体操,创新是体操的灵魂,思维型教学理论指导下的小学数学的教学设计中,关注训练思维方法、提升思维品质、发展思维能力与创新能力是教学设计的关键。

课程标准是整体教学设计的纲领,也是指导整体教学设计的旗帜。通过对课程目标、课程内容、教学评价、教学实施的研读,将有利于我们确立核心素养的教学目标,设计体现结构化特征的教学内容,实现促进学生发展的教学活动,探索激励学生学习和改进教学的评价,促进信息技术与数学课程融合,引导学生逐步形成适应终身发展需要的核心素养。

(二)教材分析

教材为学生的学习活动提供了学习主题、知识结构和基本线索,是实现数学课程目标、实施数学教学的重要资源。教材为我们有的放矢设计教学提供了基础,也是实现学生核心素养形成的重要载体。目前小学数学各种版本的教材均为 2022 版课程标准出台前编制,教材的整体进阶性以及内在系统性和进阶性在部分章节中体现得不够强,教师教学设计过程中可以根据教学内容及学情适当进行调整。

以下以杭州文海集团第二实验小学郑爱荣教师团队"万以内的加法和减法"的教学设计案例为例说明教材分析。

人教版"万以内的加法和减法"这一内容安排在三年级上册的第二、四单元进行教学。这两个单元是整数加减法的最终阶段,通过这部分内容的学习,一方面使学生巩固并掌握整数加减法的计算法则,能熟练地进行计算,并能通过迁移解决更多位数的加减法计算;另一方面,也为进一步学习小数加减法和多位数乘除法中部分积的加减法打下基础。

教材中这两个单元的具体课时安排分别如图2-1、图2-2:

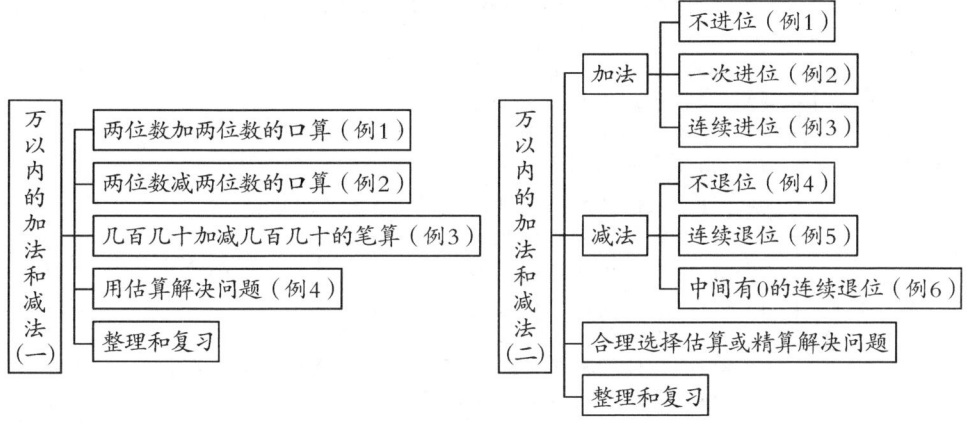

图2-1　第二单元课时安排　　　　图2-2　第四单元课时安排

从教材的编排意图看,第二单元的内容主要是承上启下的作用,为第四单元的教学做好铺垫。比如两位数加减法(口算)、几百几十加减几百几十(笔算)和用估算解决问题。再来看第四单元的教材编排,主要包括三位数加减三位数的笔算和解决问题两部分内容。

从整体编排上来看步子比较小,知识点的推进较慢。但从学科逻辑的角度看,存在两个问题:其一,两个单元的内容在算理和算法上都是一致的,人为的切分破坏了知识结构的整体性;其二,从笔算内容的编排看,第二单元"几百几十加减几百几十"是第四单元"三位数加减三位数"的一种特殊情况,没有单独编排的必要。

万以内的加减法是在百以内的加减法的基础上展开教学的,并且算理和算法是一致的,属于迁移学习。开启"万以内的加法和减法"单元学习前,我们通过访谈了解到部分学生对"万以内的加法和减法"单元已经有了较好的学习基础。为了更全面地了解学生的学情,我们对三年级的 35 名同学进行了教学前测,并对前测数据进行分析,发现学生对"100 以内的加减法口算""万以内的加减法笔算"掌握程度高,学生学习的现实起点远远高于教材编排的逻辑起点。

基于以上学情,通过研读课程标准、教材和教参,可以发现三年级上册这两个单元的教材内容、教学建议、编排特点和教学目标高度相似,因此可以将万以内的加法和减法(一)和(二)两单元内容进行单元整合重构,实现整体性建构,同时用节省的课时开展单元拓展活动,使单元内容结构化、条理化和系统化,让学生学得更有趣、更具挑战性。整合前框架如图 2-3。

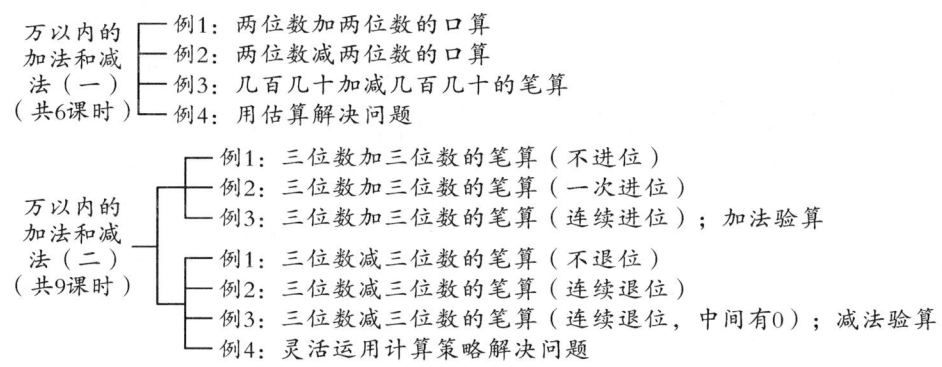

图 2-3　整合前框架图

整合后框架如表 2-1。

表 2-1　"万以内的加法和减法"优化整合表

		优化整合后		
	课型	课时内容	课时目标	课时
万以内的加法和减法（共9课时）	起始课	两位数加减两位数的口算	能旧知迁移,正确口算两位数加减两位数,体会算法的多样化	1课时
	新授课	万以内的加法	理解加法竖式的算理,掌握算法,并能通过迁移解决更多位数的加法计算,会验算	2课时

续表

优化整合后				
	课型	课时内容	课时目标	课时
万以内的加法和减法（共9课时）	新授课	万以内的减法	理解减法竖式的算理，掌握算法，体会加法和减法之间的联系，并会验算	2课时
	拓展课	好玩的数字谜	经历简单推理的过程，培养思维的条理性和严密性，提高逻辑思维能力，建立加减法之间的结构与联系，发展代数思想	1课时
	新授课	用估算解决问题	体会估算的意义和方法的多样性，积累估算的经验	1课时
	新授课	解决问题的策略	掌握估算的方法，渗透估算的策略，体会精算和估算在生活中的必要性和实际意义	1课时
	复习课	复习与关联	一方面要回顾整理单元知识点，形成单元知识框架，另一方面要归结本单元的数学思想方法，促进学生思维能力的提升	1课时

以上案例仅供大家参考，是否进行内容及顺序上的调整，尚需结合教材内容、考虑学生具体学习情况进行整体设计与统筹安排。

（三）学情分析

学情分析是指教师为有效指导学生的学习，全面了解学生的学习及相关情况，既包括学生已有基础知识的水平，也包括学生认知、情感等心理因素，还包含对学生生理及所处社会特点等因素的分析，进而对学生的学习情况进行诊断、评估与分析，以便进一步作出有效的决策和实施教学。学情分析是教学系统设计的前提和基础，是精准实施课堂教学的关键要素，据此来确定教学目标、重难点和教学策略，才能真正做到有的放矢。

1. 学生思维发展的一般特征

教育要做到有的放矢，训练提升学生的思维能力，首先需要掌握学生的思维发展特征。一个个体成长过程中思维发展需要经历5次质变,抓住思维发展质变期进行有针对性的培养,会让教育呈现的效果事半功倍。图2-4为思维发展的一般特征。

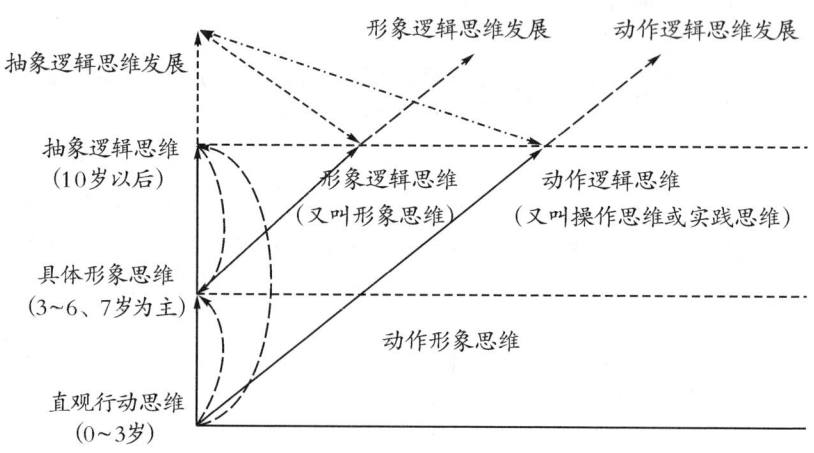

图2-4 思维发展的一般特征

思维在发展过程中,表现出稳定的阶段性。婴儿期(从出生至3岁),主要是直观行动思维;幼儿期或学前期(3~6、7岁),主要是具体形象思维;童年期、学龄初期或小学期(6、7~11、12岁),主要是形象抽象思维,即处于从具体形象思维向抽象逻辑思维的过渡阶段;少年期、学龄中期或初中期(11、12~14、15岁),主要是以经验型为主的抽象逻辑思维;青年初期、学龄晚期或高中期(14、15~17、18岁),主要是以理论型为主的抽象逻辑思维。

小学生的思维处于迅速发展期,兼具操作思维、形象思维和抽象思维。事实上,一年级儿童是以具体形象思维为主要形式,与幼儿晚期差不多;五年级儿童的思维尽管带有具体形象性,但基本上是抽象逻辑思维了。整个小学生的思维总的趋势,是从具体形象思维向抽象逻辑思维过渡。

儿童青少年在思维的发展中,表现出几个明显的质变:(1)出生后八九个月,是思维发展的第一个飞跃期,直观行动思维也自这个时期之后获得发展。(2)2~3岁(主要是2.5~3岁),是思维的第二个飞跃期,这是从直观行动思维向具体形象思维发展的一个转折点。(3)5.5~6岁,是思维的第三个飞跃期,形象抽象思维,即从具体形象思维向抽象逻辑思维过渡期,正是从这个时期开始的。(4)小学四年级,是思维发展的第四个飞跃期,四年级之前以具体形象为主要形式,四年级之后则以抽象逻辑思维为主要形式。对于这个转折点,在许多儿童思维的实验研究中得到证实。(5)八年级,是思维发展的第五个飞跃期。整个中学阶段(青少年期)的思维,抽象逻辑思维占主导地位。八年级是从经验型向理论型发展的开始,也是逐步了解对立统一的辩证思想规律的开始。(6)思维发展还有一个成熟期。实验表明:16～17岁(高中一年级第二学期至高中二年级第一学期)是思维活动的初步成熟期。思维成熟后表现出的特点:一是成熟后思维可塑性比成熟前要小得多;二是思维一旦成熟,其年龄差异显著性逐步减少,而个体差异的显著性越来越大。

在一定社会和教育条件下,思维发展具有一定的稳定性和普遍性。如阶段的顺序,每一阶段的变化过程和速度,大体上都是稳定的、共同的。但另一方面,由于社会和教育条件在儿童青少年身上起作用的情况不尽相同,因而在他们的思维发展进程和速度上,彼此间有一定的差距,这也就是思维的可变性。

思维发展既有稳定性,又有可变性,两者是相互依赖、相互制约又相互渗透的。同时,思维发展的年龄特征的稳定性和可变性是相对的,而不是绝对的。思维发展的稳定性和可变性的关系,体现着共性与个性的关系。

思维发展的稳定性表现在不同时代不同社会的儿童青少年思维特征有一定的普遍性和共同性;尽管许多年龄特征有一定的范围和幅度的变化,但思维方面的特征之间有一定的顺序性和系统性,它们不会因为社会生活条件的改变而打破原有的顺序性和系统性,也不会跳过某个阶段。

思维发展的可变性表现在不同的社会生活条件下,儿童青少年某些思维发展的进程和速度会产生一定的变化;在不同的社会生活条件下,会出现有质的区别的思维特征;在不同的社会生活条件下,儿童青少年可能出现某些同样的特征,但这些特征的具体内容却产生变化和差异。在相同的社会生活条件下,由于每个儿童青少年的思维发展原有水平或结构不同,存在着明显的个别差异,即个性差异。有关思维发展中的可变性的研究很多。例如,对由于文化差异所造成的思维发展中的种族差异、民族差异、城乡差异方面的研究;对由于教育措施所造成的思维发展上各种各样差异的研究;对思维发展的个性差异的研究,等等。研究表明,教育能加速或延缓思维发展的进程,思维发展中质变时间是有某种程度的改变的。

学生思维的发展具有可变性和稳定性,意味着思维发展有一定的规律可循,但每名学生思维发展又表现出特异性,这就对我们的教育提出了要求:既要抓住共性特征进行一般的教学设计,又要抓住个性特征进行因材施教。

2. 小学生思维发展特征

小学生思维具备初步逻辑或言语思维的特点,这种思维具有明显的过渡性,即从具体形象思维过渡到抽象逻辑思维。也就是说,小学生思维的基本特点是从以具体形象思维为主要形式逐步过渡到以抽象逻辑思维为主要形式,但这种抽象逻辑思维在很大程度上仍然是直接与感性经验相联系的,仍然具有很大的具体形象性。

小学生思维发展的特征:

(1)小学时期是具体形象思维和抽象逻辑思维两种思维形式交错发展的时期,主要发展抽象逻辑思维,由具体形象思维逐步过渡到以抽象逻辑思维为主要形式。

小学生的思维同时具有具体形象和抽象概括的成分,它们之间的相互关系随着年级升高以及不同性质的学习活动而发展变化。这种特点是由他们的年龄阶段和学习活动的实际要求所决定的。

小学生思维形式的这种过渡,是思维发展过程中的质变。这是通过新知要素的逐渐积累和旧知要素的相对"退化"改造而实现的,因而小学生的思维过渡到以抽象思维为主要形式,并不意味着具体形象思维的全部"消亡"。低年级学生所掌握的概念大部分是具体的,是可以直接感知的。他们的思维活动在很大程度上还是与前面的具体事物或其生动的表象联系着,但并不等于说他们的思维没有抽象概括的成分、没有抽象概括性。事实上,小学生的具体形象思维和抽象逻辑思维都在发展,只是抽象逻辑思维发展起主导作用,发展的更加迅速,所占的比重更大,意义更加深远。正因为如此,中高年级学生才逐步学会区分概念中本质的东西和非本质的东西,主要的东西和次要的东西,学会掌握初步的科学定义。同时,他们还离不开直接经验和感性知识,思维仍具有很大成分的具体形象性。

（2）小学生的思维由具体形象思维向以抽象逻辑思维为主过渡，是思维发展过程中的"飞跃"和"质变"。

在这个过渡中，存在着一个转折期，这个转折期也就是小学生思维发展的"关键年龄"。一般认为，这个关键年龄出现在四年级（约10~11岁）。但思维发展的关键年龄有一定的伸缩性，可以提前，也可以延缓。只要教学得法，小学生思维发展的关键年龄可以提前到三年级。这也意味着小学生思维发展存在着很大的潜力。

（3）通过小学阶段的学习，小学生逐渐具备了人类思维的整体结构，同时，这个思维结构还有待进一步完善和发展。

幼儿时期，思维结构的诸因素还处于萌芽状态。思维结构的初步发展是从小学阶段开始的。从小学阶段起，儿童逐渐开始具有思维的目的性，表现出完整的思维过程，有较丰富的思维过程，有较丰富的思维材料和思维结果，表现出个体思维品质发展的显著差异性，儿童思维的自我监控或自我调节能力也在日益加强。

（4）尽管小学生的思维主要属于初步抽象逻辑思维，但却具备了逻辑思维的各种形式，且辩证思维开始萌芽。

儿童辩证思维发展水平随年龄增长而提高。小学一年级、二年级、三年级是辩证思维的萌芽期，四年级是辩证思维的转折期，五年级和六年级为辩证思维稳步发展时期。在小学生辩证思维发展中，不同的辩证思维形式发展速度不同。辩证思维的三种形式，即辩证概念、辩证推理和辩证判断，是互相联系又互相区别的，其发展有一定的顺序性，是一个由简单到复杂，由低级到高级不断提高的过程。

（5）小学生思维的发展，在从具体形象思维向抽象逻辑思维的过渡中，存在着不平衡性。不平衡性既表现为个体发展的差异，也表现为思维对象的差异。

在整个小学时期，儿童的抽象逻辑思维水平在不断提高，儿童思维中的具体形象成分和抽象成分的关系在不断发生变化，这是发展的一般趋势。但具体到不同的个体及不同的思维对象（不同的学科、不同的教材等）的时候，在发展的一般趋势的范围内又常常表现出很大的不平衡性。例如,在算术的学习中,学生已经达到了较高的抽象水平,可以离开具体事物进行抽象的思考,但是对历史发展规律的理解仍感到很困难。又如,儿童已经掌握整数的概念和运算的方法,不需要具体事物的支持,可是他们开始学习分数的概念和分数运算时,如果没有具体事物的支持,还是会感到很困难。

3. 小学生知识基础分析

学习是基于自身已有知识,在原有知识背景下发生的。对学生的知识水平进行有效诊断是促进学生学习的重要条件,对学生的知识进行学情分析,就要从已知、想知、能知、未知和怎么知五方面着手。

(1)已知

已知是指学生在学习新知识时所具备的与新知识相关的知识储备和能力水平等。思维型教学理论强调认知结构的建构过程,强调新旧知识之间的联系,强调教学之前对教学起点的定位、学习过程中的思维互动和学习目标的落实、学习后的拓展迁移应用情况。教师可以采用课前检测、访谈的方法了解学生学习起点,课中可以采用观察、互动和练习效果来了解学生学习进展,课后可以采用任务驱动、检测等手段了解学生对所学内容的拓展迁移情况。

(2)想知

想知是指教师基于理论和实践从学生的兴趣和个人需求了解学生真正想知道的知识。了解学生的想知,正是教师在学习过程中合理引导,发挥学生主观能动性的最佳方式,进而促进其学习效果。教师在进行学情分析时应该考虑学生的想知与如何诱发学生的想知,从而有针对性地设计教学。思维型教学理论五大原理和六大要素中都特别强调学生非智力因素,包括对学习兴趣、学习动机等的激发与培养,通过贴近生活实际的案例、妙趣横生的音视频、跌宕起伏的故事情境等手段吸引学生,为激起学生深度思考、高阶思维做准备。

(3)能知

能知指按照学生认知发展规律能够掌握的知识、能力。维果茨基认为,最近发展区理论告诉我们学生的学习发生在最近发展区范围内,低于或高于学生最近发展区的内容都无法激起学生真正的学习兴趣。教师在教学设计过程中,需要充分考虑学生的能知范围,将教学锁定在学生现有水平和师生互动后能达到的潜在发展水平之间。

(4)未知

未知是指学生在课程标准指导下应该掌握但尚未掌握的知识与经验。学习的发展在于不断探索未知,教师在分析学生现有发展状态和课程目标要求的差异中可以轻松获知学生的未知,针对未知进行有针对性的教学设计。

(5)怎么知

怎么知是"学生如何学习"以及"如何教会学生学习",解决的是如何引导学生实现深度学习。思维型教学理论概括了指导学生深度学习的策略,包括整体设计策略、情境问题策略、深度思维策略、应用迁移策略。

4. 小学生非认知因素的分析

对小学生在以思维为核心的认知因素的分析基础上,还需要对情感态度、学习动机、学习习惯等非认知因素进行分析。

(1)情感态度分析

在小学低段,儿童自入学后生活环境和活动方式都发生了显著的变化,学习方式从以活动为主转变为以学习为主,学习内容从学前具体形象的游戏转变为系统的文化知识学习。教师对于学生学习的态度直接决定了学生对学习的态度,教师应对学生给予包容和耐心,从而加速其适应学习,不对数学产生畏惧和厌烦。学习适应之后进入正常的数学学习阶段,教师应营造宽松自由的学习氛围,使学生在自由探索中轻松愉快地学习数学,从而增加学习数学的兴趣,提高学习效率。

(2)学习动机分析

在小学低段,学生的学习动机主要源于外在动机,诸如教师的夸赞与奖励,家长的认可与期待,因此教师要善于利用物质奖励与言语激励促进学生的学习动机。随着年龄的增长,学生的向师性逐渐降低,教师要引导学生由外部动机转向内部动机,不仅有物质奖励与言语鼓励,更需要创设教学情境引导学生对数学学习本身产生兴趣,对数学产生内在的热爱与兴趣。在此过程中,教师的教学方式与师生关系具有重要的作用,教师应注意与学生的关系,防止无意中的师源性伤害对学生态度的影响。当然,根据耶克斯多德森定律,学习动机和学习效率呈现"倒 U"关系,因此学习动机的强度保持在中等水平最佳,过低或过高容易导致学习效率下降。

5.学情分析常用的方法

学情分析方法较多,常用的有测验法、课堂观察法、经验分析法、问卷法、资料分析法、访谈法等多种方法。教师应注意收集学生学习情况的相关证据进行研究分析,从而为教师的教学设计和教学实施提供有效的参考意见。

(1)测验法

测验是按照规定的程序,通过测验的方法收集学生身心发展和学习结果的数量化资料,通过分析资料揭示教育活动的效果,探索教育活动的规律的研究方法。按测验目的分:形成性测验、诊断性测验、总结性测验;按测验内容分:成就测验、学能测验;按规范程度分:标准化测验、教师自编测验;按结果解释所参照的标准分:常模参照测验、标准参照测验。教师根据需要可以选择不同类型的测验对教学效果和学生学习效果进行精准判断。

(2)课堂观察法

课堂观察法是指教师在日常教学活动中,有目的、有计划地对教育对象、教育现象或教育过程进行考察的一种方法。通过观察学生在学习过程中各种外显的行为表现及学习情绪、学习态度等,判断学生学习状态,以此形成正确教育评价和判断。

(3)经验分析法

经验分析法是教师在教学过程中基于已有的教学经验对学情进行一定的分析与研究,是进行学情分析的常用方法之一。教师自身的教学经验越丰富全面,对自身的教学经验反思与总结越深入,基于已有教学经验的学情分析就越深入,其分析成果也更有教学价值,但仅依靠经验分析法易使学情分析陷入经验主义和主观主义的误区。

(4)问卷法

问卷法是教师通过相关问卷对学生的知识、能力、态度与情感等进行调查,从而对学生情况进行较为客观、准确、全面、深入和针对性的了解。问卷法是教师日常教学中常用的一种收集学情信息的方法,但要真正揭示学生的学习情况,暴露学生的问题所在,则需要系统设计和规范实施。

(5)资料分析法

资料分析法是教师基于已有的文字记载材料间接了解、分析学生基本情况的方法。材料包括档案袋、笔记本、作业和试卷等。通过查阅相关资料,教师可以比较系统地了解学生的学习、生活、思想、个性以及家庭背景等方面的基本情况,这对全面了解学生的学习情况等具有重要价值。如对学生的作业进行批改与分析是把握学情的重要方式。作业批改就是对学生已经完成的作业进行评定,包括指出或改正错误、对作业状态写出评语或批语,根据一定的标准对本次作业给出一个确切的分数或等级。作业批改的目的是判断学生对知识掌握的程度,有助于教师了解学生的学习状况、及时改进教学、促进学生的学习等,也能清晰反映教学中的症结所在,诊断课堂教学效果,适度调控作业布置中的"量"和"度"方面的问题,及时解决学生存在的问题,为教学过程中新知识的生成确定适合的固着点与生发点。

(6)访谈法

访谈法是教师通过与学生口头谈话的方式获取资料进行学情分析的方法。通过一定的深度访谈,教师可以更加深入地了解学生的已有知识储备、已有学习经验及其学习态度、学习动机等信息。访谈法的运用应注意,在访谈前教师应该根据理论与实践经验,确定访谈的目的、内容,列出详细的访谈提纲,选择一定数量有代表性的访谈对象,并确定适合的访谈时间、地点等;访谈过程中要努力营造和谐、民主、真诚的访谈氛围,使师生自然、和谐地进行"深度交流",并进行适当记录,或在征得被访者同意的条件下进行录音,并对与访谈相关的信息适当保密;访谈结束后要对访谈资料进行全面分析,以达到学情分析最佳效果。

(四)教学目标定位

课程标准的研读为教学设计确定总纲领,教材深度解析为教学设计提供教学资源和载体,学情分析为教学设计确定教学起点。到此,教师基本可以确定从什么起点教学,借助什么教学载体,预期达到什么教学目标。需要说明的是,2022版课程标准中核心素养的内涵及所涉及的"四基""四能"等要素未必在某一单元或某一课时教学目标中都有完整的体现,需结合具体教学内容来具体问题具体分析。

以"万以内的加法和减法"为例,围绕核心素养制订单元教学目标(见表2-2)和课时目标(见表2-1)。

表2-2 "万以内的加法和减法"单元教学目标

数学知识（四基）	能正确计算两位数加减法口算(和在100以内),能正确笔算三位数加减三位数。能理解验算的意义,会对加法和减法进行验算,初步养成检查和验算的习惯
数学思维	经历计算法则的形成过程,在与他人交流各自算法的过程中优化自己的算法。经历简单推理的过程,提升思维的条理性和严密性,提高逻辑思维能力,建立加减法之间的结构与联系
数学实践	能结合实际情况选择计算策略,解决相关的实际问题,加强估算的意识,培养灵活解决问题的意识和能力
态度责任	能根据具体情况选择适当方法解决实际问题,体验解决问题策略的多样性。在具体的情境中,理解计算的意义,主动建构数学知识,形成运算能力,同时培养解决问题的能力和应用意识

二、教学内容进阶设计

2022版课程标准对课程内容结构进行了优化,在教学设计中教师需要关注:其一,不同学段教学内容之间的衔接性与进阶性;其二,不同学科之间的交叉融合性;其三,教学内容对教学目标达成的支撑性。依据2022版课程标准确定教学内容进阶结构包括三个方面:第一,确定跨学段教学内容进阶结构;第二,确定单元教学内容进阶结构;第三,确定课时教学内容进阶结构。

(一)确定跨学段教学内容进阶结构

义务教育阶段数学课程内容由数与代数、图形与几何、统计与概率、综合与实践四个学习领域组成。小学低段(第一学段)、中段(第二学段)、高段(第三学段)围绕四个学习领域的核心内容和基本思想形成循序渐进的进阶培养路线。教学设计中,首先,教师在深度解析课程标准的基础上,依据本单元的教学要点,提炼出不同学段对该核心概念的教学要求,明确本阶段的教学在什么基础上开展,为以后的教学做哪些铺垫;其次,围绕该核心概念解析出不同年级支撑该核心概念的主概念,明确各年级的教学重点及主概念之间的相互联系,明确本年级的教学起点和教学目标;再次,围绕主概念解析出相关的子概念,明确本学期该领域承载的任务,厘清各子概念之间的相互关系;最后,依据核心概念学习的进阶要求,引导学生理解概念之间的相互关系,绘制出核心概念进阶建构的路径,形成跨学段教学内容的进阶结构图。

以小学数学人教版三年级上册"万以内的加法和减法"这一内容的教学设计为例,万以内数的加法和减法属于数与代数领域中的"数与运算"主题,涉及的核心概念是相同计数单位(两种以上)的累加和递减,核心素养是运算能力和推理意识。以此总目标确定核心概念的教学内容:(1)能正确计算三位数加减三位数;(2)能理解验算的意义,会对加法和减法进行验算,初步养成检查和验算的习惯;(3)经历计算法则的形成过程,能通过迁移解决更多位数的加减法的计算;(4)能结合实际情境选择计算策略,解决相关的实际问题,培养估算意识和能力。

为设计适合学生认知发展和身心发展特征的教学,需针对该核心内容进行进阶解析,具体如下:(1)第一学段的学习主要经历简单的数的抽象过程,认识万以内的数,能进行简单的整数四则运算,形成初步的数感、符号意识和运算能力。(2)第二学段的学习主要认识自然数,经历小数和分数的形成过程,初步认识小数和分数;能进行较复杂的整数四则运算和简单的小数、分数的加减运算,理解运算律,形成数感、运算能力和初步的推理意识。(3)第三学段的学习主要是认识自然数的一些特征,理解小数和分数的意义;能进行小数、分数的四则运算,探索数运算的一致性;形成符号意识、运算能力、推理意识。

确定好各学段的教学内容,尚需解析每个年级支撑学段目标的具体内容。如第一学段具体内容包含:一年级上册的 1~10 的认识和加减法、10 加几和相应的减法、20 以内的进位加法;一年级下册的 20 以内的退位减法、整十数加一位数和相应的减法、整十数加减整十数、两位数加减一位数或整十数;二年级上册的两位数加减两位数、表内乘法;二年级下册的整百、整千数的加减法、表内除法、有余数的除法。其他学段的具体内容之间的相互关系在此不再赘述。

依据思维型教学理论引领下的单元教学设计核心概念学习进阶图模板,厘清本单元核心概念、主概念、子概念、具体内容之间的相互关系,绘制出本单元核心概念下的跨学段教学内容结构图，如图 2-5。

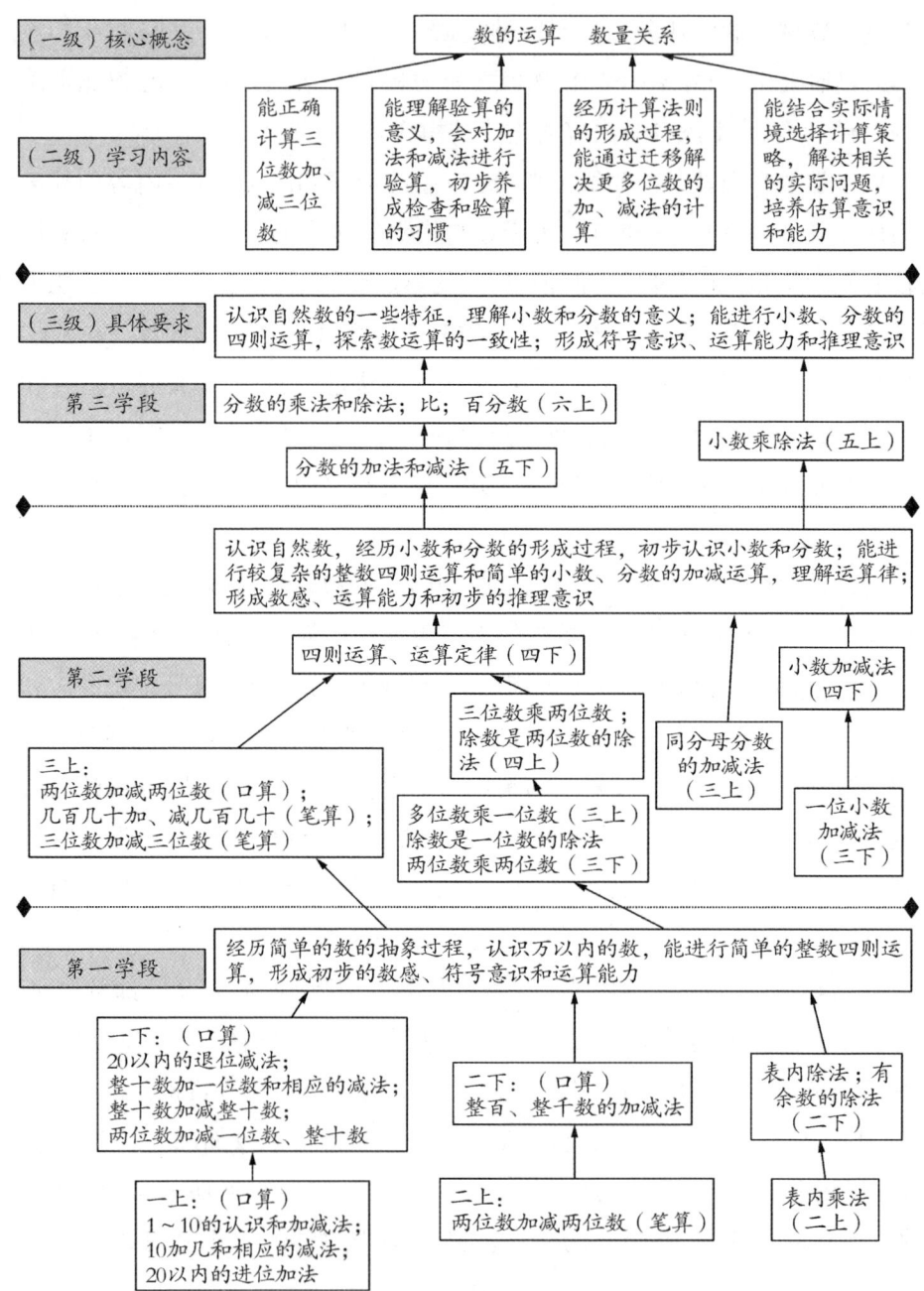

图 2-5　单元核心概念下的跨学段教学内容结构图

（本图由浙江文海教育集团第二实验学校郑爱荣老师提供）

（二）确定单元教学内容进阶结构

具体某单元教学内容进阶结构的确定方法：首先，确定本单元的核心概念；其次，分析本单元具体涉及的主概念之间的相互关系，根据主概念也可提炼出针对性的核心进阶问题，以问题为导线进行教学设计；最后，根据核心概念、主概念以及涉及的子概念搭建本单元教学内容的进阶结构。

以"万以内的加法和减法"为例，呈现本单元的教学内容进阶结构如图2-6。

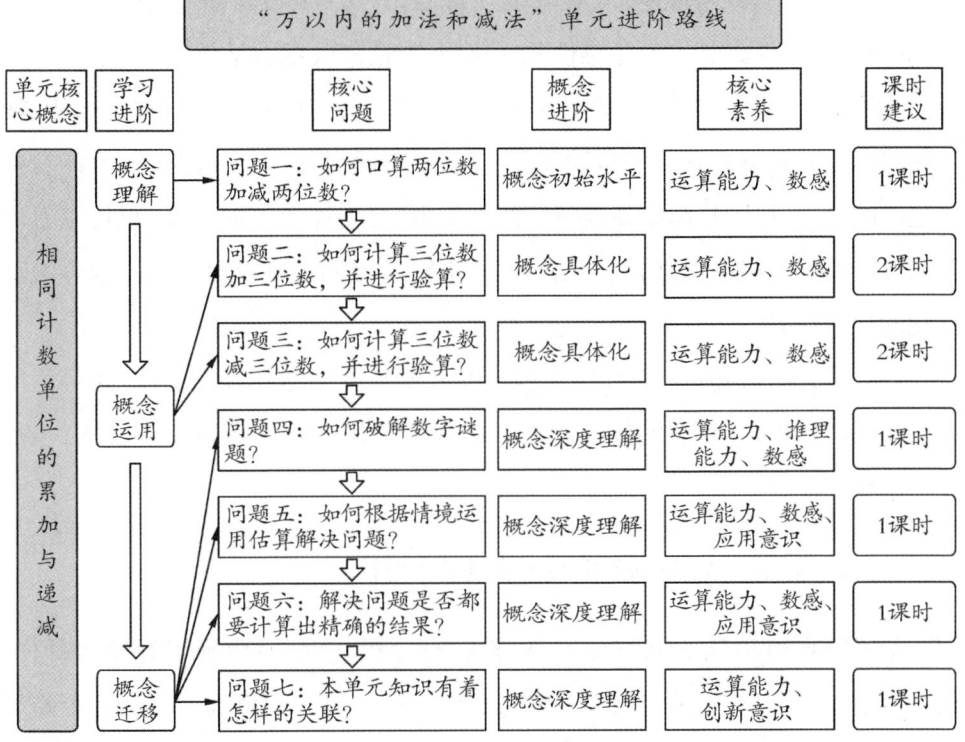

图2-6　单元教学内容进阶结构图

（本图由浙江文海教育集团第二实验学校郑爱荣老师提供）

（三）确定课时教学内容进阶结构

依据思维型教学理论的六大教学要素：创设情境、提出问题、自主探究、合作交流、总结反思、应用迁移，进行课时教学设计的具体要求：(1)情境进阶。从贴近学生的真实生活情境出发，随着学生学习的深入，逐渐过渡到综合情境，从单一问题情境逐渐过渡到复杂情境。(2)问题进阶。需要设计具有逻辑结构的问题链进行引导,问题链中问题的编排要求环环相扣、层层递进。(3)探究进阶。探究包含控制性探究、指导性探究、引导性探究、自主性探究,教学设计中一般根据学生探究能力的发展水平选用不同层次的探究组织教学。(4)合作进阶。合作素养包含合作意愿、大局观念、责任担当三个必备品格,同时包含理解他人、人际沟通、冲突管理、组织管理四种关键能力。不管是三个必备品格还是四种关键能力,都蕴含了进阶思想。(5)总结反思进阶。反思是自我监控的重要环节,可以从他控到自控,从有意识到自动化,从单维到多维,从局部监控到整体监控,逐渐提高监控的敏感性和迁移强度,逐渐实现总结反思的进阶。

"万以内的加法和减法"的单元内容进阶结构中,从概念理解、概念运用、概念迁移可以看到概念学习的进阶层次;从层层递进的七个核心问题,可以看到问题链的进阶设计;从起始课、新授课、拓展课、复习课等不同课型,也可以看出单元教学内容的层层递进,这种结构化的进阶学习无疑可以促进核心素养潜移默化的逐渐形成。

课时设计过程中,思维型教学理论的六要素需根据新授课、复习课等不同的课型灵活选择,一堂课的教学设计中根据需要同一要素可以出现多次,也可以不出现。

三、思维训练基础课型的教学过程设计

基于前面所谈到的课程标准分析、教材分析、学情分析确定好教学目标。依据思维型教学理论,围绕教学目标进行教学活动设计。思维型教学理论指导下的教学设计强调教学六要素:创设情境、提出问题、自主合作、合作交流、总结反思、拓展迁移。教学有法、教无定法,在具体进行教学设计过程中,以上教学六要素可以同时在一堂课中,也可以根据教学内容、学生特点、教师风格选用其中的部分要素进行设计,部分要素在一堂课中根据需要也可以重复出现。以下介绍三种思维训练基础课型的教学设计模式供大家参考。

(一)思维方法基础训练课型的教学过程设计

思维方法基础训练课型重在让学生学会某一种思维方法,其获得模式是采

取"归纳—演绎"的思维形式。教师通过设置情境和布置任务让学生感悟方法,对比学生个体采用思维方法的差异、自己思维操作前后的表现差异,让学生理解此思维方法的特点,发现运用思维方法的步骤,并提供继续运用思维方法的情境,使之逐渐内化为自己的自动化思维,以促进其迁移到学科学习和日常生活中去。该模式是通过具体例子体验思维方法的特点和操作步骤来训练学生熟练使用某种思维方法的能力。该教学模式的实现条件是教师对思维方法有清楚的了解,课前教师要对思维方法的内涵与外延梳理清楚,并清楚地知道学生思维自然发展的过程,使学生在潜移默化、自然发展的过程中了解该方法的要点并能恰当地使用。教学效果评价:学生能准确说出所学思维方法的名称,在运用此思维方法时应注意的问题,并能准确运用该思维方法完成任务,知道什么时候需要运用此思维方法进行操作。

思维方法基础训练课型的教学过程如图2-7。

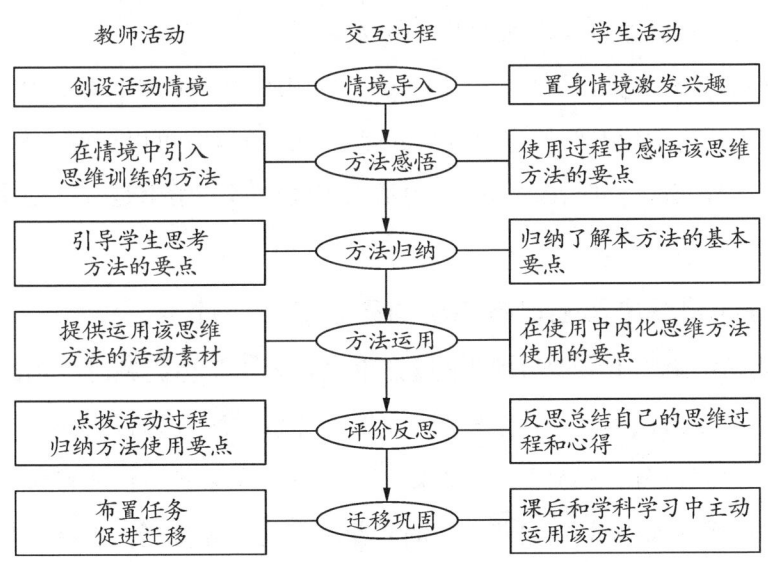

图 2-7 思维方法基础训练课型的教学过程

具体的教学操作程序如下:

第一步,情境导入。这是为下一步引入具体的思维方法设置情境,以引起学生思考的阶段。

第二步,方法感悟。这是对方法初步感受和领悟的阶段。教师需要提出该思维方法的名称,但不对该思维方法进行解释,只是引导学生用这个方法尝试着去解决问题、提出见解、展开想象。经过这样的尝试,教师可以了解学生关于此方法的一些朴素认识,便于有针对性地纠正学生的错误认识,促进学生尽快掌握此方法。

第三步,方法归纳。通过感悟的过程,引起学生对该思维方法的思考,此时应及时进行小结,引出对思维方法的描述性定义和使用过程中应该注意的问题。

第四步,方法运用。当学生明确知道该思维方法的使用原则以后,让学生运用刚学会的方法解决遇到的实际问题,使感性认识上升到理性认识,再从理性回到感性上来,让学生体会到正确使用该方法进行思维的益处。

第五步,评价反思。这是引导学生反躬自省的阶段。教师应该引导学生回忆本活动的内容,并通过学生自己的总结,再次强调思维方法的相关要点,并反省自己的思维在哪些方面得到了提高和改善。

第六步,迁移巩固。引导学生把本方法运用到其他问题的解决中,让学生在学习和生活中形成自觉使用本方法的习惯。此阶段既可以在课堂内进行,也可以留待课外完成,同时在以后的学习活动中注意考察学生是否自觉使用这些科学的思维方法。

(二)问题解决基础训练课型的教学过程设计

问题解决基础训练课型的教学设计模式是解决具体问题时采用的设计模式,包括对思维方法的运用,主要是培养学生分析问题、提出解法的能力,根据具体问题情境发展出一套评价体系来评价问题。该课型的教学有助于培养学生思维的严密性和逻辑性,培养学生的判断决策能力和批判性思维。其实现条件是,教师对问题分析、提出解法、解法选优的程序有清晰条理的理解,能通过提问等教学行为使学生体会到这种问题解决的过程,并能主动使用这套程序进行问题解决。教学效果评价:学生能体会到问题解决的思路,逐渐按照步骤解决问题。

问题解决基础训练课型的教学过程和问题解决的过程是较为一致的,

如图 2-8。

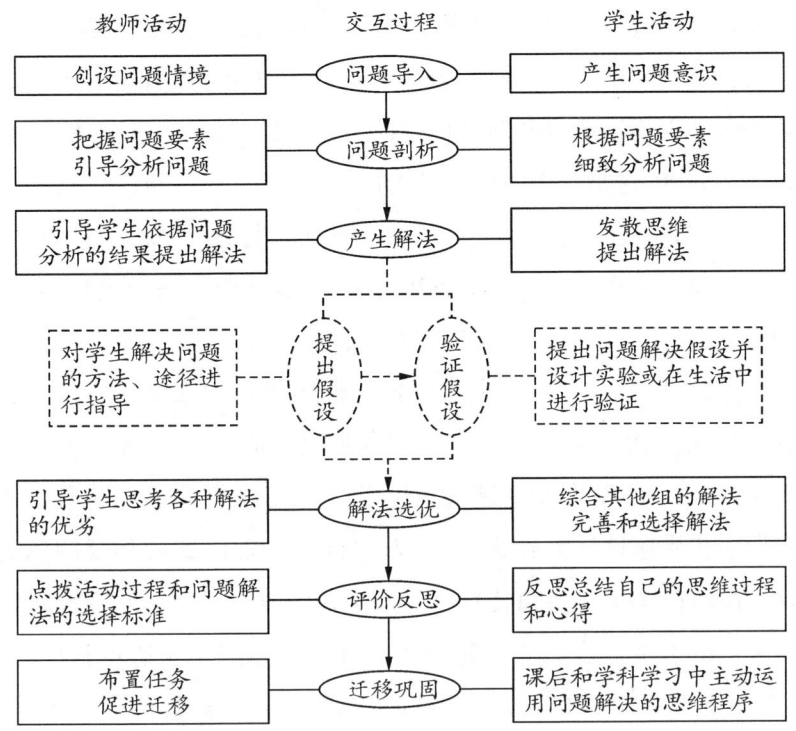

图 2-8　问题解决基础训练课型的教学过程

具体的教学操作程序如下：

第一步，问题导入。这是一个发现问题和问题表征的过程。在实际教学中可以是教师呈现问题，也可以是学生对一个问题情境提出可能存在的问题。对于缺乏经验的问题解决者来说，这是应该学习的第一步，他们在进行解答问题时，很多时候在没有弄清"是什么问题"之前，就匆忙开始了解决办法的寻求，结果往往是徒劳无益。让学生在弄清问题的规定性状态之前学会延迟解决，这是问题解决的第一步。

第二步，问题剖析。这是一种以有计划的方式着手解决问题的第一步。教师将学生按一定的标准分为几个小组，让学生在组内进行探讨、分析和解决问题，这是学生深入思考、相互倾听的过程。教师应该引导学生对问题进行多向的、立体的分析，穷尽问题各个层面上的内容，并对"同构问题"和"表面相似问题"进行讨论，在此基础上通过抽象思维和形象思维提出尽可能多的问题解决办法。

第三步,产生解法。每个小组根据自己的分析,提出问题的解决办法,每个小组应该为自己的解法提出周密的解释和论证。对于一些探究性问题,提出解法的过程中包含着提出假设和验证假设的阶段,需要设计实验或者实地观察对假设进行——验证,这是一个缜密论证的阶段。

第四步,解法选优。把多个小组的结果合在一起分析、探讨、评价问题的解决方式。学生通过比较不同小组的解决方案,以新的眼光重新评价本组提出的方案,进而扩展自己的思路,完善自己的解决办法。

第五步,评价反思。每个学生可以根据群体探讨的结果,经过自己的独立思考,选择自己愿意接受的解决办法。问题解决完成后,回顾整个解决过程,以谈话或文字的形式反思:在此问题解决过程中,在别人的发言中有什么收获,在以后的问题解决中应该注意什么问题,对以前的相似问题或相反问题的归纳,等等。这一阶段鼓励了学生独特见解的产生,并通过反思将他人授予的思维方法内化为自己的思维方法。从培养学生对整个问题解决的监控和反思的角度看,这是十分重要的。让学生回顾问题解决的整个过程,提取有用的策略经验模式,纳入自身的认知结构,提高以后问题解决的能力,并为可能的直觉思维积累更多的经验。

第六步,迁移巩固。引导学生把本方法运用到其他问题的解决中,在生活中碰到类似问题的时候,能主动按照这样的步骤来解决问题,并能逐渐自动化。

(三)创造性思维提升训练课型的教学过程设计

创造性思维提升训练课型的教学模式是从思维方向上对学生进行针对训练的。在创造性思维课型的教学模式中,开放性和接纳性是居于首位的。当寻求想法产生的时候,应该注意的是量胜于质,不做批评,还要考虑各种新想法被实现的可能性。同时,鼓励教师与学生从各种不同的意见中选择最好或独特的想法,并能尝试把想法付诸实施,以评估其可能性。教学效果评价:针对特定的问题,学生能从多角度思考,产生较多的想法,并能从具体的情境中抽出一定的评价标准,对产生的想法进行筛选和评价。

创造性思维提升训练课的教学中,教师应该运用一些创造性思维的技巧,其教学过程如图2-9。

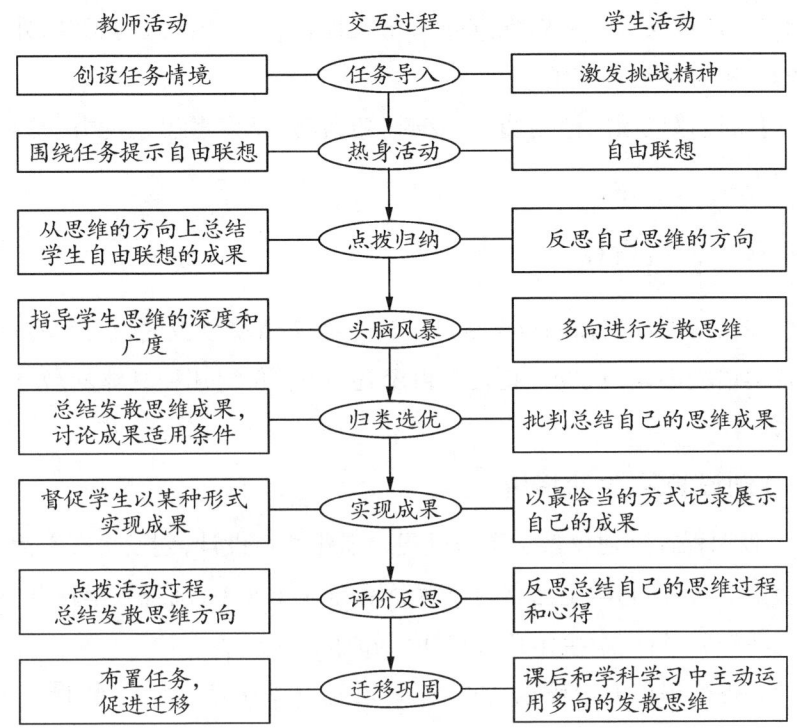

图2-9　创造性思维提升训练课型的教学过程

具体的教学操作程序如下：

第一步，任务导入。教师首先以情境的形式把问题呈现出来，激起学生解决问题的兴趣。

第二步，热身活动。让学生围绕问题提出自己的想法，教师不给予提示。

第三步，点拨归纳。把学生关于问题的思考结果进行归纳，针对热身活动的思考结果，提出进一步思考的方向。

第四步，头脑风暴。分组讨论，穷尽关于任务和问题解决的各种可能性，并尽量地追根溯源，讨论问题形成过程中的种种可能性。

第五步，归纳选优。把头脑风暴产生的结果进行归纳，理出影响问题解决的几个方面，并根据现实可能性和经济性等原则进行选优。

第六步，实现成果。把优秀的解决办法应用到实践，在实践中验证并完善解决方案。对于不能实践的方案则在理论上进行论证，或请有关专家论证它的可行性。

第七步,评价反思。从思维方向的角度评价自己和他人的思维,并对于类似问题的解决思路进行归纳。

第八步,迁移巩固。把创造性思维技巧,特别是发散思维的方法运用到生活实际中去。

四、教学情境设计

思维型教学理论是强调教学设计过程中教学情境创设的,在第一章中已经介绍了教学情境创设的原则,此处不再赘述,以下介绍几种具体的教学情境创设的方法。

(一)创设真实生活情境

2022版课程标准建议教学实施过程中强化情境设计,创设真实生活情境可以从社会生活、科学和学生已有的数学经验等方面入手,围绕教学任务,选择贴近学生生活经验、符合学生年龄特点和认知加工特点的素材。这种设计思想和思维型教学理论提倡的情境创设理念一致,结合学生认知发展水平、思维发展的年龄特征,创设贴近学生真实生活的情境,将教学融入与生活息息相关的情境,使枯燥抽象的数学知识转化为趣味形象的体验和感知,既可以为学生搭建已知与未知的认知台阶,又可以让学生对数学产生亲切感,增强对知识的熟悉感,在头脑中形成表象,从而激活相关知识模块,激起学生主动求知的兴趣,让学生进入思考的最佳状态,又能培养学生细心观察、勤于思考的习惯,让学生从生活中发现问题、解决问题,让学生感到学有所用。更重要的是,将问题置于不同的生活情境中,会将原本抽象简单的问题范围拓展,学生会从不同的情境中内化解决问题的规则和方法,促进知识之间的迁移和创造力的形成。同时,学生在体验、分析、判断、理解生活实例过程中,不断地学会和积累许多思维方法和数学思想。如小数的学习中,教师在教学中使用钱币学具认识元、角、分,引导学生在家长陪同下使用真实钱币采买生活用品,让学生将所学内容与生活实际相联系。虽然创设恰当的教学情境非常重要,但是部分教师情境创设的意识薄弱,整堂课都是直接进行算理算法的讲解,没有给学生留心理准备时间,没有营造氛围激发学生的学习兴趣,不利于促进学生积极思考问题、解决问题,不能使学生深刻体会所学知识的重要性。

有无问题情境创设的教学对比 1

不同问题情境创设下的"7 的分解"教学对比:

(1)教师 A

老师:小朋友,7 可以分成几和几呢?

学生:7 可以分为 2 和 5。

学生:7 可以分为 3 和 4。

老师:很好!跟老师读,7 可以分为 2 和 5。

(2)教师 B

老师:小朋友,帮老师思考一个问题。地上放着两只盘子,里面放了些米。现在有 7 只小鸡去吃米,想象一下,小鸡吃米可能会有哪些情况呢?你能在纸上画出来吗?

学生画。

老师:咱们交流一下。

生 1:一边 4 只,一边 3 只;

生 2:一边 6 只,一边 1 只;

生 3:一边 7 只,一边 0 只。

老师:小朋友们真聪明。现在这 7 只小鸡吃饱了肚子,要坐到这张桌子边休息了(出现了一张长方形的桌子)。你们猜猜,它们坐的情况可能是怎样的呢?

教师 A 没有创设问题情境,只是简单地将数字呈现给学生,并要求学生通过反复诵读学会规则,这种做法对于学生形成数学逻辑思维弊大于利。数字是抽象的,但与实际生活联系起来,它就会变得活泼可爱起来。教师 B 经过了精心的问题情境设置,给数字赋予生活的意义,让小学生对数学的理解逐渐由形象感知转化过渡为抽象理解,将生活实际与数学奥秘紧密相连,让数学变得容易和有趣,培养学生从生活中发现问题、解决问题的习惯。

有无问题情境创设的案例对比 2

北师大版小学五年级上册"分数与除法"教学对比:

(1)教师 1

师:5 除以 9,商是多少?如果商不用小数表示,还有其他方法吗?

生：不知道。

师：没关系，学习了分数与除法的关系后，就能解决这个问题了。

师：其实它们的关系很简单，即分数是一种数，除法是一种运算。确切地说，分数的分子相当于除法的被除数，分数的分母相当于除法的除数。所以5除以9的商还可用分数表示，即$\frac{5}{9}$。

(2) 教师2

师：老师先提几个问题，把一条6米长的彩带平均分成3份，每段是几米？

生：把一条6米长的彩带平均分成3份，每段长是2米，$6 \div 3 = 2$（米）。

师：把一条3米长的彩带平均分成3份，每段长多少米？

生（齐答）：1米，$3 \div 3 = 1$（米）。

师：从这个例子，我们想到了一般的平均分的问题，用什么方法计算呢？

生（齐答）：除法。

师：分数一般也可解决平均分的问题，那么分数与除法会不会有关系呢？如果有，这个关系又是怎样的？我们来一起探究一下吧！

师：把1米长的彩带平均分成3段，每段长多少米？你们可以动手尝试多种解决办法，并思考分数与除法之间的关系，等会儿大家一起交流。

生1：我用的是除法：$1 \div 3 = 0.333\cdots$。

生2：我是用分数解决的，把这条彩带分成3份，每一份就是这条彩带的$\frac{1}{3}$。

生3：我是把彩带平均分成3份，剪下来用尺子量一下，发现每段是33厘米多一点。

生4：我不是量出来的，而是折出来的，这一段是这条彩带的$\frac{1}{3}$。

师：哪位同学来总结一下？

生5：可以用除法，用总长除以3，得到每段彩带的长。还可以用分数，把这条彩带平均分成3份，每份是这条彩带的$\frac{1}{3}$。

师：说得很好。那如果把1条彩带平均分成4份，每段彩带是多长？

生（齐答）：$\frac{1}{4}$。

师：经过刚才的探究，我们已经知道把 1 条彩带平均分成 4 份，就是 $1 \div 4$，它的商可以用 $\frac{1}{4}$ 表示，前面 $1 \div 3$ 的商可以用 $\frac{1}{3}$ 表示，那是不是 1 除以所有的数都可以这样表示呢？

生：是的，因为都是同样的道理。而且不止 1，其他数除以一个数应该也可以这样表示。

师：究竟是不是呢？我们可以接着看一下这个问题：如果把 3 块饼平均分给 4 个小朋友，每个小朋友分得多少块饼？大家可以画个圆试着分一分。

生：$3 \div 4 = \frac{3}{4}$（块），每个小朋友分得 $\frac{3}{4}$ 块饼。

生：我发现每道题目都是被除数作分子，除数作分母。

师：说得非常好，这就是我们今天学习的除法与分数之间的关系。更准确地说是：分数是一个数，而除法是一种运算。分数中的分子相当于除法中的被除数，分数中的分母相当于除法中的除数，分数中的分数线相当于除法中的除号，分数值相当于除法中的商。

对分数与除法间类比关系的理解与掌握，不仅可以加深对分数意义的理解，而且能为后面继续学习假分数、带分数、分数的基本性质打下基础，所以，分数与除法的类比关系在整个教材中起到承上启下的重要作用，这节课的学习需要教师花费相当的精力。从上面两个案例可以看出：教师 1 进行了简单直接的讲授，学生根本没有真正理解分数与除法的关系，只知其然而不知其所以然；教师 2 就根据所授内容和学生的认知水平，精心设计不同的与生活实际相连的学习情境，指导学生追根溯源，进行探索，引导学生在实际操作中进行发散思考，经过深度思维对同一问题解决形成不同的解决方案，学生在解决问题中逐步学到真知。通过两位教师授课情况的对比，可以很明显地看出创设真实生活情境的重要性及其对课堂教学效果的影响。

在思维型教学理论引领下，文海教育集团开展"指向生活价值，聚焦学科思维的新教学"的课堂教学改革探究。该教学改革探究活动，不仅重视真实生活情境的创设，同时重视学科思维的教学，是思维型教学理论扎根教学实践的体现和升华。以下以浙江文海教育集团文海小学陈超老师就五年级下册"折线统计图"的教学设计为例，从创设情境—问题提出—自主探究—合作交流—总结反思—拓展迁移各个环节呈现如何将数学教学融入生活实际开展教学。(说明:根据案例分析需要,本人对教学设计中部分内容进行了改动并附加了案例解析,此外这里更多想分享来自生活实际的教学情境,所以并未呈现这个单元教学设计的整体面貌。)

创设真实生活情境,引导学生解决现实问题

浙江文海教育集团文海小学　陈超

教学目标

1.在观察、操作、交流等活动中学会绘制折线统计图,知道折线统计图与条形统计图的相同点与不同点。

2.在活动中探索折线统计图的规律,体验折线统计图更便于观察趋势和进行预测,感受折线统计图对实际生活的价值。

3.进一步积累统计与概率的学习经验,增强统计意识,发展数据分析观念。

教学过程及案例解析

【创设情境】为了创设与学生真实生活相贴近的情境,教师将本课的主题定为:选谁去参赛?

【案例解析】活动主题并没有采用传统数学课的"折线统计图"等命名,而是用生活化的"选谁去参赛",从活动主题可以激起学生好奇心,吸引学生参与活动的兴趣。

师:大家参加过踢毽子比赛吗?你们1分钟能踢多少个?

生:60、70……

【问题提出1】呈现刘畅上周1分钟踢毽子数量的统计表:

刘畅上周1分钟踢毽子数量情况

时间	星期一	星期二	星期三	星期四	星期五	星期六	星期天
数量/个	67	43	54	39	73	46	61

师:用什么统计方式来展示他的水平合适?

生:条形统计图。

生:折线统计图。

【案例解析】教师从学生踢毽子的生活体验引出话题,给出刘畅上周1分钟

踢毽子的统计表这个具体的任务,问学生用什么统计方式来展示他的水平合适。通过简单的生活情境将学生引入课堂,感受数学统计表和统计图与生活的联系,让学生从踢毽子活动中发现数量关系,对数学与生活初步建构链接。

【自主探究】学生根据绘图步骤,在学习单上完成绘图。

师:如何绘制一幅标准的折线统计图?

生:先描点,再连线、标数据。

【案例解析】其一,能够从学生已经掌握的统计表转化条形统计图的知识经验出发,引导学生先根据踢毽子的统计表绘制出条形统计图,再教给学生绘制折线统计图的方法,由熟知的条形统计图,通过"描点—连线"的方式逐步绘制出本节课的关键点:折线统计图。以旧引新,便于学生新旧联系完成认知结构图的建构。其二,引导学生绘制折线统计图,让学生在动手操作的过程中,逐渐建立数据与折线间的联系,感受用数学语言表达现实世界的方式。

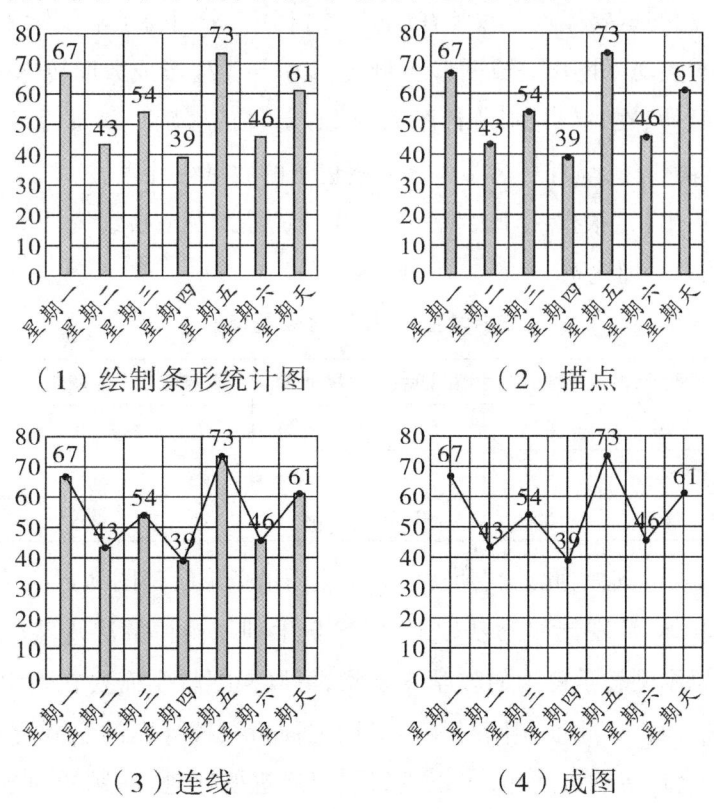

折线统计图绘制步骤

师：对比上图中(1)(4)这两幅图，看看这两幅图有什么相同点，有什么不同点。小组讨论，总结条形统计图和折线统计图的异同点。

【合作交流】

生：横坐标、纵坐标、标题、单位长度，最多是周五踢了 73 个，最少是周四踢了 39 个，这些都相同。

教师聆听各组汇报后，总结条形统计图和折线统计图的相同点：都能看出最多、最少，横纵坐标都一样。

不同点：条形统计图更直观形象地看出数据是多少；折线统计图更便于观察数据的变化趋势。

【案例解析】从统计表中的数字绘制形象的统计图，通过对比分析两种统计图，总结出不同图形的异同点。这个过程是由数字到图形再到文字总结的转化过程，彰显了数、形、文字间相互结合、相互转化的特征，也是数学教学中数形结合与转化思想的重要体现。教师在此引导过程中，采用与生活实际密切联系的案例，引导学生动手操作完成图形绘制，逐步引导学生形成数形转化思想。

【情境延伸】在理解条形统计图和折线统计图的区别与联系后，延伸出进一步的现实情境任务：呈现三名学生一周踢毽子的数量统计表。

【问题提出】请根据统计表将三名学生的成绩绘制成折线统计图。想一想，你会选择谁去参加比赛？

三名学生一周踢毽子数量情况

时间	星期一	星期二	星期三	星期四	星期五	星期六	星期天
刘畅	67	43	54	39	73	46	61
李成	22	25	31	40	52	57	60
余跃	61	65	60	64	63	59	63

【案例解析】其一，此处教师在引导学生厘清条形统计图和折线统计图的异同点及两种图形呈现规律的基础上，引导学生利用规律解决现实生活中的问题。其二，思维型教学理论的教学六要素，可以根据教学需要在教学设计过程中重复出现。其三，此处能同时复习巩固前面折线统计图的绘制要点。其四，围绕开运动会选运动员问题，可以设置层层递进的问题，问题和问题之间具有递进性和层次性，在整堂课教学设计中，期望能够创设具有延展性的教学情境，

在此情境下设置环环相扣、层层递进、富有逻辑性的问题链。其五,利用前面总结折线统计图呈现的规律,预测可能发生的结果,为规律在生活中运用的情境。其六,学生完成表格向折线统计图的转化,深化数形结合思想。

教师展示三名学生上周1分钟踢毽子数量的折线统计图,要求学生比较分析不同学生参赛后获胜的可能性。

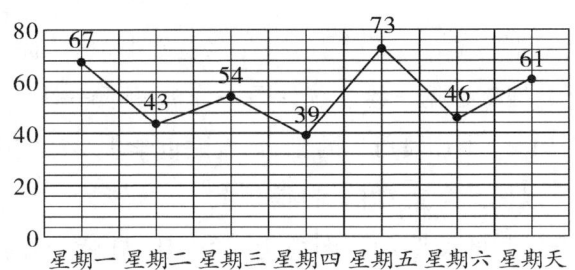

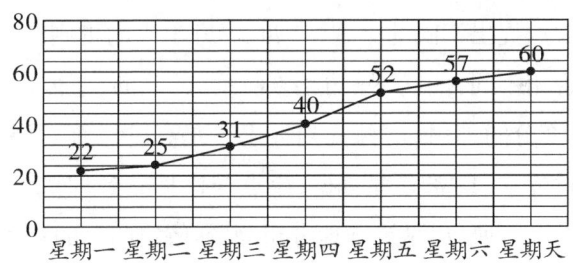

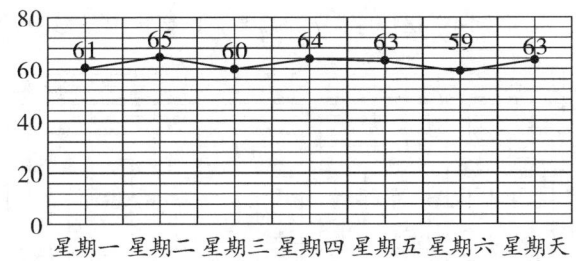

生1:我选李成,因为李成的成绩持续上升,按这种上升趋势,参赛时应该能踢出60多个。

生2:我不选李成,我选刘畅,因为刘畅最多可以踢到73个,是三个人中一次踢的数量最多的人,李成的成绩虽然持续上升,但是他开始踢的太少了,而且后来每天踢的个数的增长也比较慢了。

生3:我选的是余跃,因为刘畅的成绩不稳定,起伏比较大,比赛时失败的可能性也很大;李成开始不怎么会踢,他踢得不熟练,赛场上可能会因为紧张出现失误,而且在一定的时间内这种上升也不是无限制的;而余跃开始踢得就不错,而且成绩很稳定。

生4:……

教师针对学生回答给予点评并引导,在此基础上,总结提炼出根据图形作出决策的基本步骤:搜集数据—绘制统计图—分析、预测—决策。

【案例解析】从这个小片段可以看到,创设贴近学生生活实际的教学情境有如下好处:其一,可以提升学生自信,自信是敢于质疑问难、敢于提出自己观点的前提;其二,提升学生的读图和析图能力,学生从自己熟悉的情境中,更容易读懂折线统计图中呈现的信息,通过不同视角的分析比较,对参赛选手到参赛后的情形作出基本的分析判断;其三,提升学生的质疑能力,学生2和学生3都敢于对其他同学的观点提出不同的见解;其四,提升学生的批判性思维能力,不同的学生选择的判定视角不同,他们不仅能呈现自己的判断,还能对其他同学的回答提出质疑,并给出充分的理由,这种批判性思考是高阶思维发展的阶梯;其五,选谁来参赛在选择过程中,只需有理有据,论点与论据一致即可,不追求唯一答案,这是现实生活的真实写照,也是辩证地分析问题、解决问题的初体验。

【变式练习】六年级14个班选手(每班一名选手)1分钟踢毽子比赛情况如下图。

六年级14个班选手1分钟踢毽子比赛情况条形图

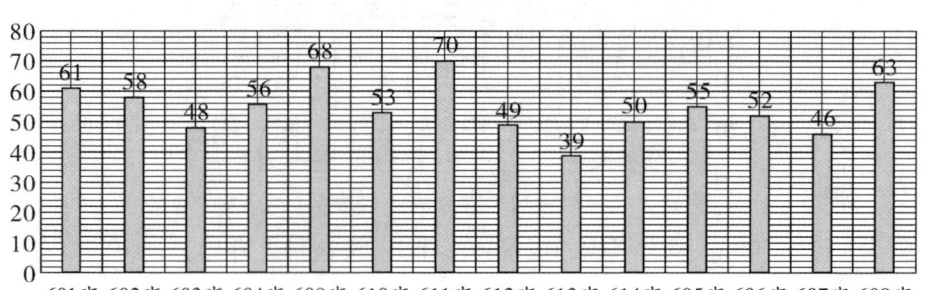

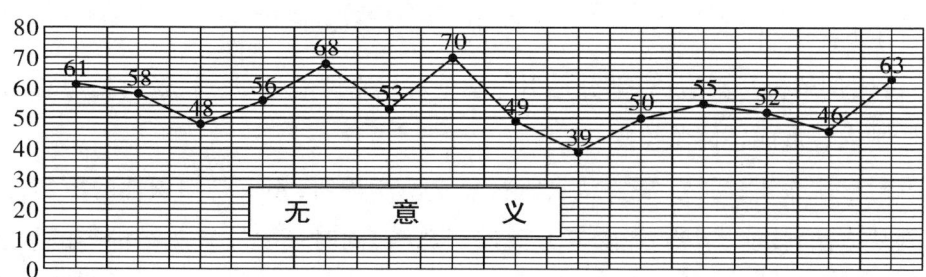

六年级14个班选手1分钟踢毽子比赛情况折线图

【认知冲突】

师：一名同学或三名同学1分钟踢毽子的情况，将条形统计图转化为折线统计图，会给我们带来更清晰直观的感受，让预测更加便利准确，为什么换成班级的情况，这种转化变得无意义？

生：……

【案例解析】从以上变式练习的案例中，与大家分享两点，其一：引导学生发现规律、掌握方法的学习中，教师呈现思维加工的材料要全，便于学生在丰富的感性材料中能透过纷繁复杂的现象，挖掘到背后共同的本质属性；其二，在规律教学和方法训练中变式要全，尤其是规律和方法的使用条件及注意事项要点到，典型的案例需深入探究，可以利用超越使用条件的反例引导学生"碰壁"，引发学生深层思考，以达到深度学习、深刻理解的目的。

【反思总结】

师：今天运动员的遴选过程中，你是怎么决策的？通过今天的学习，谈谈你的收获有哪些。

生1：先收集数据，再绘制统计图，分析统计图发展趋势进行预测，最后作出决策。

生2：我知道了呈现数量多少的时候用条形统计图，呈现数据变化趋势的时候用折线统计图。

生3：我学到了具体问题具体分析。

生4：我学到了折线统计图可以帮我们解决生活中的问题，根据数据变化趋势让我们在比赛中有更多的获胜机会。

生5：我感受到数学课也可以上得这么有趣，数学非常有用，我们要学好数学。

生6：……

【案例解析】总结反思部分是引导学生对这堂课的学习进行及时复习总结，对所学内容形成整体监控。

对学生来讲，首先，需要认真审视总结所学内容，不仅是知识性的内容，还需要从方法、技能、情感、观念等方面进行总结，同时还要注意总结内容的发散性，不能满足于只从一个方面有心得，要从多方面多角度去尝试总结；其次，需要聆听同学的发言，与自己所得进行比较，查漏补缺，及时弥补自己的不足，调整和完善自己的认知结构。

对教师来讲，首先，需要根据思维型教学理论的指导，每堂课引导学生及时进行总结反思；其次，在学生回答过程中，可以进行适当反馈，引导学生从多个视角、多个层面思考，这样一方面可以总结得更全面，另一方面可以训练学生思维的发散性，树立遇到问题可以有多种解决方案的观念，对不同方案择优选择，并进行实践检验，以期问题得到最佳解决效果；再次，在学生回答的基础上，教师要进行画龙点睛式的点拨，将提炼不够精、不深入的观点给予及时点评升华，以期学生领悟到活动的精髓。

【巩固练习】连一连。

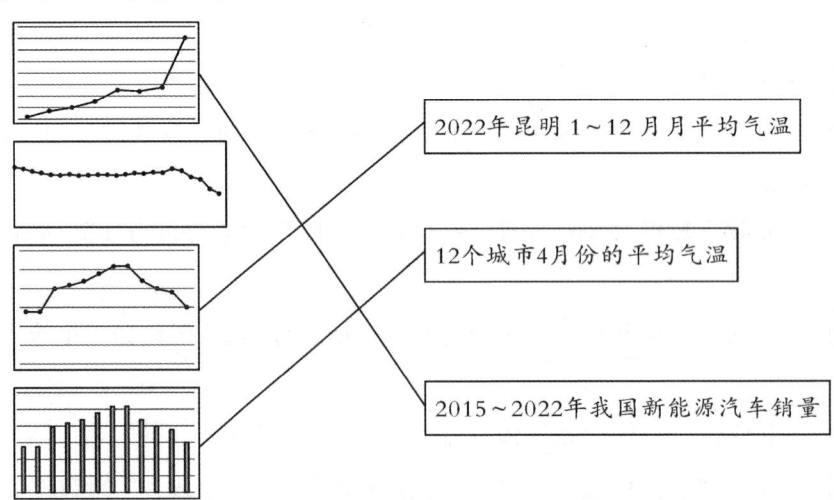

师：大家看这道练习题，用今天所学内容试着连一连。

生1：通过数图形中的点数，我把第二幅图排除掉；第一幅图有8个点，2015

~2022年我国新能源汽车销量是8年,所以它俩连在一起。2022年昆明1~12月月平均气温应该有12个点,而且1~12月应该是有顺序的,表示气温变化趋势,第三幅折线统计图有12个点,所以它俩连在一起。剩下第四幅条形统计图和剩下的12个城市的4月份的平均气温连在一起。

师:他连对了吗?

生:对啦。

师:他是通过数点的方式来解决问题的,你们是怎么连的? 有没有不同意见?

生2:条形统计图表示的是数量多少,12个城市4月份的平均气温表示的是不同城市的气温,用折线统计图表示是没有意义的,所以将条形统计图和12个城市4月份的平均气温相连。

生3:新能源汽车刚开始销售的时候,大家顾虑比较多,买的数量比较少,最近几年大家对新能源汽车认识得越来越多也更容易接受了,所以销量越来越多,是一种上升的趋势。从四幅图来看,只有第一幅图是持续上升的。

……

【案例解析】该练习简单明了地检验本课教学目标的落实情况。该拓展迁移的练习中有几点思考供大家参考。从习题本身来看:其一,右侧提供的三种情境都是日常生活情境,创设日常生活情境的优势此处不再赘述。其二,图形中不仅有折线统计图还有条形统计图,学生必须清晰两种统计图的优势在哪里,什么情况下使用条形统计图,什么情况下使用折线统计图,才可以正确解答本题。其三,这个练习并不是常见的对等连线题,而是左侧四幅图,右侧三种生活情境。要想正确作答,需要突破思维定式,具体问题具体分析。这样的练习为学生打破思维定式埋下了一颗宝贵的种子。此外,这道习题在设置过程中出现第三幅图和第四幅图之间的对应现象。由此可见,第四幅呈现的图形不是现实生活中收集回来的数据绘制成的条形统计图。教师创设真实情境无可厚非,是值得大家学习的,但还是要注意编制习题过程中,避免这种非真实对应的情况,以免造成图形意义无法与现实生活相对应的现象,在习题编制的精致性上还需要下更大功夫。

从学生作答的视角来看:学生1展现的更多是简洁明了的答题技巧,对生活情境分析较少,是否能将数学学习和现实世界进行很好的联系还需要进一步追问或访谈才可深入了解。对这部分学生的学习,教师还需要在学生作答过程中给予更多的追问,以期引导学生将数学学习和现实世界的真实情境相联结。学生 2 和学生 3 分别从不同角度对学生 1 的回答进行了意义解释,可见这两名学生在完成该练习的过程中,更多结合现实生活进行了深度思考。

从教师设计的视角来看:单纯从连一连这个练习来看,教师注重创设与学生真实生活紧密相连的情境,该习题也有助于检验课堂教学目标的达成度;从这堂课的几个练习来看,不同教学环节教师都可以从学生的生活实际出发创设情境,引导学生从熟知的条形统计图逐渐过渡到折线统计图,辨析两种统计图的特征,结合具体情境选用恰当的统计图。其间的进阶路径很清晰,教学设计中好的进阶性问题情境使学生学习也变得轻松、有趣、愉悦。

【拓展迁移】

教师:分段呈现 1949～2021 年我国人口出生率,同时呈现各相关时段我国对人口宏观调控的政策及各时段我国国情,让学生根据折线统计图预测未来人口出生率的发展趋势。

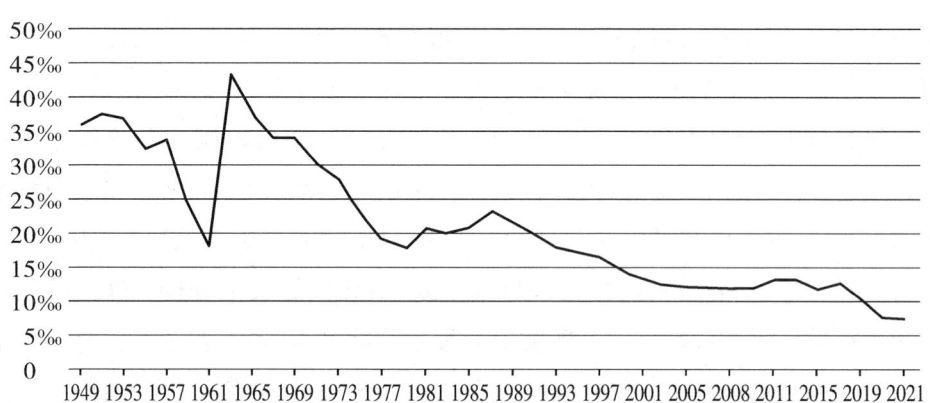

1949～2021年我国人口出生率折线统计图

【案例解析】这个拓展迁移的实例,同样是结合现实生活中的数据创设问题情境,引导学生将所学的内容应用到真实情境中分析问题,结合国情及人口宏观调控政策解决问题。这个阶段师生之间的互动较多,学生在教师引导下时而发出预测成功后的兴奋声"哈,我预测的和实际发展趋势是一致的!";时而发出认知冲突中的好奇声"咦?怎么我的预测和实际发展趋势不一致呢?";时而发出恍然大悟的顿悟声"哦,原来如此!"……这些声音是课堂教学过程中最美妙的声音!学生的思路被教师逐段提供的信息紧紧吸引着,面对教师提出的问题充满好奇心和探究欲。在教师层层引导下,一方面运用折线统计图发展趋势预测未来数据发展方向,另一方面感知完全依赖数据不考虑国情时,可能会出现预测方向与实际发展方向不一致的现象。

(二)创设动态经验连续性情境

数学教学的总目标包含"三会",每项目标都指向现实世界,"三会"又具体落实到"四基"的掌握与"四能"的提升上,帮助学生感悟数学知识、数学技能、数学思想、活动经验与现实世界的联系,引导学生在发现问题、提出问题、分析问题、解决问题的过程中提升创新意识和实践精神。

创设动态经验连续性情境将有利于落实数学教学总目标,有利于提升学生感悟数学实践活动经验,有利于提升学生的创新意识和实践精神。对于小学低学段的学生,正处于直观动作思维持续发展、具体形象思维逐渐占主导的阶段。太原市小店区第二实验小学开展多样化的数学项目式学习活动,让学生在动态连续性实践中经历认币、取币、换币、付币、找币等活动,初步认识商品的价格,理解简单购物问题中的基本数量关系,体会人民币与日常生活的密切联系;一年级数学组老师带领同学们开展了以"我是购物小达人——跳蚤市场"为主题的数学项目式学习活动。

我是购物小达人——跳蚤市场
山西省太原市小店区第二实验小学　张倩妮

(一)课标分析

在实际情境中认识人民币,能进行简单的单位换算,了解货币的意义,具有勤俭节约的意识,形成初步的金融素养。

(二)教材分析

小小商店是人教版一年级下册教材第五单元"认识人民币"的内容,参加购物实践活动是进一步认识人民币以及进一步理解购物活动中各类数学问题的最好方式。考虑到一年级学生的年龄特点和实际生活经验,我们设计的"小小商店"这一活动,主要让学生在实际购物过程中积累购物经验,从数学角度发现问题、提出问题,并主动应用数学知识解决问题。

(三)学情分析

学生在生活中经常接触到各种面值的人民币,或自己有过购物的经历,或看别人使用过人民币,已经积累了一些认识人民币的经验。但一年级学生年龄小,对人民币只是初步的认识。

(四)教学目标

1.通过实践,学生进一步了解人民币的实际价值,感知人民币的面值和功能。

2.在实践活动中,丰富对与购物活动相关的数量关系的理解,积累解决简单购物问题的经验。

3.经历用数学知识和方法解决购物活动中各种实际问题的过程,培养收集、整理和加工信息,以及提出问题、分析问题和解决问题的能力,培养思维的灵活性。

4.在实践活动中,进一步培养与他人合作交流的自觉性,获得一些成功的体验,增强学习数学的兴趣和学好数学的信心。体会挣钱的辛苦,明白花钱时应避免铺张浪费。

(五)教学过程(简)

1.认识货币、充实购物经历

(1)视频拍摄,我为人民币代言

【设计意图】回顾、认识11种不同面值人民币,理解元、角、分之间的进率,能进行简单的单位换算,为开店解决购物中的基本问题做好知识铺垫。

(2)认识价格标签,购物初体验

来一场真实的现金购物之旅,和家长带上50元人民币,一起逛商场、超市或文具店,认识价格标签,选择自己需要的商品。和家人、同学分享自己的购物经历。

【设计意图】通过真实的购物之旅,相信同学们会有不少的收获,不管是对商品的选择,还是和商家的沟通,运用自己学到的知识和家长开展亲子模拟购物,利用家里的书本、文具、玩具等开店,交换角色,体验卖家和买家的不同,丰富购物经历。

教师利用"真实购物"和"模拟购物"使学生真实、合理使用人民币,通过分享、述说购物过程,形成对货币多少的量感和初步的金融素养,同时激发学生的学习兴趣。

2. 小组合作,开店筹备

(1)教师根据学生数分七组,确定店长、售货员和顾客,方便学生课后讨论、交流。

(2)分配开店任务,包括:商品准备、价格标签、店名、海报、宣传语、优惠政策等。

店员:确定闲置物品、完成定价。

店长及售货员:整理商品、填写售货清单、拟定店铺名称和海报、制作价格标签、商量店铺宣传语及引流措施。

【设计意图】有了前期的购物体验,在家长和老师的帮助下,开始积极筹建自己的小店,确定商品,设计属于自己的店铺名称和宣传标语,体验日常售货员的工作,学生相互合作,共同完成商店筹备,增强合作的意识,培养合作学习的技巧,体验成功合作的乐趣。

3. 市场开业,自主购物

伴随着音乐开始,跳蚤市场开业啦!

(1)商店介绍

七种商店,店长介绍店名、经营范围、商品价格及引流政策。

(2)自主购物(限时15分钟)

顾客自主购物,有序排队结账,及时填写自己的购物清单,根据顾客的付钱数和商品价格核对找回钱数。

售货员根据售货清单,及时记录卖出商品所付钱数和找回钱数,根据商品的价格和顾客不同的付钱方式,算清楚找回钱数。

(3)购物分享

跳蚤市场已经停止营业啦!请大家来谈谈今天交易的收获和感受。

活动一:分享你的购物清单,说说为什么买这些商品。

生1:我买了喜欢的商品。

生2：我买了需要的商品。

【设计意图】在购物时，我们可以挑选自己需要的商品和喜欢的商品，并及时鼓励按需购买的学生，告诉学生要根据需要去购物，不能盲目、从众购买，培养正确的消费理念。

活动二：分享你怎么计算所有商品的价格。

【设计意图】计算所有商品的价格，要用加法。完善购物清单、售货清单，计算所有商品的价格，单位相同直接相加。

活动三：分享你的付钱方式。

师：计算出所有商品的价格，现在我们要进行付钱，你是怎么付钱的？

【设计意图】通过大家分享发现，我们在购物时要根据自己手中人民币的种类去付钱。当我们手里的人民币和商品价格一样时，可以付正好的钱；和商品价格不一样时，根据手中的人民币，就会多付再找零。

活动四：分享你怎样计算找回的钱。

【设计意图】求找回的钱就是求付出的钱比商品价格多多少钱，要用减法计算；继续完善购物清单、售货清单，计算找回多少钱，相同单位可以直接相减。展示购物清单、售货清单。

活动五：分享你在购物中遇到的问题，你是怎样解决的？

情境一：一个文具盒6元，我给了他10元，他不给我找钱，我们交易失败了。商家说他没有4元零钱，而我只有一张5元和一张10元。

情境二：我收入的钱太多了，数不清了！

师：我们一起帮你算！

情境三：我想买的商品太多了，可是我的钱不够怎么办？

【设计意图】钱可以买很多我们喜欢的商品，但是钱是怎么来的呢？是我们父母辛勤劳动换来的，我们不能浪费，要买一些真正需要的、有用的，不能看到什么都想买。

4.经验交流

购物结束后，组织学生发表购物过程中的感想以及对其他人的评价和建议。

店长：叙述本次活动中自己经营商店的感悟，并对自己的小店以及售货员进行评价。

售货员：讲述自己在店长的带领下参加本次活动的感想，并对本次活动以及自己的表现进行叙述。

顾客：对本次购物活动中自己的收获、小店中商品价格以及服务态度进行叙述和评价。

【案例解析】以上案例以真实生活为载体，创设动态经验连续性情境，基于课标分析、教材分析和学情分析提出本单元的教学目标，采用项目化学习方式展开该知识与经验转化的实践活动。该实践活动可以帮助学生将数学和现实世界有机联系在一起，引导学生用数学的眼光观察现实世界，用数学语言表达元、角、分的概念，并充分体验元、角、分之间的关系。在实践过程中，有效培养学生的实践精神、合作意识、交流意识，并在经历开店的过程中能有效提升学生发现问题、提出问题、分析问题、解决问题的能力，引导学生用数学的思维分析事物之间的关系。学生在身临其境的感受和实践过程中实现核心素养的提升。

（三）利用教学媒体创设情境

随着信息技术的飞速发展，以计算机为核心的现代教育技术被广泛地应用于教学。它可以交互式地综合处理文字、图形、图像、声音、动画、视频等多种媒体信息，使它们建立逻辑连接，集成一个信息丰富、呈现形式多样的信息系统，所以迅速成为应用最广泛的教学演示工具，可以将抽象、难懂的问题形象、直观地展现给学生，将静止的教学内容变为动态化内容，帮助学生理解数学思维过程，能有效帮助学生知识建构和思维发展。

将网络多媒体应用在小学数学教学中，能够丰富教学情境的内容和形式，帮助学生通过多种感官接受知识，增加教学的趣味性，使学生的注意力集中在教师的教学中，促进教学质量的提升。下面以"长方形的周长"为例说明。

"长方形的周长"的教学情境

在创设"长方形的周长"的教学情境时，教师可以借助多媒体技术将长方形的长与宽分解，并通过图片、动画、声音等多种形式呈现出来，让学生讨论后推导出长方形周长的三种计算方法。在多媒体技术的辅助下，学生能多个角度了解长方形的构成要素，从而更好地理解并掌握长方形的构造与周长计算方法。

1. 运用演示教具创设问题情境的理论依据

(1)心理学基础

人的大脑左右两半球在问题解决过程中分工不同,左半球以抽象思维处理信息,右半球以形象思维处理信息。使用演示教具创设的问题情境,形象生动,知识变得可视化,大脑左右半球协同合作,共同促进思维的发展。中小学生的认知能力、观察能力正处在不断发展、记忆能力由形象记忆向抽象记忆过渡,利用实验和现代化的手段能使具体的现象和内容转变成正确的科学表象,进而运用形象分析研究科学问题,培养学生的形象思维能力。

(2)思维型课堂的基本原理

思维型课堂教学理论认为,思维材料包括感性材料和理性材料两部分。感性材料能引起学生主动建构的兴趣,是影响学生思维结构发展完善的先决条件,只有学生主动建构知识才能够实现学生自身思维结构的发展。通过演示教具呈现的问题情境,问题更富有趣味性与形象性,更能引起学生注意,有利于调动学生积极思考、主动学习的积极性,从而充分体现学生在学习过程中的主体地位,进而积极思考。

2. 适用条件及功能

不同形式的演示教具具有不同的适用条件和作用。图片类型的演示可用于静态知识的形态、结构特征,以及难以获得动画或影片资料的知识,例如历史保留下来的老照片或遗迹等;动画演示相比较图片演示更为立体,将信息动态呈现,更加灵活生动,具有趣味性。演示教具的模型与广义上的模型不同,指的是具有形态结构特征的实物或示意图,如数学中的几何模型。教师可以利用模型创设相应的问题情境,将问题纳入模型中,学生通过对立体模型的感知,获得直观的知识。虽然也可以使用动画呈现模型,但实物模型与学生距离更近,学生更能直观感受和参与进来。

图片、模型以及实践操作过程所能提供的感性资料大多可以直接提供,但教学中还有许多现象和过程难以使用这些教具进行演示,而学生只凭想象和抽象的逻辑思维也难以理解。现代教育技术与数学教学的融合,不仅可以提供其他教具能提供的资料,还可以呈现它们不能呈现的情境,如数学中的图形变化可以使用计算机帮助学生形成表象,进而更好地理解知识。

3. 选择演示教具创设情境的注意事项

(1)演示要围绕教学的目标和内容。

(2)创设情境的好坏不仅取决于演示教具的准确选择,更取决于教师创设问题情境的能力,教师怎样选择教具、利用教具,怎样将问题融入教具都是教师必备的能力。在使用演示教具进行情境创设时,应综合考虑学生特点、教学策略、知识特点、问题目标等因素,创设合适、高效的情境,达到启发思维的目的。

(3)使用演示教具创设情境,要掌握"度"。演示教具本身具有的特点既能激发学生的兴趣和吸引学生注意力,也容易分散学生的注意力。小学生由于意志力不够强,容易在观察过程中被枝节纠缠,注意力并不能持续集中在重要的内容上,再加上演示教具对小学生来说具有新颖性,学生思路容易被工具本身吸引,而忽略工具呈现的内容。所以在使用演示教具创设问题情境时,一定要使用言语进行指导,使学生思路始终指向问题。

另外,演示教具过量的使用会造成课堂重点偏移,难以紧扣主题,而过少则难以创设良好的情境,不能激起学生思考的动力。所以使用演示教具创设问题情境,要根据学生水平和教学内容进行选择,把握好这个"度"。

五、课堂提问设计

(一)课堂提问的内涵及功能

课堂提问是教师在精心预设问题的基础上,在教学中创设良好的问题情境,在教学中生成适当的问题引导学生主动思考和参与对话,全面实现预期教学目标,并对提问及时反思与实践的过程。理解课堂提问的内涵,需要注意课堂提问的几个特征:

(1)情境性。不管是单元整体教学设计,还是课时教学设计,教师都需要针对教学重难点和关键点创设问题情境,激发学生的思维活动。

(2)主体性。提到课堂提问,大多数教师想到的是教师提问,事实上课堂提问的主体应该包含教师和学生,既有教师提出问题引导学生思考作答,又有学生针对疑惑提出问题寻求帮助。

(3)互动性。不管是教师作为提问的主体，还是学生作为提问的主体，提出问题就是发起课堂互动的信号，教师不仅要提好问题，还要创设好问题情境激发学生积极主动地提出问题，以实现师生互动；学生积极主动地质疑问难，通过与他人互动实现自我素养的提升。

(4)科学性。课堂提问设计是具有可遵循的提问方法、技巧、策略的，遵循提问方法可以更好地为学生的学习提供恰当的"脚手架"，教学可以取得更好的效果，达到事半功倍的效果。

(5)艺术性。课堂提问虽然有一定的方法和策略可循，但是实际教学过程中还是存在众多的不可预测的情形，教师需要根据特定情形具体问题具体分析，及时生成未预设的问题来适时引导。

课堂提问是课堂的"生命力"，目的在于促进学生思维，直接关乎着教学目标的实现和学生能力的培养。

课堂提问设计有三大功能：

(1)有利于教师通过整合思维的起点、终点以及思维过程中的重难点，对问题进行整合思考和设计。

(2)有利于发挥思维型课堂理论对提问的指导作用：通过课堂提问引导学生产生认知冲突，通过问题引导学生自主建构完成现有知识与原有知识之间的联结，通过问题引导学生自我监控反思学习过程与结果，通过课堂提问对所学方法与内容进行应用迁移。

(3)有利于促进教师的专业化发展：课堂提问设计需要教师在综合考虑教学目标与教学内容的情境下，借助一切可利用的教学资源创设问题情境，对问题解决的互动方式等进行设计与管理。在此过程中，教师有效把握教学目标的能力、教学设计与实施能力、自我反思能力、教学研究能力、了解学生并能进行有效沟通的能力、教育资源运用和开发的能力等都在不断完善，有效促进教师专业能力不断发展。

(二)课堂提问的整体设计思想

思维型教学理论提倡单元教学设计中，不仅要对该单元中要解决的核心问题进行单元问题链的宏观设计，还要对课时教学中具体问题进行微观设计。课堂提问设计流程图如图 2-10。

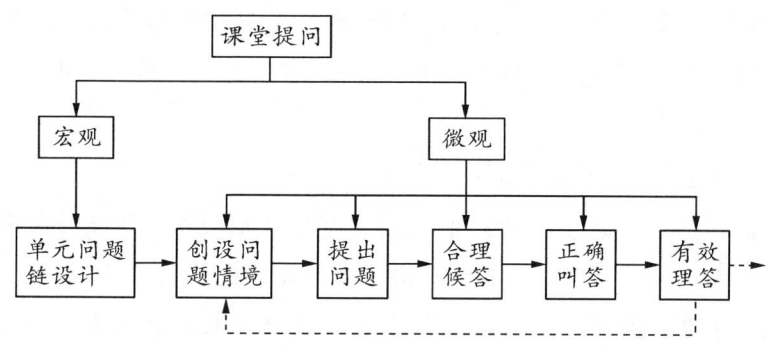

图 2-10　课堂提问设计流程图

（三）问题链的设计

教师要在单元整体教学设计中做好问题链设计，首先，需要确立"问题是学生思维发展的促发器"这一观念。其次，明确掌握两个基本概念：其一，主问题是引导学生进行深入思考、高阶思维的重要问题、中心问题、关键问题；其二，问题链是指彼此关联而有序的主问题串。

1. 问题链的基本特征

从形式上看，是环环相扣、层层递进的问题链；从内容上看，是围绕核心问题的一系列具有逻辑结构的子问题链。问题链将问题情境与教学目标紧紧链接在一起，问题链的核心目的是通过有逻辑结构的问题群，引导学生进行逻辑思考、高阶思维，促进学生深度理解。

2. 问题链的基本功能

问题链的恰当设计，可以有效克服提问的细碎、离散、低认知及随意等不足，帮助学生完成知识建构，引导学生进行高水平的思维活动，促进学生深度理解，帮助学生获得解决问题的技巧策略，实现系统论中所说的"整体大于部分之和"之功效。

3. 问题链的设计原则

（1）问题链设计立足于思维型教学理论引领下的情境设计，为训练学生思维能力提供了情境场域。在此情境场域内，提出彼此关联的问题串—学生积极思维—寻求解法—筛选最优解法—探究问题解决效果—综合概括探究过程—实现问题解决—完成能力与素养的提升。

(2)问题链设计注重思维型教学理论五大原理的落实。

通过创设问题情境,以引起认知冲突,激发学生积极思维,注重生生、师生之间的互动,引导学生对活动对象、活动过程、思维方式、经验教训等进行反思和迁移。

(3)问题链设计注重思维品质的培养。

问题链是教师依据课堂教学目标,结合学生认知规律设计能够促进学生思维品质培养的序列性问题。问题链的最小单位是问题,问题是促进学生思维品质发展的脚手架。课堂教学中,问题链的作用主体是教师和学生。教师在问题链的设计中,要设置能培养学生深刻性、灵活性、批判性、独创性和敏捷性等思维品质的高阶问题。

(4)问题链设计注重深层学习。

问题链是引导学生从教学内容的记忆、理解类浅层学习,逐渐过渡到评价、创造类深层学习的路径。在信息加工过程中,引导学生从现象到知识,从知识到方法,从方法到素养逐渐提升。

(5)问题链设计注重建构过程。

学生学习的过程就是认知建构的过程,在建构过程中需要注意几个关联:

①知识关联:新旧知识之间的关联;②方法关联:不同学科思维方法间的关联;③视角关联:问题解决的整体思考框架和思路。

问题设计中需相互链接、环环相扣、层层递进、逐步深入,由点到面、由面到体,注重其中的逻辑结构。

通过问题链的设计,为学生逐步形成适应个人终身发展和社会发展需要的基本价值观、必备品格和关键能力奠定坚实的基础。

4.问题链的设计方法

(1)基于核心素养确定单元学习主题中的核心观念。

首先,结合课标、相应教材等确定单元学习主题;其次,结合课标把握单元学习主题的核心素养要求,明确本单元中重点培养的核心素养有哪些;再次,厘清单元学习主题的知识结构与内在脉络;最后,构建出单元学习主题的知识结构图。

（2）依据核心观念设置与之关联的主干问题。

主干问题设置的几点要求：一是要促进核心观念产生，揭示核心观念背后的知识本质，需反映知识的发展脉络，彰显其蕴含的基本思想；二是要设置与内容密切相关的少而精的关键问题，能给学生提供充足的思考与探究的空间；三是要有一定的挑战性和开放性；四是主干问题之间在知识、方法、思维、价值观等方面彼此关联。

（3）围绕主干问题铺设序列化子问题。

子问题设置的几点要求：需充分展示子问题与主干问题关联的核心观念的发展与生成脉络，深入揭示其背后蕴含的知识与基本思想，让学生在探究—综合—整理—提炼的过程中，实现"子问题—主干问题—核心观念—核心素养"的领悟与提升。子问题的设计要在学生最近发展区内，且子问题铺设不宜太细、太密集，防止异化，同时需要注意难度与梯度。

（四）具体问题的设计

具体问题的设计是在宏观层面上完成单元主干问题设计基础上，教师在对教学目标和学生的认知水平等各个方面的因素综合考虑后，设计整堂课提问的主次和先后，设计每个问题的提问时机、方式、程序，使得每个问题都服务于课堂的教学目的。课堂提问技巧包含：围绕一个目标，把握两个度，抓住三个点，应用四种手法，注意五个要素，掌握六个环节。

1. 围绕一个目标

课堂提问作为促进课堂教学的有效手段，每个问题的提出都要紧紧围绕教学目标而设定，围绕教学目标进行课堂提问设计是实现高效课堂提问的前提。精心设置后的问题不仅有利于教学目标的落实，还有助于学生核心素养的养成。不同的目的需要采用不同的提问方式，面对不同的提问对象利用不同的反馈技术，进而达到不同的课堂提问效果。

从教师角度来说，教师为提问而提问，漫无目的地随意提问，很容易偏离教学目标，造成时间浪费，导致最终教学效果不佳的情况。从学生角度来说，教师盲目地随意提问，很容易分散学生注意力，使学生感到无所适从，无法回答，长此以往形成不认真听讲的习惯。

2. 把握两个度

根据维果茨基的最近发展区理论，课堂提问设计中需要注意把握问题的梯度和难易度。

(1) 设置梯度

教师应从学生实际出发，合理调配问题的梯度，为学生增设台阶，使之能拾级而上，直达知识的高峰。设置梯度需要做到：①遵循学生的认知规律：由浅入深、由表及里、由小到大、由易到难。课堂上设置疑问，在围绕课堂教学重难点的前提下，应先从简单的问题问起，然后一步步问、一层层分析，直到把问题剖析透彻为止。有些问题是由局部到整体组成的，可以先从一个个小问题入手，然后把各个小问题的答案综合起来，概括出核心的内容。②把握梯度间的跨度，使学生在思考问题时就像走台阶一样，"台阶"还不能太高。跨度太大，学生思维达不到，问题得不到及时解决，反而弄巧成拙。跨度太小，失去挑战性，学生不感兴趣，白白浪费课堂时间。设置梯度时，不仅问题与问题之间的跨度要适中，几个问题间的衔接也很重要。课堂提问，不能只是简单地把几个问题罗列在黑板上，还要不着痕迹地把问题与问题连在一起。

(2) 难易适度

问题的难易程度直接影响学生的思维和好奇心、自信心等非智力因素，所以问题必须与学生现有认知水平和原有的知识相关联、相衔接，才会激发学生积极思维。问题过难——超过学生努力后可能达到的认知水平，学生听后就会如坠云雾之中，经过思考仍不能给出答案，课堂教学将会陷入僵局，学生情感容易受挫，出现怠学的情况，很难启动学生的思维过程，更会挫伤学生自信心。问题过于简单——低于学生现有认知水平，学生不用思考就可以马上回答，这样的问题无法启动学生的思维过程，还会造成学生不认真思考，丧失学习兴趣。从表面上看，课堂气氛热烈，实际上学生并没有进行紧张的思维活动，不利于学生智力的提高。

问题设计要有艺术性，当提问超出学生的理解水平和知识结构时，学生束手无策出现冷场，怎样做到灵活地过渡？首先，要"塞者凿之"。教师要逢山开路，遇水架桥，对于堵塞学生前进的绊脚石要想办法凿开。这些绊脚石包括学生的智力心理，如各种知识障碍、方法障碍、思维障碍，也包括学生的非智力心理,如意志障碍、行为习惯障碍等。其次,是"陡者级之"。问题犹如陡坡,教师要铺设台阶,环环相扣,让学生拾级而上,易于理解。为解决一个大问题,可以提出一些分解出来的较容易的问题,这就像在很陡的斜面上筑上了一些台阶,学生能沿着它到达斜坡的顶端,顺利解决难题。再次,是"断者架木通之"。对一些跳跃性大的问题,教师必须做一些中间的铺垫,以便学生能更好地理解。最后,是"悬者植梯接之"。重点难点犹如悬在空中,当问题涉及教材难点时,如不给学生置梯,教学要求很难落到实处。

教师只有利用诱导技巧,遵循由易到难、由简至繁、层层递进、步步深入的"层次性"原则,才能把学生的思维引向深入和高处,引向求知的新境界,这也正是立体教学的内在结构。下面以乘法教学过程为例,让我们体会教学过程中课堂提问设计应把握的梯度和难易度。

问题有跨度,思维有深度

在乘法教学过程中,教师先复习了加法的计算方法,让学生从一连串相同数的相加得到类似"3 个 5 相加"这样"几个几"相加的算式,为学习乘法的概念提了以下问题。

问题 1:5+5+5 是 3 个 5 相加,那么 4 个 5 相加怎样列式?5 个 5 呢?50 个 5,100 个 5,1 000 个 5 相加呢?大家发现了什么?列的式子越来越……

问题 2:乘法是将相同的数加起来的简便方式,其运算结果称为积。那么加法与乘法之间有什么联系?它们之间是如何转换的呢?教师又通过以下几个问题进行引导:

①你们看,这是几朵小红花?(学生:2 朵。)我们把 2 朵小红花看成一组,然后再出示 2 朵,又出示 2 朵。

②一共摆了几组小红花?(学生:3 组。)求一共有多少朵小红花,用什么方法算?怎样列式?(板书:2+2+2=6)

③这道算式中的相同加数是几?(学生:相同加数是 2。)写乘法算式时先写相同加数"2",再写乘号"×"。

④数数看,这是几个 2 相加?(板书:3 个 2)乘号后面写"3",这个 3 叫作"相同加数的个数"。[板书算式:2(相同加数)×3(相同加数的个数)=6]

当学生学会将加法算式改写成乘法算式时,再提出问题 3。

问题3：看来大家都学会把加法算式改写成乘法算式了，那么老师再提一个问题，是不是所有的加法算式都能用乘法计算呢？我们来看一些例子：呈现诸如"4+6+9"的式子，能否改成乘法算式？为什么？

教师总结：通过比较我们知道，求几个相同加数的和，用乘法计算比较简便，以后我们求几个相同加数的和时，要用乘法计算。

上述案例中，教师在复习加法的基础上，引入乘法的概念，说明乘法是求几个相同加数的和的一种简便方法，能使这些很长的算式缩短的新方法，通过旧知识与新知识的联系得出乘法与加法的联系与区别，从而推出为什么要用乘法（动因）、乘法的列式方法（归纳总结思维），以及乘法的适用条件（变式练习，提供应用和迁移）这三大主要问题（问题1、2、3归为同一个大问题）。这三个问题涵盖了程序性知识学习的一般过程：原有知识导入—呈现新知识—规则练习（正例）—规则应用（正例和反例），逻辑上具有层次性，思维沿着教学目标逐步推进，又分别具有启发性，对于目标的形成起到了促进作用，学生的分析归纳思维也在这样的环境中逐步发展。

3. 抓住三个点

（1）围绕中心点

结合教学内容，教师课堂提问要紧紧围绕课堂教学中心来设置，精心设计一系列关键性的问题，将有助于促进学生知识掌握、能力提升。从提问形式到提问内容，从提问角度到提问难度等方面进行多维思考，否则就会偏离教学中心，达不到应有的提问效果。

（2）抓住关键点

课堂提问要抓住关键的环节和步骤，所谓关键是指教学目标中的重点。重点就是"基本"的东西，常用的知识、技能，如基本概念、基本定理、基本公式，也就是布鲁纳所说的"具有广泛而又强有力的实用性"的知识与能力，它需要从整体出发，通盘考虑。教学重点是基于教学目的要求学生必须掌握的知识点，这一类知识点对本阶段以及下一阶段的学习起着至关重要的作用。教学重点有以下几种表现形式：概念、原理、法则等，不同形式知识的学习促进不同的思维发展。抓住关键进行提问，就是要让问题问到关键处、问到重点上、问出水平来。教师要认清教学的重点并将其转化为学生可以理解的问题，才能促进学生对学科重点知识的掌握。

（3）分散难点

难点就是学生已有知识基础与新授知识之间衔接不上的那些地方，也就是诸多学习任务中那些学生难以理解和接受的方面或步骤。教学难点是学生难以掌握的知识。教学中的难点是在教学重点中根据大多数学生的原有认知基础判定的。例如，在概念教学中，对概念本质特征、关键属性的掌握往往既是重点又是难点所在。课堂提问要围绕教学实际紧扣教材，既要做到抓住重难点展开提问，又要注意做到难点分散。

教学过程中，遇到含意深刻、晦涩难懂的内容，为了避免学生理解、领悟、应用或迁移过程产生困难，可以设计一些铺垫性的问题，想方设法化繁为简、化难为易，将过难、过大的问题化为若干个浅显易懂的小问题，由小到大逐步解决大问题。这种做法其实也是得益于维果茨基的最近发展区理论，为学生从现有水平到预期水平架设阶梯，将超越学生现有水平的问题化为几个台阶，这些台阶再化解出来小的简单的问题，为学生理解该内容指明了思维方向，给出了寻找答案的途径，起到了搭桥的作用。下面以小学"求小数近似值"为例来看，教学过程中如何做到难点分散。

分散难点，突出重围——"求小数近似值"教学谈

江苏省如皋市搬经小学　石艳

首先，确定教学内容的难点。教师结合学生能力发展水平、教学内容以及教学经验，确定"求小数近似值"这一内容是学生学习过程的难点，是教师教学过程的难点。

其次，分析形成难点的原因。第一，已有经验的淡忘。相近教学内容"求整数的近似数"距离现教学内容时间间隔长，中间相应的巩固与运用少。第二，数学术语的理解困难。对于"精确到十分位"这样的数学术语，学生还是第一次接触，不容易理解这句话的含义。第三，技术要领掌握中的绊脚石。熟练掌握"四舍五入"这一技术，弄清楚"精确到十分位"是要看十分位下一位百分位上的数，决定是舍还是入。该技术要领的掌握情况，是在学生读懂了题意，理解了精确到十分位就是保留一位小数，正确完成求小数近似值的基本保障。第四，连续进位造成的困惑。如，将 1.496 亿千米精确到百分位是多少亿千米？这里有两

次向前一位进1,第一次是因为千分位上是6,比5大要向百分位进1,第二次是因为百分位上9加上进上来的1,满十写0向十分位进1。两次进1,原因却各不相同。特别是第二次进1,由于小数加法的内容位于本单元之后学习,有的学生不理解进位的原因,在后面练习中遇到题目中有数字9的,就会不管三七二十一,都往前进1。

再次,根据难点形成的原因,设置过渡性问题。第一,针对"求整数的近似值"进行提问,引导学生复习旧知识,进而唤醒学生的已有经验。如,把56 640改写成用万作单位的数是多少?约等于几万?第二,设置四舍五入的变形练习,巩固这一技术要领。在学生回答的基础上,提问5□640方框里除了6还可以填几,也约等于6万,在复习中,唤起学生"用四舍五入法求整数的近似数的方法"的回忆,明确求"用万或亿作单位的近似数"时,要看万(或亿)位后面一位千位(或千万位)上的数字来决定"四舍"还是"五入"。在此基础上,引出本课学习内容"继续用四舍五入法求小数的近似数"。第三,设置梯度,完成从保留一位小数到精确到十分位的理解。由"将38.44万千米保留一位小数是多少"等问题引导学生理解"保留一位小数"的含义,通过相应练习积累经验。以此为基础,引导学生理解"精确到十分位"的意思。可以提问:精确到十分位,就是保留几位小数?要看哪一位上的数字决定四舍还是五入?第四,逐层深入,完成连续进位的难点。学生理解了"精确到百分位就是保留两位小数,要看千分位上的数字",接下来的重点就是"慢镜头"分解连续进位的过程。提问:两次进1有什么不同呢?对于第二次进1,可运用"10个百分之一是1个十分之一"帮助学生理解。第五,通过比较激起认知冲突,感知近似数的内涵。可以提问:将1.496亿千米精确到百分位是多少亿千米?精确到十分位是多少亿千米?其中取近似数1.5和1.50的方法一样吗?以此感知近似数1.50比1.5更精确。然后提问:近似数1.50末尾的"0"能去掉吗?为什么?从中体会近似数的内涵。第六,总结提问,提炼求小数近似数的方法。可以提问:通过前面的学习与练习,你学到的求小数近似数的方法是什么?

最终,化解难点。

把难以解答的问题分成几个部分,一点点地让学生去思考,就像是吃大饼一样,一次吃不下,可以分几次来吃。这样既促进了消化,又加深了印象,有益于学生对问题的深入理解。

4. 应用四种手法

根据所提问题对学生思维训练的层次可分为：导入、消化、探究、创造四种类型。这四种不同层次的问题设计，在思维训练上层层递进，构成了课堂教学的有序性。教师可用以下四种手法引导学生思维进阶。

(1) 以旧引新

教师要准确找到新旧知识的联系并适时提问，引导学生去积极思考探讨，既可以让学生复习巩固前面学到的知识，也可以为接下来要学的新知识做铺垫，同时还可以让学生明白新旧知识之间的联系，强化学生横向与纵向的联系分析能力。如在教小数、百分数和代数问题之前，有经验的教师在回顾整数运算和分数上的时间比新教师多，且他们也能选择恰当的时机和提问方式去引导学生回顾先前的知识。以旧引新进行提问，不仅可以使学生充分利用原有认知结构中已有的知识来同化新知识，避免机械学习，还可以促进学生将新旧知识联系起来，丰富完善原有知识结构，形成新的认知结构。教师以此可以提高教学质量，学生也因此可以取得最佳的学习效果。

(2) 先易后难

《学记》中所说："善问者如攻坚木，先其易者，后其节目。"意思是：善于提问题的人，就像砍伐坚硬的木材，先从容易砍的地方砍起，随后再砍木材的节疤和纹理不顺的地方。教师设计课堂提问要遵循因材施教、因势利导的教学原则，要依据教材特点，将知识转化为层次鲜明、具有系统性的一连串问题，形成问题链。问题可以先易后难，先提出导入性问题引起学生思考，进而逐步将问题引向课程重难点。在此过程中，亦可穿插一些聚焦性和限定性的问题厘清学生思路，使学生不要天马行空地想象，这样可以引导学生沿着教学目标逐步思考和探究。

(3) 挖掘深度

课堂提问必须循序渐进、环环相扣、逐层深化，以此来挖掘深度。在通盘考虑整堂课提问的主次和先后的基础上，根据教学的目的和重点，提出一系列前后连贯、有助于推进分析思考的问题，使学生在问题的诱导下，有节奏、有起伏地进行学习。寻找问题的本质是解决疑难问题的关键，如果教师能抓住问题的本质进行分层提问,把难点分散,可以达到"牵一发而动全身"的功效。采用这种提问方式,能够培养学生前后联系和整体把握的能力,引导学生由表及里、层层深入地挖掘出事物的本质。教师在学生回答完第一个问题后,就要顺着学生的回答,并结合教学目标深入地追问第二个、第三个问题。学生的思维由浅入深,对知识的理解更加深刻。

(4) 启发思维

课堂提问以启发学生思维为主要目标,该部分内容在思维型课堂教学理论及教学设计的各个环节中均有详细分析,此处不再赘述。

5. 注意五个要素

(1) 言简意赅

小学生思维发展具有具体形象思维的特点,推理与解决问题时仍依赖于对象。教学过程高度清晰的教师能够帮助学生在具体的学习目标上集中注意力,学生快速理解问题的内容,找到解决问题的办法。通过高度清晰的课堂学习,学生可以当堂正确地回答问题,体验到学习的成功感,积极参与到教师指导的学习活动之中。

(2) 形式新颖

从问题的形式上讲,课堂问题可以分为线性问题和立体问题。教师进行课堂提问要注意引导学生多角度、多途径、多方面、立体式地进行分析领会,并加以贯通。追寻有效的立体提问,就要将以往线性的提问转变为立体式的课堂提问。线性问题是指向某个唯一答案的提问,思路窄、跨度小、答案唯一,教学时显得多而杂乱。立体式问题是相对于线性问题而言的,思路宽、跨度大、方法多种多样。教师变换角度进行课堂提问,为学生创造一个自主学习的时空与机会,可以训练学生思维的灵活性。

(3) 面向全体

在课堂提问活动中,教师要为不同层次的学生提供和创造平等的成功机会。教师应该面向全体,而不是将问答活动局限于几个精英。教师可以通过对教学过程和问题的精心设计,以及对广大学生的启发、鼓励、适当讨论等途径来扩大回答面,做到平等地对待每一名学生。但是应当指出,这里所说的平等不是指回答问题机会绝对相等。我们主张的是课堂提问要面向全体,使每一个问题都能产生"群体效应",保证每一名学生都有机会参与课堂提问活动,这样可以调动不同层次学生的学习积极性,充分发挥学生的主观能动性,体现学生间的民主平等原则。

(4)因势利导

教师与学生交流过程中,学生会提出一些观点或看法,教师可以以此为起点进行因势利导的追问,使学生对所学习内容进行深层理解。将学生置于似懂非懂、想说又说不出的境地,教师稍加点拨就可使学生茅塞顿开。使用因势利导提问法,要求教师对学生掌握知识的状况有充分的了解。

(5)运用对比

运用对比的方法可以引起学生认知冲突,有效激发学生的思维,引导学生将不同的概念进行深度辨析,厘清概念与概念之间的区别与联系。

6. 掌握六个环节

要做好课堂提问需要抓住"问题链设计—创设问题情境—提出问题—合理候答—正确叫答—有效理答"六环节。

(1)问题链设计

在具体问题设计中,问题链指一堂课中问题的整体设计。问题链设计有利于问题系统化,有利于思维型教学理论中五大教学原理在课堂教学各环节的对应落实:从课堂导入中承上启下、以旧引新的引导性问题,到教学过程中铺路架桥的建构性问题,再到教学反思中的总结监控性问题,再到拓展应用中的情境迁移性问题。

(2)创设问题情境

学习是发生在特定社会文化环境及生活情境中,受情境因素制约的活动。创设问题情境不仅能激发学生的学习动机,还可以促进学生积极主动地思维。

创设问题情境不仅可以起到以旧引新,促进学生认知的新旧结合效果,还可以引发认知冲突。教师引发学生的认知冲突,会促使学生主动解决问题情境中的矛盾,作出认知和行为上的改变,以强化学习行为。教学中的认知冲突可以分为三类:第一类是以问题为导向,通常会引发学习者对不同观点的讨论,并需要他们通过思考来解决的一种认知冲突,这种认知冲突常用来对具有争议性的问题设置情境,以促进学生对知识的进一步思考。第二类是指教师根据教学内容与学生已有认知之间的矛盾和冲突设计合适的问题情境，打破学生原有思维的平衡，引发学生的认知冲突和认知矛盾，进而寻找解决问题的方法。第三类是指教师设置与原有思维习惯不同的问题，培养学生逆向思维的能力，使学生突破习惯性思维的束缚，朝着与习惯性思维方向完全相反的方向进行探索。无论是认知冲突的问题情境还是逆向思维的问题情境，都可以加深学生对原有知识的理解，开阔学生的思路，培养学生多角度、多方位去认识、理解、应用新知识的思维方式，提高学生分析问题、解决问题的能力，从而培养学生的发散性思维。

（3）提出问题

提出问题时有两点要注意：一是提出问题的类型；二是提出问题的时机。

A.问题类型。问题根据认知水平，可以分为高认知、低认知和无认知三个认知水平。高认知问题包括分析水平的问题、综合水平的问题、创造水平的问题和评价水平的问题。而主问题是指教师提出的问题中能准确把握知识结构及内部关联性的问题，是统领本节课的关键知识和重点内容的问题。主问题一般存在于知识结构关联的重要节点处，或从学生实际情况出发的教学重难点处，数量少而精，贯穿整节课，彼此之间相互串联，既具有教学逻辑，又符合学生认知。将高认知水平的问题设计为主问题，既激发了学生深度思考的能力，又有效利用了课堂时间对学习主题进行深入的探究。

问题依据开放性，可分为开放性问题和封闭性问题。开放性问题的条件、解题方法策略和结论具有不确定性和开放性，答案是多元的，一般具有开放的解答途径和方法，答案根据回答者自身的认知水平、经验而不同。开放性问题可以开拓学生的视野，激活学生的思维，有利于培养学生的发散性思维、综合思维和探究能力。封闭性问题主要是有唯一答案的问题或有标准的正确答案的问题，可以帮助教师检查学生现有的知识水平。学生解决这类问题更多地可以从教材及教辅等学习材料中找到答案，主要采用聚合思维方式解决问题。在教学中教师应该使聚合思维与发散思维有机地结合在一起，或者说使求同思维和求异思维有机地结合在一起，引导学生能在求异思维的基础上再进行求同思维，使学生发挥各自的聪明才智，为形成创造性的能力奠定思维方法的基础。开放性问题和封闭性问题各有特色，从不同层面使学生得到训练。在课堂上教师只有将二者有张有弛地结合使用,学生方可在其中受益。

B.提问时机。提问时机可以从两个角度手思考:一是从教材内容确定提问时机;二是从学生学习确定提问时机。

从教材内容确定提问时机,可以从以下五方面思考:①教材的关键处。教材的关键处是学习、理解、掌握知识的重要之处。教学进行到此处时应该提问,引起学生注意,激活学生的思维。学生的思维只有在活跃的状态下,才能得到有效的发展。教师要根据教材的关键点、学生的认知水平及学习能力,提出深浅适度、具有启发性的问题,使学生弄清关键问题,学会新知识。②教材的疑难处。课堂教学是一系列由旧到新的知识迁移过程,新知识如果没有疑难也就不称为新知识。因此,针对教学难点设计指导性提问,可以启发学生思维,引导学生掌握正确的思考方法,达到深刻理解知识的目的。教学进行到疑难之处要设问,帮助学生解决疑难。③新旧知识的结合处。新知识往往是在旧知识的基础上引伸和发展的,在新旧知识过渡时,教师通过设计适当的铺垫性提问,可以启发学生运用迁移规律沟通新旧知识之间的联系,达到旧知识向新知识过渡的目的,便于引导学生由旧知识过渡到新知识,促进知识迁移。④教材的精华处。教材的精华处必然是新知识的重点部分,就是需要学生理解和掌握的地方。因此,针对教材的精华处要认真设问,引导学生理解和掌握它。⑤教材的深奥处。学生学习新知识都有一定的难度,新知识的疑难之处就是教材的深奥之处。这样的地方学生理解困难,教师有计划地精心设计系列问题,积极引导学生进行思考,在教学深奥处设计启发性提问,既能加深学生对基础知识的理解,又能促进学生思维深刻性的发展,有利于减缓坡度,突破难点。

从学生学习确定提问时机,可以从以下五方面思考:①当学生的思维困于一个小天地而无法突围时,教师要精心设问,引导学生冲出困境,从新的角度思考问题,找到答案。中小学生尤其是小学生阅历不丰富,对事物容易片面看待。知识是由不断地同化和顺应新知识而获得的,教师可以在学生产生认知困境的地方适时提问,以帮助学生同化和顺应新知识,形成新的认知结构。教师应该及时捕捉学生容易产生认知困境的地方,及时提问,以促进学生思维的发生。②当学生受旧知识的影响,无法顺利实现知识迁移时,要精心设问,帮助学生实现知识迁移。如教学列方程解应用题时,学生列方程的思路容易受算术法列式的影响,总是按算术法的思路列方程,这时就应该设问,让学生弄清两者的异同,掌握方程法的特点,摆脱算术法思考问题的影响。③当学生有所领悟,心情振奋,跃跃欲试时,要通过提问给学生表现自己的机会,使学生品尝成功的喜悦,激发学生的学习热情。④当学生胡思乱想,搞小动作,精力分散时,要通过提问,引起学生注意,把学生的精力引导到学习上来。⑤在学生概念模糊时,要准确设问,帮助学生厘清和辨析相似、易混淆的概念。一般在学习概念时,教师会呈现一些特殊的样例,使学生获得概念的本质特征。

(4) 合理候答

候答时间是教师提出问题后,等待学生作出反应的时间。候答时间对学生思维的深刻性和精细性起重要影响。小学生在很短的时间内理解教师提出的问题并能构建答案,有时候是有一定困难的。为了促使学生能真正地去思考问题,对信息进行全面深加工,提高回答问题的质量,培养学生良好的学习习惯,教师应有意识地延长候答时间,这种做法是对学生的尊重和理解,也会得到高回报。

有研究表明,当教师确实有耐心将候答时间延长 $3\sim 5\,s$ 或更长的时间,将会观察到更多的学生对课堂教学活动有更多的参与。具体表现为:学生对问题回答长度的增加;学生能恰当回答问题的比例提高;学生在回答问题时增加了自己的理性探索与推理;学生和学生之间对信息的比较有所增加;学生推理性的语句增加;学生能更多地提出自己的疑问;学生在课堂上参与口头交际的机会和时间也有增加。此处教师需要清晰地理解,延长提出问题后的等待时间并不等于对任何问题都沉默一段时间。教师在运用等待这一技巧时要有一定的判断力和灵活性,需要密切关注学生的反应。假如提出问题后,学生脸上一片茫然,不知所措,教师就应该反思问题的恰当性,而不是一味等待。过难的问题会造成学生的惊慌,令学生不安,学生会因为不能理解或不能回答教师提问而产生失败感。只有当学生确实表现出真正在思考问题时,才需要留等待时间。不同类型的问题等待时间应该也有所不同。封闭性问题的等待时间在 $4\sim 6\,s$、开放性问题的候答时间在 $10\,s$ 以上为宜。提问后可以说明思考时间的长短以提示学生不要急于回答,要认真思考,防止部分学生抢答,剥夺其他学生的思考时间,影响其他学生思考问题的深度。

(5)正确叫答

在教师提出问题后,学生经过思考形成对问题的看法与自己独特的见解,这个时候教师正确的叫答方式,可以使学生最大限度地参与到教学活动中。叫答方式通常分为集体回答、个体回答。

个体回答是师生一对一的互动,针对性强,有利于进一步追问和探究学生观点的来源,可以避免学生盲目地附和,但同时也存在局限性,如参与互动的学生少,更多学生处于被动听的状态。个体回答方式有两种:一种是教师点举手的学生来回答,一种是教师点没有举手的学生来回答。在这里应注意以下几点:第一,教师在叫答时应兼顾全体学生,不应该只叫少数优等生回答问题,更不能有性别差异。第二,可以根据问题的难度和目的有针对性地选择学生回答问题。有一定难度的问题可以选择成绩中上学生进行回答,成绩中上的学生在回答问题的过程中经过老师的引导而思考出全部的答案,这样成绩不好的学生可以学习一下思路,认真思考一下就能"够得着",而成绩优秀的同学也可以在这个过程中反省一下自己的思路,思维的广度得到拓展,能力得到提升。低难度的问题可以选择成绩不好的学生回答,增强他们的学习效能感和自信心。第三,教师可以设置随机叫答、排号叫答、抽签叫答等多种多样的叫答方式,增加学习的趣味性,让学生有惊喜感,激发学生的学习兴趣。

集体回答的方式是师生一对多的互动,参与互动的学生多,交流量大,处于活跃状态的学生多。这种回答方式也存在局限性,问题一般是封闭式的。教师不易发现出现错误的学生,也不易深究学生观点的来源。这类叫答方式用多了会使得学生的思维肤浅化,同时学生也会产生从众心理和依赖心理。

(6)有效理答

理答是教师对学生问题回答作出的及时评价,对学生知识的理解、思维及言语表达等方面进行启发引导,是课堂提问的重要组成部分。有效理答不仅可以强化学生的学习动机,调动学生积极性,而且可以引导学生深入思考,发展学生思维能力。此外,还可以增加师生互动,提高教学质量。学生可以从教师的理答中客观、准确地对自己的学习情况进行认识,思维得到启发与引导。理答的好坏直接影响学生对问题的理解和下一步学习的进程,同时影响学生一节课甚至一门课的学习兴趣与态度。

理答的方式有:①认可:教师用口头语言("对""好")或行为举止(点头)认可学生的回答;②重复:简单重复学生的回答;③重述:教师以不同的词句重新表述学生的答案;④没有反应:教师忽略学生的回答,让另外一个学生回答或直接进入下一个教学环节;⑤更正:纠正错误回答,直接给出正确答案;⑥部分认可:教师告诉学生回答不完全正确("不只是这样""你的思路是对的");⑦不认可:教师告诉学生回答错误("错""不是");⑧应用:用学生的回答引出下一个问题;⑨延伸:依据某个学生的回答,引导学生思考另一个新问题或某个更深入的问题;⑩扩展:就学生的回答加入新材料或见解,扩大学习成果或者展开新的内容;⑪总结:利用学生的回答概括要点;⑫比较:把学生的回答与其他回答对照;⑬展示:将学生的答案板书在黑板上。其中,没有反应、重复、重述与展示这些理答方式只是对学生的简单回应;认可、更正、部分认可以及不认可都是停留在评价层面上的理答,都只是对学生回答问题的简单判断,没有进行进一步的引导;而应用、延伸、扩展、总结与比较是在对学生回答的评价基础上进行,重视对学生回答的深层次挖掘,可以启发学生产生有创新或深度的见解。

有效理答的策略主要包含:理答前的等候时间和理答方式的选择。

①理答前的等候。理答前的等待时间称为"第二候答时间",指教师在学生回答完问题之后到开始理答之间的停顿时间。这段时间由具体情境而定,也有研究者指出停顿 3~4 s 为宜,教师可以思考如何作出恰当的理答,学生则有更多理性思考的时间,对自己的回答进行纠正和补充,也给其他学生留有必要的分析、比较和评价时间,可以促进学生思维进一步发展。

②理答方式的选择。

有效理答是根据学生反应进行的,需要及时、准确、具有建设性、令人鼓舞和积极。教师要进行有效的理答,需不断提升自己对学生反应的敏锐性和判断力,根据学生回答问题的情况及时采取正确的理答方式。

第一,学生回答正确有两种情况:如果学生是既迅速又准确的回答,教师给出简单、简短的知识总结是恰当的;如果学生的回答虽然正确,但是思考的时间比较长或者学生的回答不坚定,此时教师还需要对学生的回答做个简短的分析或解释,引导学生从多个角度去思考问题,进一步验证自己的答案。

第二,学生回答错误也有两种情况:学生的粗心导致的错误;学生缺少对知识或问题的理解导致的错误。如果学生的反应不正确是由于粗心大意,而不是缺乏知识或理解,这时给学生提供正确答案的理答即可;如果学生的反应不正确是由于缺乏知识或理解,这时则需要通过比较、扩展或总结等方法给出相应提示,引导学生作出正确的反应,如果学生仍然没有正确的思考方向,可以将问题转向其他同学,然后给他(或她)回答另一个问题的机会。面对学生的回答,不应该简单的评判"对"或"不对"、"正确"或"错误"这种词语,还应该根据学生回答问题时的状态进行回应,认清学生思考方向是否有偏差,从学生犯错或不理解的地方再次引导学生思考。

第三,当面对学生对问题毫无头绪或答案偏离主题时,应该适当给予学生一些提示,以帮助学生获得思路,或者教师思考自己的问题表述是否清晰或问题是否太难,这种情况下应重新组织语言或降低问题难度以启发学生。

第四,学生回答问题不全面时,教师可以为学生提供与教学主题相关的附加信息或扩展信息,启发学生发散思维,多方面、多角度地考虑问题,引导学生在比较中完成补充修正,鼓励学生进一步思考得到全面的答案。

六、教学评价设计

(一)教学评价

教学评价是指以教学目标为依据,制订科学的标准,运用一切有效的技术手段,对教学活动过程及其结果进行测定、衡量,并给予价值判断。教学评价是促进教师教和学生学的重要手段,是教学效果检测的重要指标,是判定教学目标达成度的重要途径。

2022版课程标准提出明确的指导意见,要实现教、学、评一致性。如何将教、学、评一体化,是摆在一线教师面前的新课题。教学评价的方式有很多:测验、课堂观察、访谈、作业、活动报告、成长记录袋等等。每一种评价方式都有其独特的功能和特征:测验法可以全面考察学生对知识的掌握及能力的发展情况;课堂观察可以从学生外显的行为了解学生学习的态度和投入程度;访谈法可以深入地了解学生的思想动态……不同的评价方法可以从不同的角度对学生的思想、知识储备、能力发展、素养养成进行调研和检测,在此基础上为教师因材施教,对每名学生形成精准的评价奠定基础。

（二）教学评价的类型

根据评价主体的不同,教学评价可以分为教师评价、学生自我评价、同伴评价、家长评价。

(1)教师评价。教师借助自身的教学经验、观察、作业批改、与学生的交谈等方式,对学生形成的评价对指导教师教学设计更客观准确。

(2)学生自我评价。对小学生来讲,他们更可能通过自我感知、同伴反馈、教师评价和家长评价形成评价,受小学生综合能力的影响,也可能受情境和时段的影响,会形成较大的波动,教师教学设计时仅做参考,不能以此评价为主。

(3)同伴评价。同伴互评更多是在教师创设的活动中,同伴经过互动形成客观的评价,低年级鉴于学生的表达能力不够强,可能评价的客观性也会受到影响。

(4)家长评价。家长通过学生日常生活表现和家庭作业的监控进行评定,由于日常操作过程中,反馈不及时对教师教学设计的指导意义不大,但通过家长和教师的互动交流,可以帮助教师更好地了解学生的情况,有利于教师对个别学生进行有针对性的辅导和引导。

根据评价的不同时段,教学评价可以分为课前评价、课中评价、课后评价。

(1)课前评价。课前教师采用恰当的教学评价分析学情,为制订恰当的教学目标做准备,可以采用访谈的方法了解学生是否存在前科学概念,了解前科学概念的成因,为教学设计提供有力支撑;也可以采用课前作业等形式了解学生对本单元或本课时内容现有的知识储备和能力水平。

(2)课中评价。教师可以在课上观察学生的学习状态,及时给予学生反馈,引导学生积极思维,用心投入学习;还可以用课中作业检测学生对本节课学习内容的掌握程度,根据结果教师可以适当调整教学内容的难度和进度;结课还可以引导学生反思整节课的收获,让学生梳理反思学习过程,表达学习收获,教师以此判断学生学习结果,并在此基础上进行有针对性地点拨指导,使得教学达到事半功倍的效果。

(3)课后评价。课后教师可以设置形式多样的基础性和综合性相结合的进阶性作业,引导学生及时巩固,并能将所学本领迁移应用到更广阔的学科或生活情境中;教师还可以用测验的方式检测学生能力的发展或核心素养的养成情况,将检测结果可以存储于成长记录袋中,从不同的时间跨度上分析学生思维发展特征,为教师从宏观上调整教学计划给出科学调研的基础。

根据评价结果呈现形式,教学评价可以分为定性评价和定量评价,定性评价更注重对现象事实的描述,而定量评价更注重具体数据的量化呈现。

不同时段不同主体的教学评价形式多样、各有特色、功能各异。教师在不同时段,可以根据教学的需求,综合采用不同形式的评价,以期为教、学、评一致性提供保障。

七、数学学科思维能力培养的整体设计

2022版课程标准的颁布注重相关内容的跨学段衔接,体现为学习目标的连续性和进阶性。整体设计是局部设计的统领,局部设计关注部分教学环节细节,整体设计则遵循"整体—局部—整体"的策略。教师需要做到"大局在胸、细节在手",眼中既要有树木,更要有森林,明确局部与整体之间的联系。

(一)制订学科思维能力培养计划

基于思维的一些基本特征,我们到底该如何有针对性地进行思维能力的培养?首当其冲的是,教师要制订学科思维能力的培养规划。因为各个学科教学是以学科内容为主线的,把思维能力作为另外一条主线,并且把它从隐性向显性转变。因此在制订学科能力培养规划的时候,要遵循以下步骤:

第一,要根据教学目标确定教学需要培养的思维能力指标。教学目标基本上锁定在核心素养的内涵中,这其中也包含思维的主线。

第二,要根据各部分知识或活动的特征来确定这个活动当中能融合哪些思维方法与思维品质,这一点需要教师单独把它设计出来。

第三,确定思维能力各方面的主要培养章节和迁移章节,哪些课程与内容能够支撑教师去训练相应的思维能力与品质。在训练的过程当中,大家还要注意根据学生思维能力的发展特征通盘思考,在不同年级的教学中,相应的思维方法需要训练到什么层次,形成层次递进的整体规划。

第四,根据现有内容做进阶设计。关于如何将设计融合在学科教学中,教师可以借鉴"学思维"活动课程,把各个知识内容当中所培养的思维能力的部分,按学段、年级与单元做整体的设计,根据各部分知识或活动培养思维能力的

任务,选择适当的教学方法、教学手段和教学时间。

最后,在初步制订出方案之后进行调整,制订详细的能力培养计划。

学科思维能力培养计划的制订程序如图2-11。

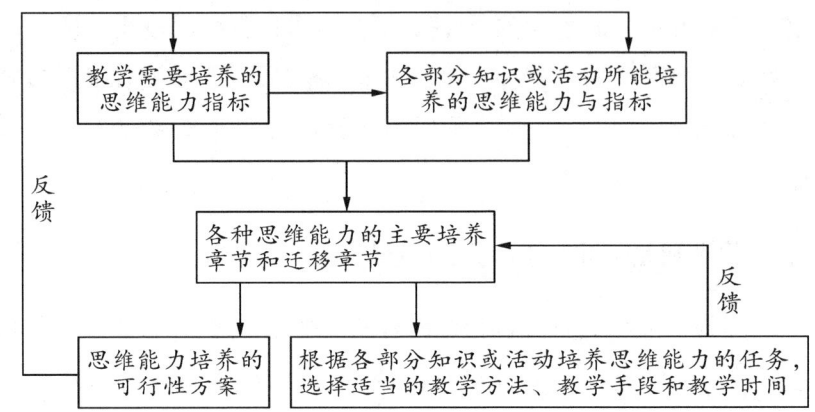

图2-11 学科思维能力培养计划的制订程序

在数学思维能力培养计划中,各个环节之间都是环环相扣的,在执行过程中包含监控、计划、检查、评价、反馈、调节、控制等。同时,我们在不断修订方案的过程当中,最终实现数学思维能力的培养。

(二)教给数学思维方法

在做整体规划过程中,需要教给学生数学思想方法。数学思想方法源于数学知识与创造,与数学知识一样丰富。根据小学数学内容的特点和小学生的认知水平,在小学数学阶段蕴含的数学思想方法主要有:分类、转化、数形结合、归纳、符号化、极限等。

(1)分类

分类是以比较为基础,根据数学对象的相同点和差异点,把数学对象分类的思维方法。大量的数学对象之间存在各种各样的共同点和差异点,因此常常根据学习目的,以某种同一性作为标准,将数学对象进行归类;在同一类中,又根据对象的差异性,划分为另一层次的较小类,这样,就将数学对象区分为具有一定从属关系的等级系统,即分类。第一,分类必须按一定的标准进行;第二,分类要遵循穷尽性原则;第三,分类要反映事物的层次和次序。分类的思想方法在数学中非常重要,在小学数学中大量应用。应用分类的思想方法对复杂的数学对象进行分类,能使同一类对象的相同属性和不同类对象的不同属性清楚地显示出来,从而使学生对概念、法则、定律等数学知识的本质含义理解更深刻,促进学生对问题的解决。

例如,学生学习了三角形之后,教师可以引导学生将三角形分为锐角三角形、直角三角形和钝角三角形,有利于学生深刻把握这三类三角形的本质特征,弄清它们之间的区别和联系。又如,教师引导学生对小学中的四边形进行分类,首先应让学生理解四边形的定义,即"四个顶点在同一平面内,对边不相交且作出一边所在直线,其余各边均在其同侧"。再将四边形分为平行四边形和梯形,平行四边形可以分为普通平行四边形、矩形、菱形、正方形,而梯形又可以分为普通梯形、直角梯形、等腰梯形。

(2)转化

转化的思想方法也叫化归的思想方法,其基本思想是用联系、运动和发展的观点去看问题,通过变换问题的形式,把未解决或复杂的问题归结到已经能解决或简单的问题中去,从而获得对原问题的解决。转化的思想方法在小学数学中大量运用,从内容领域看,无论是对数与代数的学习,还是对空间与图形的探索,都会用到转化的思想方法;从目标领域看,无论是知识与技能的学习,还是解决问题,都将用到转化的思想方法,比如探索小数乘法的计算方法和多边形的面积、解决复杂的分数和百分数问题等都要用到转化的思想方法。转化是数学学习和解决问题常用的思想方法,它对小学生的数学学习和发展具有十分重要的作用,主要表现在:一是有利于新知识与旧知识建立起联系,让学生利用已有的知识经验推动新知识的学习;二是借助问题转化的过程让学生经历知识的形成过程,有利于促进学生对知识的理解和学习能力的发展;三是有利于促进问题的解决,培养学生解决问题的能力。

以"千克、克、吨"为例,在教学设计过程中,教师要利用转化的思想方法为小学生设定一个慢慢探究、逐渐递升的认知轨迹。如,教师可以在教学设计中选择体重计,让小学生通过"称重"对自身的质量有所了解,能够在以后以自己为参照物去猜测其他物体的质量。教师将"体重计"纳入教学设计以后,还要为小学生提供小计量的电子秤,并准备好硬币、钥匙、银行卡、圆珠笔等小物件,让小学生在亲自动手称量上述小物件以后,对"克"有全面而直观的认识。

在教学过程中，教师可以引导学生利用转化思想来解决问题。如人教版小学数学四年级下册中的"鸡兔同笼"问题：笼子里有若干只鸡和兔，从上面数，有35个头，从下面数，有94只脚。鸡和兔各有几只？

我们假设笼子里面全是鸡或全是兔（即用鸡替换兔或用兔替换鸡），然后根据脚应有的总数和实际有的总数的变化关系，得到鸡与兔的只数，算式分别是：鸡的只数为$(4×35-94)÷(4-2)=23$（只），或兔的只数为$(94-2×35)÷(4-2)=12$（只）。

在具体实施这种方法的时候，有些老师为了让学生理解其本质，这样做：让学生先画35个圆圈表示35个头，假设全是鸡，即为每个圆圈画2只脚，35个圆圈就有$2×35=70$（只）脚，少了$94-35×2=24$（只）脚。把少用的24只脚要用完，就得给其中的$24÷2=12$个圆圈各增加2只脚，才能变成兔，即12只兔，$35-12=23$（只）鸡。或让学生先画35个圆圈表示35个头，假设全部是兔，应有$4×35$只脚，多出了$4×35-94=46$（只）脚，要给其中的$(4×35-94)÷2=23$个圆圈各去掉2只脚，才符合题意，即有鸡23只，有兔$35-23=12$（只）。

（3）数形结合

数学是研究数量关系和空间形式的科学，数形结合就是根据数与图形之间的关系，借助形的直观来表达数量关系，运用数来刻画、研究形，把抽象的数学语言、数量关系与直观的几何图形、位置关系结合起来考虑，通过"以形助数"或"以数解形"使抽象思维与形象思维结合起来，将复杂问题简单化，抽象问题具体化，达到解决问题的目的。教师可以利用数形结合的思想方法来直观化抽象数学概念。第一，教学前，教师要先对选定的教学内容进行深入研究，并将教学内容中的抽象概念及相关公式勾画出来；第二，根据所画出的抽象概念及公式，建立相应的图形及数据表格，以直观化抽象的数学概念及公式；第三，构建图形及数据表格时还需要考虑学生的数学思维能力及空间想象力，避免所建立出来的图形及数据表格与学生思维发展实际不符。

例如，在数轴上表示整数、分数、小数，不但容易看出数的大小；而且可以直观地反映出三种数之间的关系。将平行四边形面积与高的关系概括成$S=ah$，使学生对平行四边形的性质特点理解更深刻。教师在对"概率"进行教学时，可以将25%、50%这一较为抽象的概念用饼图来表示，将一个圆分成四等份或两等份,其四分之一就是25%,其一半就是50%(二分之一)。指着图形告诉学生25%(四分之一)、50%(二分之一)在图形中的具体呈现,不但可以将概率知识与分数知识相结合,还能培养学生的空间想象能力与思维能力。

(4)归纳

归纳是指通过对特殊示例、题材的观察和分析,舍去非本质的、次要的要素,从中发现事物的本质联系,并概括普遍性的结论。简而言之,就是由特殊到一般的推理方法。归纳分为完全归纳和不完全归纳,鉴于小学生的认知水平,小学阶段一般都采用不完全归纳的方法。归纳的思想方法是学生进行数学学习的重要方法,通过归纳,一方面可以使学生发现数学结论,获取数学知识;另一方面学生通过观察、实验、思考,经历探究发现与归纳概括的过程,归纳概括能力、探究发现能力得到培养。归纳的思想方法在小学数学中被广泛应用,无论是数学概念的形成,还是计算法则的概括,以及运算定律、性质和关系的发现,都用到了归纳的思想方法。

在小学数学教学中应用归纳的思想方法,要注意以下问题:一是提供的材料要具有代表性和全面性,尽量能体现同类问题共同的特点和一般的规律;二是要注意将所归纳出的结论应用到具体的数学问题中去,通过应用一方面检验结论是否正确,另一方面加深学生对结论的理解和掌握;三是要让学生明确用不完全归纳的方法得到的数学结论,一般要通过检验或证明才能进一步说明结论的正确性。在小学数学教学中,一般可以采用列举同类事例看是否具有这样的特点或规律,举反例看是否符合结论的要求,以及应用等方法加以验证。

例如,28个男生在跳绳,17个女生在跳绳,23个女生在踢毽子,求跳绳和踢毽子的一共有多少人。可以先求跳绳的人数,列出算式$(28+17)+23$计算,也可以先求女生的人数,列出算式$28+(17+23)$计算。这两道算式的算理是等价的,得数也相同,因此可以写成等式$(28+17)+23=28+(17+23)$。在这个实例中,学生看到的数学现象是不是普遍性的规律,需要在类似的情况中验证。于是,我们让学生分别算一算$(45+25)+13$和$45+(25+13)$,$(36+18)+22$和$36+(18+22)$,看看每组的两道算式是不是分别相等,两道算式中间能不能填上等号,再看看这些相等的算式有什么结构上的特点,猜想有这种结构特点的算式结果是否一定相等。通过实验发现,第一个实例中的数学现象在类似的情况中同样存在。接着,鼓励学生自己写出类似的几组算式,进行更多的验证,体验现象的普遍性。学生通过进行类似的实验,在实验中概括出加法结合律,并用字母 a、b、c 分别表示三个加数,写成 $(a+b)+c=a+(b+c)$。这样,学生在学习加法结合律的过程中,就经历了由具体到一般的抽象概括过程,不仅可以发现数学规律、定理,而且能够初步感受归纳的思想方法,使思维水平得到提升。

(5) 符号化

符号是人类文明发展的重要标志之一,而数学的基本语言就是文字语言、图像语言和符号语言,其中最具数学学科特点的是符号语言。实现符号化,需要经历"具体—表象—抽象—符号化"的过程。用符号化的语言(包括字母、数字、图形和各种特定的符号)来描述数学的内容,就是符号化思想方法。小学数学教材中大致出现如下几类符号:个体符号,即表示数的符号,如 1,2,3,4……a,b,c 等;表示小数、分数、百分数的符号;数的运算符号,如 +,-,×,÷ 等;关系符号,如 =,∽,>,< 等。此外还有表示角度的计量单位符号和表示数学运算的分隔符号等。可以这样说,只要学习数学就要接触符号,符号化思想在数学学习中无处不在。实践表明,掌握每个符号的内涵意义对于逻辑思维处于初步发展阶段的小学生来说并不是一件容易的事。我们要逐步引导学生使用字母来表示公式、数字,以此来体会符号化所带来的简便性,进而提高学生的抽象概括能力与逻辑思维水平。

首先,教师应引导学生从具体的情境中抽象出数量关系和变化规律,并用符号表示。如:通过几组具体数(两个)的相加,交换加数的位置和不变,归纳出加法交换律,并用符号表示为:$a+b=b+a$。再如:在长方形上摆单位面积的小正方形,探索并归纳出长方形的面积公式,并用符号表示为:$S=ab$。这是一个符号化的过程,同时也是一个模型化的过程。

其次,引导学生理解符号所代表的数量关系和变化规律。这是一个从一般到特殊、从理论到实践的过程。包括用关系式、表格和图像等表示情境中数量间的关系。如:假设一个正方形的边长是 a,那么 $4a$ 就表示该正方形的周长,a^2 表示该正方形的面积。这同样是一个符号化的过程,同时也是一个解释和应用模型的过程。

再次，教师应引导学生进行并学会符号间的转换。数量间的关系一旦确定，便可以用数学符号表示出来，但数学符号不是唯一的。如一辆汽车的行驶时速为定值 80 千米，那么该辆汽车行驶的路程和时间成正比，它们之间的数量关系既可以用表格的形式表示，也可以用公式 $s=80t$ 表示，还可以用图像表示，即这些符号是可以相互转换的。

最后，教师应引导学生学会选择适当的程序和方法解决用符号所表示的问题。这是指完成符号化后的下一步工作，就是进行数学的运算和推理。能够进行正确的运算和推理是非常重要的数学基本功，也是非常重要的数学能力。

(6) 极限

古代数学家刘徽的"割圆术"就是利用极限思想来求得圆的周长的。例如，在人教版四年级上册教材中，对自然数的描述"表示物体个数的 1,2,3,4,5,……都是自然数""最小的自然数是 0，没有最大的自然数，自然数的个数是无限的。"第一次出现了"无限"这个词。在同一册教材中，对直线、射线的教学，向学生强调了"只有一个端点或没有端点，可以向一端或两端无限延长"。四年级下册教材中"小数的计数单位是十分之一、百分之一、千分之一……分别写作 0.1,0.01,0.001……""大于 0.1 而小于 0.2 的小数有无数个"等，无一不是对学生极限思想的渗透。

我们可以让学生比较 $0.\dot{9}$ 与 1 的大小，在接触极限思想前，学生一般普遍认为 $0.\dot{9}$ 小于 1，但是在接触极限思想后，便可让学生以极限的思想来理解"$0.\dot{9}=1$"。

再如：一个苹果今天吃它的 $\frac{1}{2}$，明天吃剩下的 $\frac{1}{2}$，还剩下这个苹果的几分之几？一个苹果，今天吃它的 $\frac{1}{2}$，明天吃剩下的 $\frac{1}{2}$，后天再吃剩下的 $\frac{1}{2}$。如果这样下去，这个苹果吃得完吗？

教师引导学生讨论得出这样的结论：这个苹果是永远吃不完的。理论上是这样，实际上也是这样，尽管苹果越来越小，但还是有的。我们就能让学生理解，这个苹果的极限为零，但却绝不为零，这便是对学生极限思想的渗透。

此外,小学数学思想方法还包括统计、集合、函数等现代数学思想方法,使用较少,本文不再赘述。

(三)训练思维品质

思维品质主要包括深刻性、灵活性、独创性、批判性、敏捷性五个方面。我们要根据思维品质的不同特点有针对性地培育。

1. 思维的深刻性

思维的深刻性也叫抽象逻辑性,反映思维的抽象程度和逻辑水平,以及思维活动的广度、深度和难度。思维的深刻性表现在是否善于深入地、逻辑清晰地思考问题,把握事物的本质和规律,而不被表象、假象所迷惑;善于开展系统的、全面的思维活动,从整体上用联系的观点认识事物,掌握知识,严密地推理论证;善于深入地钻研问题,从繁杂的表面现象中抓住事物的本质和核心,正确地预测事物的进程和后果;善于借助较为深厚的积淀洞察事物,透过现象认识本质,总结规律,切中实质。

思维深刻性强的人善于提出问题,深入事物的核心;善于区分次要的和主要的、表面的和实质的东西,区分现象和本质;善于揭示事物的近因及远因,反映一个人思维水平的最基本点,抓住事物的规律和本质,预见事物的发展和进程。

训练思维深刻性的方法:①加强内涵、本质、概念、规律等的理解和教学;②掌握基本的思维方法;③掌握学科的基本结构;④加强抽象与概括能力的训练和培养;⑤排除干扰,挖掘问题中的隐蔽条件;⑥训练学生分析问题的全面性和推理的严密性。

2. 思维的灵活性

思维的灵活性是指思维活动的智力灵活程度,它的特点包括:一是思维起点灵活,即从不同角度、方向,能用多种方法来解决问题;二是思维过程灵活,从分析到综合,从综合到分析,全面而灵活地作"综合的分析";三是概括—迁移能力强,运用规律的自觉性高;四是善于组合分析,伸缩性大;五是思维的结果往往是多种合理而灵活的结论,这种结果不仅仅有量的区别,而且有质的区别。

思维灵活性强的人,当问题或条件发生变化时,思维能够打破旧框框,提出新办法;善于从不同的角度或不同方面思考问题,能较全面地分析、思考问题,思路开阔,不拘泥,与事物发展变化实际相协调、灵活地迁移,多角度、多层次探索、解决问题。在学习过程中，思维灵活的人愿意开动脑筋，尽管题目变化很大，都能应付自如、独立解决，即在计算正确的前提下快中求"活"，运算过程灵活，运用计算法则、运算定律和性质自如，运算时善于联想，由此及彼，善于从分析到综合，从综合到分析，能举一反三，触类旁通。

训练思维灵活性的方法：①抓住知识、方法间的"渗透"与"迁移"；②引导学生发散式思维、立体思考，培养学生一题多变、一题多解、一题多问、多题归一的能力；③教给学生灵活选择研究对象和解决问题的方法，并加以训练；④帮助学生形成事物正确的动态图景；⑤使学生掌握其中的辩证关系。

3.思维的独创性

思维的独创性即思维活动的创造性，指独立思考创造出来有社会（或个人）价值的、具有新颖性成分的智力品质。思维的独创性表现在是否善于独立地分析问题和解决问题，主要源于主体对知识经验或思维材料高度概括后集中而系统的迁移，进行新颖的组合分析，找出新异的层次和交结点。概括性越高，知识的系统性越强，伸缩性越大，迁移性越灵活，学生的注意力越集中，则独创性就越突出。在日常教学当中，教师应该鼓励学生打破常规，让学生在已有认识的基础上，从某些事实中更深一步地探索新关系、寻找新答案。

思维独创性表现出以下五个特点：一是思维的独创性往往与创造活动联系在一起；二是思维的独创性要在现成资料的基础上进行想象，加以构思，才能解决别人未解决的问题；三是思维独创性的过程中，新形象和新假设的产生带有突然性，常被称为"灵感"；四是思维的独创性在一定意义上说，它是分析思维和直觉思维的统一；五是思维的独创性是发散思维与辐合思维的统一。

训练思维独创性的方法：①提倡"新颖性"，包括问题的新颖性、思路的新颖性、方法的新颖性和结果的新颖性，指导学生挖掘解题的各种方法；②狠抓学生自编习题。让学生根据某一法则和定理自编题，体现了独特性（每名学生均用自己独特的方式编题）、新颖性（每名学生均对新的情境提出新的方案）和发散性（每名学生编的题几乎都有差异）三个独创性品质的特点；③培养发散思维和聚合思维；④培养问题意识；⑤激发学生想象力，积极探索，勇于创新；⑥教给学生创新思维策略，如头脑风暴、重组等。

4.思维的批判性

思维的批判性是指善于批判地评价他人的思想与成果，也善于批判地对待自己的思想与成果。

思维批判性强的人能够吸取别人的长处和优点,吸取别人的思想的精华,而摒弃别人的短处和缺点,摒弃别人思想的糟粕;能够严格地检查自己思想的进程及其结果,缜密地验证自己所提出的种种设想或假说,在没有确证其真实性之前,绝不轻易相信这就是真理。

思维的批判性品质具有分析性、策略性、全面性、独立性和正确性等五个特点。思维的批判性强调辩证地思考,不仅善于实事求是地判断是非正误,也能缜密地分析和检查自己或别人的思维与行为,独立分析,比较质疑,作出合理、独到的评价。

训练思维批判性的方法:①鼓励独立思考。在课堂教学中,教师引导学生独立提出问题、分析问题和解决问题,在习题教学中,主要教给学生分析问题的方法和思路。②鼓励提出质疑。鼓励学生对教材和教师对客观世界的描述和解释提出质疑,发表不同的见解,反复检查解决问题时所拟定的假设和方案,客观地分析正反两方面的论据,养成不人云亦云和不盲从的习惯。③排除各种干扰。在学习中,要能在复杂、混乱的情境中排除各种干扰,这些干扰主要有相关信息的干扰、多余的无关信息的干扰、数学信息的干扰、前概念的干扰等。④训练学生的自我监控能力,引导学生整理思维过程,从思维策略上回顾总结,分析解题方法的优劣。

5. 思维的敏捷性

思维的敏捷性是指思维过程的迅速程度。思维敏捷是指人在短时间内当机立断地根据具体情况作出决定,迅速解决问题的思维品质。思维敏捷的人,往往能在不为他人所重视的现象中敏感地发现问题,迅速提出正确的解决方案;面对自然,感悟至深与无动于衷;面对文本,语感强烈与毫无感觉;面对信息,快速吸收、筛选、运用与束手无策,反差强烈的原因就在其中。

思维的敏捷性表现在计算中就是正确、迅速的计算能力。训练学生思维敏捷性的方法:①帮助学生弄清算理,掌握法则。算理是法则的依据,法则来源于算理,只有透彻地理解算理,才能牢固地掌握法则,用好、用活法则。②重视口算,教给学生一定的口算要领和方法。在进行四则运算时,都要用到口算,各个年级都应重视口算训练。口算要求要适当,不宜过多、过高,应分层次,逐步提高。③在熟练掌握运算定律的基础上,自觉地运用定律指导运算。运算定律是运算的基本规律和法则的依据,教学中要适时地以运算定律来指导法则的推导,同时要培养学生自觉地运用定律进行运算思维的敏捷性。④培养学生转化的思考方法。使学生懂得从千变万化的复杂现象中,抓住事物的本质,在计算中把思维迅速而自由地由一个方面转到另一方面,以此培养思维的敏捷性。

总之,思维品质的深刻性、灵活性、独创性、批判性、敏捷性是完整的思维品质的组成因素,它们之间是相互联系、密不可分的。正确认清思维品质,是科学地运用思维方法和提高学习效率的关键,是发展学生智力、培养学生能力的突破口。

(四)指导学生学习

在教学过程中,注意培养学生学习的能力。根据有关学习理论和学习策略,结合数学学科特点和学生实际,加强对学生制订学习计划、听课、做笔记、记忆、复习、总结、分析问题、解决问题等的指导,这样对提高学生的思维能力和整体素质能起到巨大的作用。

例如,针对需要记忆的东西,在教学中可以总结一些记忆的方法,可采用图表记忆、结构记忆、比较记忆、形象记忆、联想记忆、要点记忆、实验记忆、口诀记忆、习题记忆、规律记忆等方法。

对小学生思维能力培养的研究是在理论研究和发展研究的基础上进行的,在培养过程中,始终注意根据学生的实际情况,处理好促进学生发展和适应学生年龄特征之间的关系,做到既适应,又促进,最大限度地培养学生的思维能力。

(五)培养非智力因素

非智力因素是指除了智力与能力之外的又同智力活动效益发生相互作用的一切心理因素。一般来讲,非智力因素的结构包括情感过程、意志过程、个性意识倾向性、气质、性格,等等。如何培养非智力因素?在教学实验中抓住四个方面,即兴趣、气质、性格、习惯,其中兴趣和习惯最为重要。

1. 发展学生的学习兴趣

兴趣是一种特殊的意识倾向,是动机产生的重要主观原因。兴趣作为一种自觉的动机,是对所从事活动具有创造性态度的重要条件。兴趣具有追求探索的倾向,良好的学习兴趣是学习活动的自觉动力。

学习的兴趣有四个层次:一是直觉兴趣,即对丰富多彩的现象的自发兴趣;二是操作兴趣,即通过亲手操作获取现象,观察过程的兴趣;三是因果兴趣,即对探究现象发生原因的兴趣;四是理论兴趣,即对把具体的因果认识上升为一套能有效地分析过程的理论结构,以及运用该结构中的概念规律能动地解决问题的兴趣。按起因来分,可将兴趣分为两种:一是直接兴趣,即对事物本身的兴趣;二是间接兴趣,即对客观事物后果的兴趣。我们通过动手操作、分组实验,利用现代化的教学手段唤起学生已有的表象、重视建立图景、展现现象和过程等方法,培养学生学习的直接兴趣;通过联系生活实际、社会实际,科技发展实际,帮助学生探求因果关系等方法激发学生学习的间接兴趣;通过提高教师的业务水平及教学艺术引发学生学习的兴趣。

(1)理好理想、动机、兴趣三者之间的关系

个性意识倾向性,从一定意义上说,它是"需要"的表现形态。理想是一个人的奋斗目标,动机是引起行为的内驱力量,兴趣是一种带有情绪色彩的认识倾向。培养学生非智力因素,将理想、学习动机和兴趣三者结合起来进行培养是非常重要的。

培养学生的非智力因素,首先要抓方向,抓理想。理想与品德是一致的,是人生观的核心,是非智力因素具有导向功能的因素,是学习动机中具有长远目标且具有长期效应的动机成分。因此,不论是学校教育、家庭教育或社会教育,都要重视理想的培养。

要培养非智力因素,其中重要的一条是激发学生的学习动机,动机决定着学生学习积极性的高低,但学习动机很复杂。例如:按其与社会需要的联系,可以分为直接动机、长远动机等;按照与智力、思维的联系,可以分为具体动机、抽象动机等;按照价值,可以分为正确动机、错误动机等;按照内容,可以分为为个人、为集体而学习等。不培养、不激发学生的学习动机,学习无动力,非智力因素的功能和作用就要落空。

要激发学习动机,培养良好的兴趣是很重要的,兴趣有直接和间接之分,这和学习动机的社会需要有关,与直接动机、长远动机联系在一起。兴趣有倾向

性、广泛性、集中性和深刻性等特点,这和理想的特征有关,与学习动机的抽象性、价值观等又有密切的联系。同时兴趣又是一种特殊的学习动机,它在学习中是最活跃的因素。国外心理学提出的学习动机"情感性激起说",因它强调学习动机需要带有强烈的情感作用,并趋向于预期的目标,动机之所以有作用,乃是由于寻找愉快的活动。所以,要激发学生的学习,必须要有兴趣作为其学习的内在"激素"。

因此,我们从完整的非智力因素结构出发,从个性意识倾向中理想、动机和兴趣三者的关系出发,去调动学生的自觉能动性。实践证明,这是培养学生兴趣的一条可行的途径。

(2)培养师生的感情

师生的感情不仅是师生交往的基础,而且也是培养学生对教与学的内容发生兴趣的关键。一旦师生关系破裂,很难想象学生会对关系恶化的教师所教的学科产生浓厚的兴趣。

师生感情主导的一方是教师。热爱教育事业是以热爱学生为前提的,爱学生是教育的基础,没有爱就谈不上教育。教师热爱学生的最终目的,是引导学生成为德才兼备的新一代。当教师的情感灌注在教学内容中激起学生的学习情感时,学生就能更好地接受教师传授的知识。这就是培养学生学习兴趣的秘诀。

(3)提高教学水平,引发学生兴趣

中小学生对不同学科有一个兴趣分化的问题。为什么会有这种分化?有人曾在全国性范围内对中小学生做了一次抽样调查。

学生最喜欢某一学科的原因有以下几种:老师讲的好(34.4%);从小喜欢,基础较好(22.5%);能动脑筋(19.2%);学了有用(13.8);其他(10.1%)。

学生最不喜欢某一学科的原因有以下几种:基础不好(40%);老师讲得不好(23.3%);学了没有用(12.4%);不喜文(理)科而喜欢理(文)科(11.7%);其他(12.6%)。

调查结果表明,教师教学的水平,是学生学科兴趣形成的最重要条件。怎样提高教师的教学水平,我们课题组提出三条:一是练好和备好讲课的基本功;二是处理好教育学中的各种关系;三是不断创设问题情境,搞好启发式教学。

(4)引导学生将广泛兴趣和中心兴趣相结合

学生在学习中有多种兴趣,如对不同学科的兴趣,对课外书籍阅读的兴趣,对课外活动的兴趣,对时事政治(国内外的大事)的兴趣,等等。要引导学生在广泛兴趣的基础上有中心兴趣,我们强调,学生既要有广泛的兴趣,又要有深刻的中心兴趣,这样的兴趣不仅能持久,而且能更好地发挥其功能和作用。

2.培养学生良好的学习习惯

人的行为有两种表现:一种行为是不稳定、有条件性的;另一种行为是无条件、自动、带有情绪色彩的。前一种是不经常的行为,后一种则形成了行为习惯。良好的行为习惯,能使行为从内心出发,不走弯路而达到高境界;不良的行为习惯,会给人的心理正常发展带来困难。习惯不仅表现在行为上,而且表现在心理能力中。智力和能力培养的智育过程,离不开良好的学习习惯和智能,特别是技能习惯的形成。

(1)按照年龄特征制订学生学习习惯要求

学习习惯训练,中小学不同年级、年龄,不论是习惯的内容还是形式,都有很大的区别。例如,小学阶段,特别是低、中年级强调身体坐正,课本放平,拿笔一寸,看书一尺(眼物相距),写字一拳(胸桌相距)。到了中学,道理没有错,但执行起来相当困难,特别是在高中阶段,在其已养成良好的学习习惯时,它简直成为多余之规。因此,教师需要根据自己所教年级学生的年龄特征,制订相应的学习习惯要求。

(2)训练必要的学习常规

常规训练,中小学均要有,不过中小学的常规既要有区别,又要有统一要求。小学生的学习常规,特别是低段学生的常规,主要是适应学校学习的习惯,如课前两分钟预备、上课、下课,都要有相应的常规要求。中学生的学习常规,主要是提高学习质量的习惯。不管是小学生还是中学生,有两个方面的要求是一致的:一是自觉纪律的要求,纪律是正常学习的保证;二是学会学习,掌握预习、上课、复习、练习等学习的环节。

(3)严慈相济,引导学生进行良好学习行为和心智技能的训练

中小学生心理能力发展很快,可塑性很强,积极性很高,易受感染,好听表扬,经不起打击。因此,在引导学生有目的地进行良好习惯训练时,必须要以真

挚而深厚的"爱"为行为基础,以正面教育为主,启发自觉,多给各种学习习惯以正强化。此外,严格要求也是必要的,没有严格要求,就激不起学生上进的需要,无约束力,也激发不起学生养成良好习惯的自觉性。

训练要讲究方法。教师应该严格按照心理学培养习惯的要求,做到:一是提出要求,执行要求;二是重复练习,以熟练、自然、自觉为目标;三是正面引导,积极提供效仿的榜样;四是督促检查,帮助学生克服不良的学习习惯。

(4) 形成良好的学习习惯、掌握学习方法和培养思维品质有着一致性

形成良好的学习习惯,是掌握学习方法和培养思维品质的前提。学习方法和思维品质,在一定意义上也是一种"习惯"。如果将优良的学习方法和多种思维品质都习惯了,那么学生也就很好地掌握了学习方法,发展了思维品质。

此外,我们培养非智力因素,还有两条措施:一是培养良好的性格特征;二是顾及学生的气质类型。

对智力、能力有明显作用的性格特征是勤奋。勤奋往往和踏实、自信、坚韧、刻苦联系在一起,构成主动学习、坚持学习、顽强学习的学习品质。勤能获取知识,发展智能,勤能补拙,克服心理能力上种种不足。教师应当重视勤奋,抓住"勤奋"学生的性格特征,帮助学生形成"勤奋"的性格特征,主动而刻苦学习自然蔚然成风。

气质本身并无好坏之分,它在人的社会生活和社会活动中表现出来,并获得一定的社会意义,成为人的性格特征和智能特征。中小学生的气质类型,在智力活动中的作用也没有水平高低之别,每种气质类型在智力活动中获得其应有的地位。例如:①胆汁质的学生性急,在智力活动中可以表现为迅速、有广度、强度大,也可以表现为冒失、不正确、缺乏计划性。②多血质的学生灵活,在智力活动中可以表现为发散性强、善于求异、思考问题有弹性,也可以表现为动摇、易受暗示性。③黏液质的学生迟缓,在智力活动中可以表现为正确、有条理、镇定,也可以表现为呆板、思考不敏捷。④抑郁质的学生多虑,在智力活动中可以表现为好思索、有强度、擅长分析,也可以表现为疑虑重、自我中心、退缩性强。由此可见,同样的气质类型,可以成为积极的思维特征,也可以助长不良智力因素的形成。教师在教学活动中,一定要顾及学生气质类型问题开展研究,根据不同学生的气质特点,因材施教,有目的地使他们的智力和能力朝着相

适应的方向发展，使他们的心理能力得到训练，同时也使教学质量获得提高。

（六）绘制思维方法进阶结构

如何明确各阶段思维能力的培养层次与水平？以小学阶段的思维培养为例，参考"学思维"活动课程中的思维方法层次图（见图2-12）。

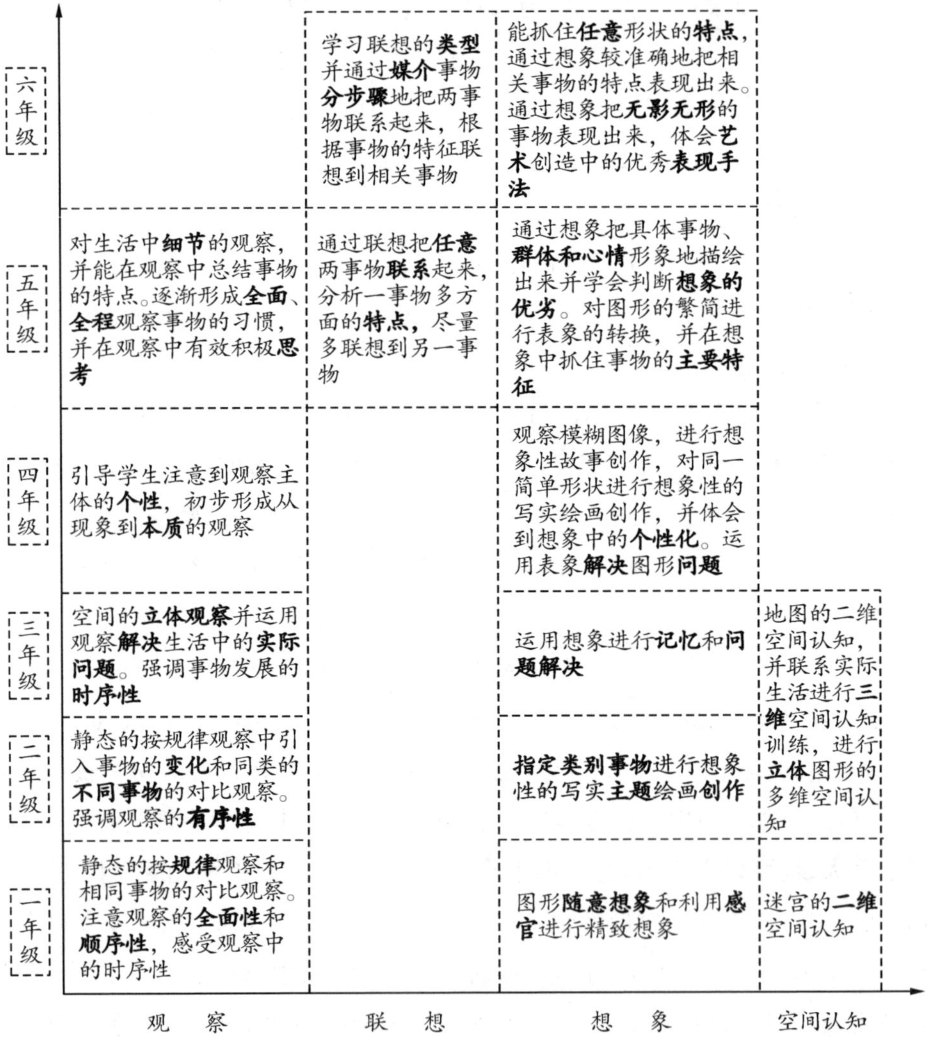

年级	观察	联想	想象	空间认知
六年级		学习联想的**类型**并通过**媒介**事物**分步骤**地把两事物联系起来，根据事物的特征联想到相关事物	能抓住**任意**形状的**特点**，通过想象较准确地把相关事物的特点表现出来。通过想象把**无影无形**的事物表现出来，体会**艺术创造**中的优秀**表现手法**	
五年级	对生活中**细节**的观察，并能在观察中总结事物的特点。逐渐形成**全面、全程**观察事物的习惯，并在观察中有效积极思考	通过联想把**任意**两事物**联系**起来，分析一事物多方面的**特点**，尽量多联想到另一事物	通过想象把具体事物、**群体和心情**形象地描绘出来并学会判断**想象的优劣**。对图形的繁简进行表象的转换，并在想象中抓住事物的**主要特征**	
四年级	引导学生注意到观察主体的**个性**，初步形成从现象到**本质**的观察		观察模糊图像，进行想象性故事创作，对同一简单形状进行想象性的写实绘画创作，并体会到想象中的**个性化**。运用表象**解决**图形**问题**	
三年级	空间的**立体观察**并运用观察**解决**生活中的**实际问题**。强调事物发展的**时序性**		运用想象进行**记忆和问题解决**	地图的二维空间认知，并联系实际生活进行三维空间认知训练，进行**立体**图形的多维空间认知
二年级	静态的按规律观察中引入事物的**变化**和同类的**不同事物**的对比观察。强调观察的**有序性**		**指定类别事物**进行想象性的写实**主题**绘画**创作**	
一年级	静态的按**规律**观察和相同事物的对比观察。注意观察的**全面性和顺序性**，感受观察中的时序性		图形**随意想象**和利用**感官**进行精致想象	迷宫的**二维**空间认知

图2-12 小学思维方法层次图

年级	比较	分类	类比	推理	哲学思维	分析概括	排列组合
六年级					用发展的眼光看矛盾，**具体问题具体分析**	根据功用对事物进行概括性的**重新定义**	利用**组合**进行**发明**
五年级	**多种相异**事物之间的求同和属性方面的求同	对**立体**图形的分类和标准**多维性**		具体情境中的**演绎条件推理**和操作性推理（推理的材料难度不同）	**普遍联系**的观点，体会**形象**事物之间的联系	概括抽象出多**种事物**的共同**属性**，概括出**抽象事物**的特征	
四年级	在进行主题**研究**的求异求同，**相异**具体事物之间的求同和属性方面的求同	按**目的**进行分类和分类的穷尽性	用**类比**的方法思考问题进行**发明创造**		矛盾的观点，看到事物的两面性和**全面看问题**	提炼标题，分析事物的**构造原理**，抓住事物的主要功用并进行发明创造	**图形的变换组合**
三年级		在**问题解决**中运用**分类**的方法	分析两事物的关系，寻找运用"关系类比"的已有发明和新发明		矛盾的观点，**分清主次**	准确提炼文章的标题，抓住事物的主要功用进行发明创造	**实物的艺术组合**
二年级	**现象**的求同求异	对不熟悉的事物和生物进行分类，**交叉分类**	**关系类比**，运用功用类比进行产品设计	**归纳推理**：运用规律解决问题，空间转换情境中的**演绎推理**		概括出多种事物的**共同属性**，抓住主要特征和功用，给事物定义	
一年级	**现象**的同中求异	对**形状**和**事物**进行分类	**正反类比**	归类推理：数理关系推理，**发现规律**			**具体实物的排列和组合**

小学思维方法层次图（续）

年级	突破定式	问题提出	探究活动	故事创作
六年级	突破**多种物体**的功用定式	用往日视角和来日视角对物体进行**发展性提问**	**总结**进行科学探究的步骤和方法	**精致想象和多层次**的故事创作
五年级	**概括突破定式的作用**,并进行大量的**迁移练习**	对**复杂物体**进行全面提问并在分类的基础上进行深入提问	在**复杂问题情境**下,综合各种情况对其普遍原理做出一定的解释	在"**理由不充分**"情境下的辩解性故事创作
四年级	从**功用**的角度突破习惯定式	对**一简单物体**进行全面深入地提问和尽可能多地提出**生活中的科学问题**	用各种方法解决问题,并能对其产生机制或**普遍原理**作出一定的解释	在"**不合逻辑**"情境下的故事创作
三年级	突破习惯定式,在此基础上产生**新的设计**	对**同类常见物体**的属性进行提问	能用各种方法**找到**问题的**答案**	必须用上给定的物体,进行故事创作
二年级	突破单一常见物体的功能定式和**几个物体**的习惯定式			给故事续结尾
一年级	突破单一常见**物体**的功用定势			在**给定的物体**中进行选择性的故事创作

小学思维方法层次图(续)

这个层次图是依据每一种思维方法以及学生的思维发展特征进行进阶设计的。以想象能力为例,一至六年级都会涉及想象能力的培养:一年级的时候重点关注图形随意想象,或者是利用感官进行精致想象;到二年级的时候会指定类别事物展开写实性的主题创作;三年级重点运用想象进行记忆和问题解决;四年级在观察模糊图像的基础上,进行个性化想象创作,并能用表象解决图形问题;五年级通过想象把具体事物、群体等形象地描绘出来,学会判断想象的优劣,对图形的繁简进行表象的转换,在想象中抓住事物的主要特征;六年级能专注任意形状的特点,通过想象较准确地把相关事物的特点表现出来。

我们在数学教学过程当中可以依据层次表来思考,同时也可以采用思维型单元教学设计的操作方法,以学科核心概念的进阶图为工具,设计出学科思维能力培养规划图。

第三章
小学数学教学中典型课型的思维培育

基于立德树人的基本要求和国际基础教育改革的趋势,思维型教学理论提出教学的目标是落实核心素养。思维型教学理论引领下的教学设计旨在落实"教学的核心是思维、学习的关键是思考"这一教学理念。本章聚焦几种典型的数学教学课型,阐释如何以思维培育为抓手进行数学教学设计。

一、数学概念教学中的思维培育

数学教学的重要导向是核心素养,国家针对核心素养培育提出了明确要求,即以学科概念为核心,强调数学核心素养的养成需要重视基本概念。数学概念是小学数学教学的基础,是思维过程的基本单位,是发展核心素养的重要内容。小学的数学概念内涵丰富清晰,运用灵活多变,要从多角度、多层次来透彻掌握,需要依靠概念教学。概念教学让学生明白概念是如何形成的,通过类比、归纳、概括等方式加深对概念的理解,系统性地把握一类事物的本质。加强概念教学的关键是重视思维培育,思维培育有其不可替代的优势。

(一)数学概念

1. 数学概念

数学概念,是指客观现实中的数量关系和空间形式的本质属性在人脑中的反映,即数学语言中的名词、术语、符号等的准确含义。例如,数学"周长"的概念是这样界定的:封闭图形一周的长度是它的周长。数学概念是构成抽象数学知识大厦的砖头,是进行数学思维的基本要素。小学数学教材中概念众多,有数的概念、运算的概念、几何形体的概念、统计知识的概念等。这些概念是小学数学基础知识的重要组成部分,是培养学生思维和数学能力的基础。

2. 数学概念的特征

(1) 抽象与具体的双重性

数学概念是对一类对象本质属性的高度抽象概括。抽象程度越高,与现实的原始对象联系越弱;概括程度越高,应用程度就越广。小学低年级以形象思维为主,中年级由形象思维逐步向抽象思维过渡,高年级逐渐形成以抽象思维为主的思维形式。

小学数学概念的呈现受学生思维发展特征的影响,产生不同呈现方式,以期实现具体形象与抽象概括的联结。具体呈现形式有:

① 图画式

在小学低年级,思维方式主要为具体思维,且逻辑和抽象思维还未完全发展,认识水平较低,这个阶段的概念采用图画的形式呈现,即图示方法为主。比如加法、减法等概念都是以这种方式呈现的。这种呈现方式有自身的优点,如生动直观、便于认识,特别适合低年级的小学生,但也存在不足之处,因为图画式呈现概念的方式缺乏语言文字描述,如果不加以引导,容易导致学生对概念的理解浮于表面,仅仅停留在图画上,不够深入。

② 描述式

在小学中年级,数学教材中的概念通常采用描述的方法来呈现,即以概念的实际原型配合具体事例和描述性语句来呈现概念。这种方式很常见,其优点是直接形象,并且结合文字,对贴切理解概念有很大帮助。像小数的概念、角的概念、自然数的概念等都采用的这种方式。

③ 定义式

在小学高年级,学生的认知已达到具体运算阶段,这个阶段的小学生抽象思维有所发展,此时的数学概念主要采用定义的形式呈现,即用简明而完整的语言揭示概念的本质属性,借助学生已经掌握的概念来对新的概念进行定义,条件和结论十分明确。这种概念的呈现方式比较适合小学高年级的学生。定义式概念的表述一般比较简短准确,意义明晰,不会导致歧义。

(2) 逻辑关联性

思维的三种形式,即概念、判断和推理。三者之间是互相联系又互相区别的,其发展有一定的顺序性,是一个由简单到复杂,由低级到高级不断提高的过程。数学概念的逻辑关联性表现在两个方面：一方面数学概念可以精准地描述对象的丰富内涵及严谨的逻辑关系；另一方面，数学概念是数学核心素养的要素，是学好数学的基础，更是数学命题和数学推理学习的前提和必要保障。

（二）数学概念教学中的思维培育策略

1. 获得足够的感性认识

数学概念是人脑对客观事物共同属性和本质特征的反映，是在感觉、知觉等感性认识的基础上，通过分析、综合、抽象、概括等思维活动，从个别到一般、从具体到抽象、从现象到本质的认识过程。感性认识是形成数学概念的基础，是培养学生思维能力的前提条件。

感觉是直接作用于感觉器官的事物的个别属性在人脑中的反映，知觉是直接作用于感觉器官的事物的整体属性在人脑中的反映，感觉和知觉同属于认识过程的感性阶段，它们都是对事物的直接反映，是人类高级心理活动的基础，也是学生形成数学概念的基础。

（1）积累生活经验

生活经验是获得感性认识的主要途径之一，在学习数学概念之前，学生已经储存了一些关于数学概念的生活经验。借助日常真实生活情境和经验进行教学，不仅可以以旧引新激发学生认知兴趣，而且可以提升学生应用所学数学知识技能及数学方法发现问题、提出问题、分析问题和解决问题的能力。这将是此次教学改革的一个基本导向，也是教学评价改革中的一个要点。教师教学设计中，要善于借助丰富的生活实例创设情境，丰富学生的感性认识，也要善于引导学生将所学内容与生活实际相联系，对概念进行深度理解，达到灵活运用的目的。

太原市小店区第二实验小学张倩妮老师为了引导学生建构"元、角、分"的概念，首先，在课堂上用实物图片展示，丰富学生的感性认识，让学生认识人民币；其次，引导学生用学具能正确取出相应面值；接着，让学生与家人或伙伴模拟完成玩具或物品的买卖；再次，布置生活实践活动，要求学生在家长的监护下，在现实生活中用人民币完成生活物品的采购；最后，在学校组织快乐跳蚤市场项目式学习活动，用人民币（学具）独立完成物品买卖。张老师引导学生从实物图片认识（学具操作）、模拟购物（大人陪同下），到购买生活用品（独立完成),整个学习过程层层递进,引导学生积累生活经验,丰富感性认识,为学生建构概念奠定了坚实的感性认识基础。

(2)增加动作表征

动作表征是指通过操作实物来完成对事物的认知。皮亚杰认为儿童思维发展的起点是动作,脱离了动作,儿童的思维就无法发展。在小学生学习数学的初期,教师通过操作实物或教学道具引导学生完成对客观事物的认知。动作是让学生更快吸收知识的方式,初期数学概念配合动作教学,给学生留下生动具体的印象,这些简单基础的动作操作为后续抽象概念的建立奠定了丰富的感性认识基础。

【案例】增加动作,表达丰富

师:下面让我们一起走出教室,去观察我们美丽的校园吧!现在请同学们指一指太阳升起的地方在哪里。

【设计意图】学生可能不知道哪个方向是东,引导学生用手指一指,然后告诉学生,太阳升起的方向是东面。

师:请同学们面向东面站立不动,说一说你的前、后、左、右分别是什么方向。(找学生互相说一说,后面是西面,左面是北面,右面是南面,学生刚开始说可能有困难,老师帮助并给予指正。)

【设计意图】让学生走出教室去感受生活,体验数学带来的新奇,并能主动参与。

——案例节选自:王家正、沈南山《小学数学优秀教学设计》

(3)增加图像表征

图像表征指的是具体事物在人脑中留下的表象。学生通过接触真实事物在头脑中留下图像进行思维活动。在具体的教学活动完成后,头脑中留存的记忆需要进行转化,图像信息既有利于学生进行知识的组织,又有利于学生学习初步的逻辑思维。在图像的辅助下,学生会更快地掌握抽象的数学思维。

【案例】展示图像,加深印象

老师把数学书的封面展示在屏幕上,这个面是长方形。

师:咱们以前还学过哪些像这样的图形?(课件出示更多平面图形)

师(小结):在数学中,我们就把像这样由线段首尾相连的平面图形称作封闭图形。

【设计意图】让学生在认识物体形状的基础上,把物体的一个表面画下来,从实物表面的大小自然地引出平面图形的面积概念,培养和发展学生的空间观念,为学生进一步认识面积的含义做铺垫。

师:那么这些图形的面积又在哪里呢?谁来帮老师找一找?请学生涂色。

(课件出示三角形、正方形、长方形、圆形和一个未封闭的图形。)

学生涂色、集体交流后发现最后一个图形没法涂满,找不出面积。

【设计意图】明确最后一个图形不是封闭图形,它是没有面积的。只有封闭图形才有面积。通过变式练习的对比,让学生更准确、更深刻地理解面积的含义。

师(小结):封闭图形的大小就是它们的面积。(板书)

揭示面积的完整概念:物体表面或封闭图形的大小就是它们的面积。

——案例节选自:王家正、沈南山《小学数学优秀教学设计》

(4)创设游戏情境

在教学过程中创设恰当的教学情境,有助于激发学生的学习兴趣和参与动机,有助于激发学生积极主动地思考,有助于让学生在情境中体会知识的形成过程,领悟知识的应用和意义。情境创设需要注意情境的真实性、进阶性、实践性、多样性、整体性、延展性等(详见第一章)。

【案例】创设游戏情境,引入分数概念

师:在这多彩的秋天,小朋友们来到美丽的大自然中参加秋季研学活动。看图上的两个小朋友都准备了哪些食物,他们在说什么?

提问1:把每种食物都平均分给两个小朋友,每人各分到多少?

提问2:从图上看,他们带了哪些食物?(4个苹果、2瓶矿泉水和一个蛋糕),怎么分才公平呢?(平均分)什么是平均分呢?(每人分得的数量一样多)

游戏:要求大家用拍手的方法表示每人分得的数量。4个苹果平均分成2份,每人分得几个?(2个);2瓶矿泉水平均分成2份,每人分得几瓶?(1瓶);一个蛋糕平均分成2份,每人分得几个?(半个)

小结:把一个蛋糕平均分成2份,每份(半个)都是它的$\frac{1}{2}$。

揭题：这个$\frac{1}{2}$就是分数。

——案例节选自：孙国春《小学数学教学设计》

2. 掌握建立概念的思维方法

概念是人脑对客观事物共同属性和本质特征的反映，是对客观事物的抽象，是在感性认识的基础上深层思维加工的产物。概念的形成离不开思维，思维是人脑对客观事物概括能动的反映。思维的基本特点是概括，思维反映的是一类事物的共同特征、本质属性和内在规律。思维之所以能揭示事物的本质属性和内在规律，主要来自抽象和概括的过程。

学生在感性认识的基础上，对感性材料进行思维加工，进而形成科学概念，这是一种创造性的脑力劳动，不仅需要运用抽象思维，还要依赖于形象思维和知觉思维，依赖于各种思维方法的综合运用。因此，学生只有在感性认识的基础上，经过分析、综合、抽象、概括等思维过程，才能形成科学概念，思维加工是形成科学概念和培养学生思维能力的关键。不同概念的形成，运用的思维方法不同，以下介绍几种常用的思维方法。

(1) 分析综合

分析是把研究对象在思维中分解成组成它的各个部分或要素，然后分别加以考察和研究，研究它们之间相互联系及相互制约的关系，研究它们之间的相互作用及在整体中的地位，考察它们对研究对象的状态及发展变化的影响，从而揭示事物的本质和属性的方法。

分析是以自然界中事物的整体与局部的关系为客观基础的，自然界中的任何事物均是由各个部分或要素组成的，这些部分或要素之间总存在一定的相互关系及作用，事物整体的规律及其本质属性是由组成它的各要素的相互作用决定的。因此，要从整体上认识自然界中事物的本质属性及其发展规律，必须分析各组成要素的性质、特点在整体中的地位及它们之间的相互作用。这就决定了我们在研究和解决问题时必须进行分析，同时，事物的整体和局部的关系也使我们使用分析方法。

从思维的角度来看，分析是从事物的整体深入到组成它的各个部分和要素，通过研究各个组成部分和要素来认识事物的整体和本质，即由整体到局部。

这种思维方法大体分为两个步骤：首先，将整体分解为组成它的各个部分；其次，研究各部分间的相互联系、相互作用的情况，阐明它们各自的地位和作用，以及以何种方式与其他部分发生相互作用的规律性。

综合是在分析的基础上，把研究对象的各个组成部分或要素在思维中重新结合为一个整体，从而整体上把握事物的本质和规律。综合的特点：①以分析为基础。只有在搞清自然界中事物的组成要素及相互关系、主要矛盾和次要矛盾、矛盾的主要方面和次要方面的基础上，才能把研究对象的各要素在思维中重新准确地、有机地结合在一起，从而整体上把握自然界中事物的本质和规律。②由局部到整体，由分离到统一。这时的整体绝不是原先对事物笼统的认识，而是搞清其内部组成、运动变化、本质属性的整体。

分析和综合具有辩证统一的关系，它们既有区别又有联系，不可分割。首先，分析是由整体到局部、由统一到分离的思维方法，综合是由局部到整体、由分离到统一的思维方法；其次，分析是综合的基础，综合必须依据分析；最后，分析也离不开综合。

（2）抽象概括

一切事物都有许多属性，那些仅属于一两个事物，并能把这些事物和其他事物区别开来的属性，叫作本质属性。抽象是在思想上把某一事物的本质属性或特征和非本质属性或特征区别开来，从而舍弃非本质属性或特征，并抽取出本质属性或特征的思维过程。经过抽象的过程，事物的本质属性和非本质属性的界限清楚了，这样，认识便跃进到了理性阶段。

概括是在思想上将许多具有某些共同特征的事物，或将某种事物已分离出来的、一般的、共同的属性或特征结合起来。概括的过程就是把个别事物的本质属性推及为同类事物的本质属性。这个过程，也就是思维由个别通向一般的过程。

从理论上来说，抽象和概括是人们形成或掌握概念——思维细胞的直接前提。概括是思维活动的速度、思维迁移的广度与深度、思维创造程度等智力品质或思维品质的基础。没有概括就没有逻辑推理，就谈不上思维的深刻性和批判性；没有概括就没有灵活的迁移，就谈不上思维的灵活性和创造性；没有概括就没有"缩减"的形式，就谈不上思维的敏捷性。一切学习活动都离不开概括。

概括性越高,知识系统性越强,迁移越灵活,那么一个人的思维和智力就越发达。概括是一切科学研究的出发点,是掌握规律的基础,任何科学研究的结论都来自概括过程。

从教学实践上说,学习和运用知识的过程是概括的过程,迁移的实质就是概括。没有概括,学生就不能掌握知识、运用知识和学到知识;没有概括,就难以形成概念,那么由概念引申的公式、法则、定理、定义就无法被学生所掌握;没有概括,学生的认知结构就无法形成。

概括性成为思维研究的重要指标,概括水平成为衡量学生思维发展的等级标志;概括性也成为思维培养的重要方面,思维水平通过概括能力的提高而获得显现。学生从认识具体事物的感知和表象到理性思维的阶段,主要是通过抽象概括达成的。

【案例】抽象概括,总结概念

①通过操作活动,初步感受两数的整除关系。

用这样的小正方形(出示一个正方形),你能玩出智慧、玩出数学的味道吗?

出示例1:用12个同样大的正方形拼成一个长方形。每排摆几个,摆了几排?用乘法算式表示自己的摆法,并与同学交流。

拿出作业纸,在方格纸上尝试画图表示拼成的长方形,并列算式表示。

②通过交流活动,为认识因数和倍数做准备。

交流一下,你们拼成了哪些长方形?(如果学生反馈"3×4=12"和"4×3=12"是两种不同的长方形,引导学生讨论辨析,明确它们表示的是同一种长方形,只是摆放的位置不同)

③揭示因数和倍数的意义。

通过刚才的操作、交流,用12个同样大的正方形拼一个长方形,一共有3种拼法(出示拼成的3种长方形),你们能说出对应的算式吗?(出示算式)

今天要研究的数学问题就蕴含在这样的算式中。这里"4×3=12",我们就说"4是12的因数,12是4的倍数;3是12的因数,12是3的倍数。"

通过刚才的介绍,我们知道了4和3都是12的因数,12是4的倍数,也是3的倍数。

根据"1×12=12"和"2×6=12"两道算式,你能说出谁是谁的因数、谁是谁的倍数吗?

④在辨析中进一步理解倍数和因数的含义。

——案例节选自:孙国春《小学数学教学设计》

(3)构建原型

原型是数学学习中很重要的概念,原型有助于学生提取生活中的经验,在头脑中形成一个可以随时提取应用的原型。只有在数学学习中结合生活实际,才能最大化地利用好自身经验,灵活地理解和运用知识,回归生活。

【案例】原型建立,提取方便

认识千米,必须要搞清楚1千米的实际长度(即"千米尺")。像"10个100米就是1千米""在操场的400米跑道上走2圈半就是1千米"等说法,只是用熟悉的长度描述了1千米,还不能算是建立了"千米尺"的概念。

课前,让学生步行熟悉1千米的直线距离,并通过绘画日记强化体验和感受,有利于建立"千米尺"的概念。这个活动具有多重效应:一是所有学生沿着相同路线步行,有了共同的步行经历,课堂上的交流才更容易形成共鸣;二是事先不告知走的距离刚好就是1千米,故意保持神秘,课堂上再揭晓谜底,这使学生形成1千米的长度概念印象更深;三是设计的路线就直避弯,这样更利于学生建立1千米这把"直尺"的原型(模型);四是采用绘画的形式,丰富了学习形式。

——案例节选自:孙国春《小学数学教学设计》

综上所述,建立概念可以通过很多思维方法,如:分析综合出一类事物的本质特征和共同特征,比如加法的概念就是物体相加。概念之间相互融合:很多数学概念都有关联,概念之间可能彼此为基础和延伸,比如等边三角形和等腰三角形的概念。类比相似概念的方法:在不同的数学范畴内,各种概念之间也有一定的可比性,可以互相借鉴,促进理解,比如整数、分数和小数,等等。要让学生真正学会概念和运用概念,就要让学生充分掌握正确的思维方法,在此基础上运用科学方法让学生抓住概念的本质,并提高思维能力。

3.排除学习概念的思维障碍

小学阶段形象思维占据主导地位,学生的思维过程离不开具体直观的感性认识的支持,并且还无法灵活运用逻辑思维。由于元认知发展不够,所以对思维过程的意识程度还有欠缺,在此基础上会造成思维不完善、思考片面和单一等问题。在学习概念过程中遇到的主要问题有感性认识不足、思维方法不当、思维定式影响等。要让学生科学合理地掌握概念的含义并且熟练运用,必须将学生的综合思维能力作为主要训练对象,在每次讲解概念的时候,针对学生的薄弱点进行重点讲解,让学生掌握正确的思维方法,排除这些思维障碍的影响。

(1)感性认识不足及对应策略

要形成正确的概念,充分理解概念的内涵和外延,灵活地解决问题,发展思维能力,必须获得有关客观事物足够多的感性材料。感性材料是形成和掌握概念的必要条件。感性认识不足是概念学习中的思维障碍之一。

【教学背景】通过"扇形"概念的学习后,教师要求学生指认哪些图形属于扇形。

师:你是如何理解"扇形"这个数学概念的?你能根据扇形的定义来判断下面几个图形中哪些是扇形吗?你是怎样想的?

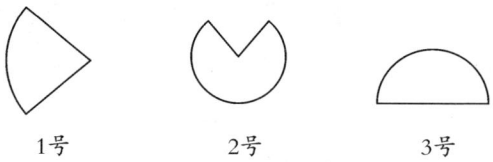

1号　　　　2号　　　　3号

在指认扇形的过程中,调查发现学生都指认1号图形为扇形,有63.5%的学生认为2号图形不是扇形,有75%的同学将3号图形排除在扇形范畴之外。当面对"为什么你认为它们不是扇形"这个问题时,学生出现了如下比较集中的回答:

生1:3号是半圆,不是扇形。

生2:2号长得不像扇子,扇形没有这样的。

生3:2号的缺口是扇形,但是这个图形不是扇形。

该案例呈现了学生学习"扇形"这个概念过程中,由于感性认识不足,对扇形概念缺乏清晰准确的界定。学生在辨析所给图形是否属于扇形这个数学概念范围时,停留在对生活中扇子这个意象的认识上,大多数学生是依据生活经验建立的数学概念原型,对与扇子形状差异较大的2号和3号图形没有正确的辨别,可见学生对扇形概念的内涵和外延的理解都受到影响。

教师在概念教学过程中,不仅要注重引导学生对概念内涵的理解,还要提供给学生大量形象材料对概念外延进行理解,通过丰富的变式训练让学生全面认识概念外延。对典型的概念外延需要提供丰富的感性刺激,促进学生深度理解。如扇形概念的学习过程中,教师要引导学生理解扇形这一概念的内涵:扇形是圆的一部分,由两个半径和一段弧围成。还要提供丰富的感性材料,引导学生理解半圆、大扇形等特殊扇形,形成概念原型认知的迁移,达到对概念内涵及外延的深刻理解。

(2)概念形成的进阶路径不当及对应策略

概念形成过程是人们以感知和表象为基础,通过分析综合、抽象概括等思维活动,从个别到一般,从具体到抽象,逐步把握一类事物的本质的过程。这个过程是学习的过程,也是以形象思维为基础,逐层进阶上升为抽象思维的过程。概念形成的过程不管是以形象思维提供感性材料的环节缺少,还是转化过程中抽象材料的铺垫不充分,还是抽象思维方法不当,都会对概念形成造成阻碍。科学概念的形成路径:感性材料的认识—形象思维加工—抽象思维加工—概念形成—概念理解—概念应用。任何一个进阶路径不到位,都会成为建立科学数学概念的障碍。

人教版数学四年级下册教材"三角形"中涉及三角形的高这个数学概念。三角形的高是从三角形的一个顶点到它的对边作一条垂线,顶点到垂足之间的线段。学生在学习"三角形的高"这一概念之前,已经具备了"通过已知直线外一点向该直线作垂线"的基本技能,同时具备了平行四边形和梯形高的概念。但学生在学习三角形的高这个概念时还存在困难:一、"垂线""点到直线的距离"这两个基本概念的遗忘是造成学习困难的一个难点;二、平行四边形和梯形的高可以画无数条,向三角形三条高的类比迁移存在困难;三、"高"是典型的几何概念,涉及空间与图形的特征,对其理解需要由相应形象化的材料做支撑;四、理解"高"的本质属性涉及一系列的数学术语。

教师在引导学生学习"三角形的高"这个概念的时候,需要搭建阶梯性概念认知路径:首先,引导学生回顾什么是垂线;其次,回顾怎么过一点作点外一条线的垂线;再次,引导学生过顶点作对边的垂线,理解顶点到垂足之间的线段即为三角形的高;最后,抓住高的本质属性,引导学生给不同三角形的三条边作高。其难度也有进阶性:学生对锐角三角形作高时一般问题不大,但是在对直角三角形作高时,需要理解直角边的特殊性,不像锐角三角形的三条边和三条高那么直观;在对钝角三角形作高时受图形的限制,很多学生无法理解两条短边上的高,很难正确地画出三角形外部的两条高,此阶段对学生掌握不做要求。

(3) 思维方法不当及对应策略

概念的建立是反映客观事物根本属性的思维形式。数学概念的建立离不开思维,学习概念也离不开思维,在通过观察、实践、生活经验等获得足够多的感性材料后,才能利用各种思维方法加工材料,演化概念的各种变形,建立科学的概念,并应用概念解决问题。没有掌握建立概念的正确思维方法和思维过程,是学习数学概念的又一个思维障碍。

【教学背景】人教版数学五年级上册"简易方程"

【教学目标】

1. 在具体的情境中理解方程的含义,初步认识等式与方程的关系,会用方程表示简单的等量关系。

2. 在观察、比较、描述、抽象、概括的过程中,让学生经历将现实问题抽象成等式与方程的过程,体会方程是刻画现实世界的数学模型,发展抽象思维。

3. 加强数学知识与现实生活的联系,有利于培养学生的数学应用意识,培养学生认真观察、善于思考的学习习惯,渗透转化的数学思想。

【教学重难点】

教学重点:理解并掌握方程的意义。

教学难点:建立"方程"的概念,并会应用。

【教学过程】

情境引入:今天的这节数学课上老师带了有关平衡的工具,你们看是什么?(出示天平)关于天平你们都有哪些了解呢?(简单介绍天平的工作原理)

现在我们对天平有了初步的了解,那我们来看这幅图。(出示天平:左盘2个50 g的物品,右盘100 g的砝码)

请同学们仔细观察,在这幅图里你获得了哪些信息?

师:能用一个式子表示这种平衡状态吗?($50 + 50 = 100$ 或 $50 × 2 = 100$)

再来看这幅图,又告诉了我们什么信息?(课件出示:天平左边一个重100 g的空杯子,右边一个100 g的砝码)

师:现在我给杯子倒满水,天平还平衡吗?天平发生了怎样的变化呢?

师:我们不知道加入的水有多重,可以用一个未知数 x 来表示(水重 x g),那么天平左边的杯子和水共重多少克?可以怎样表示呢?($100+x$)

师:天平向左倾斜,说明左边杯子和水的质量比右边 100 g 砝码的质量要重。得到数学式子:$100+x>100$。

现在我给右盘再加一个 100 g 的砝码,仔细观察,现在天平平衡了吗?得到数学式子:$100+x>200$。

师:我给右盘再增加一个 100 g 的砝码,你又发现了什么?得到数学式子:$100+x<300$。

教师继续演示:将右盘中一个 100 g 的砝码换成 50 g 的砝码,天平平衡,从中得到数学式子:$100+x=250$。

总结:像这样两边相等的(用等号连接的)算式,我们把它叫作等式。像 $100+x=250$ 这样,含有未知数的等式就是方程。

【案例分析】教师引入天平,利用现实生活中常用的工具,创设真实情境,通过操纵天平两边的物品与砝码,学生直观形象地观察天平,体会等式和方程的演变,理解方程的意义。但这节课的难点是引导学生建立"方程"的概念,从天平到等式,从等式到方程的递推过程中,形象材料的单一造成抽象概括的屏障,学生仅会停留在对天平这一形象材料的认知加工上,对"方程"抽象概括的加工尚不到位,学生无法深入理解方程的概念,对"方程的应用"也形成了一道巨大障碍。

要突破理解障碍,教师教学设计中,要注意以下几点:①注意提供丰富的感性材料,对于等式的认识,学生在接触最简单的加减法时就有初步的感知,教师完全可以借助这种已有的感知进行逐层引导。②注意在引导学生理解等式这个概念的意义时,不要引入不等式这个难度更高的概念,这会增加学生的认知负荷。③注意等式和方程两个概念可以分步建立,化解连续建立概念造成的困难。④注意方程概念的建立,可以按以下顺序:Ⅰ.引导学生建立等式的概念;Ⅱ.引导学生观察不含未知数的大家熟知的等式;Ⅲ.引导学生观察含有未知数的等式,在观察基础上引导学生总结这些式子之间的异同;Ⅳ.引导学生对满足等式和含有未知数这两个条件的式子给予再认,学生逐步建立方程的概念。⑤注意引导学生应用方程的概念对相应的式子进行判断,判断的标准有二:一是含有未知数,二是等式,满足这两个条件即可判定为方程。⑥注意对形如 $x=$

1 这种特殊形式的式子,引导学生碰壁思考,逐渐在变式练习中深度理解方程的概念。⑦注意学生对未知数的认识常停留在 x、y、z 上,对接触较少的 a、b、f、g 等未知数的变式也要同时进行延伸,继续引导学生对未知数的全面认识,最终达到对方程这一概念的深度理解。

(4)前科学概念的干扰及对应策略

学生受日常生活经验和实际经历的影响,在学习概念之前大脑中已经积累了丰富的感性材料,并在此基础上形成了一定的概念,这些从经验、经历中形成的概念称之为前科学概念。前科学概念并非都是正确的,其中错误的部分叫作错误概念、迷思概念。受经验的影响,概括的材料具有片面性,也将前科学概念称之为相异概念。由于前科学概念是建立在经验、经历的基础上,所以前科学概念不仅具有片面性、模糊性、表面性,还具有顽固性、不易改变性,该特征也对建构科学概念形成干扰和阻碍。

在概念教学过程中,教师要以学生的自身经验为中心,丰富原有的正确概念,修正错误的概念,结合典型和普遍的例证,使学生在脑中建立概念的原型,并以此为模板对其他概念进行分辨和分类,最终形成正确的概念体系。

综上可见,学生在学习概念过程中,想出相应策略排除这些障碍,是建立科学数学概念的前提。建立科学概念的进阶路径:首先,通过实物、典型事例、音视频等手段提供形象生动的材料,使学生获得丰富的感性认识,也可引导学生回忆、唤醒实践操作的经历,增加学生形象思维加工的材料;其次,对同类事物的表象进行加工,经过分析综合、抽象概括形成典型的形象,正如前面提到的概念建立的过程中,学生对天平平衡经过形象思维加工后,逐渐将天平平衡和等式建立联结;接着,对众多不同形式的等式经过抽象概括抽丝剥茧,逐渐触摸到其背后的本质属性,形成概念;再次,通过形式多样的概念变式,逐渐领略概念的内涵与外延;最后,在初步理解的基础上进行适当的应用,达到对概念的深度理解和灵活应用。

4. 理解应用形成结构

概念的理解应用对形成科学概念的结构至关重要。对概念的理解应用要注意以下几点:

(1)明确概念的内涵和外延

概念是对同类事物本质属性的高度抽象概括,学生能用语言精确地表述概念,将有效提升学生的抽象概括能力。概念的内涵反映的是对象、现象、过程所特有的本质属性,而概念的外延反映的是本质属性的全体对象。形成概念需要用到抽象概括等思维方法,确定概念的内涵和外延要用到比较、分类等思维方法。

(2)清晰概念的进阶路径

遵循概念的进阶路径,综合分析概念在跨学段学习过程中的学习要求,给学生搭建恰当的建立概念的阶梯。

"分数"概念的进阶路径

分数是小学数学数与代数领域的重要内容,具有重要的意义。分数概念十分丰富且抽象,是小学阶段学生学习的难点之一。现以"分数"为例进行核心概念的进阶设计。

(1)"分数"学习的进阶路线

小学"分数"概念的学习进阶以"分数的基本认识"、"部分—整体"的概念、"商"的概念、"测量"的概念、"比"的概念和"分数运算"的概念共六个概念维度构建,小学"分数"概念的发展遵循以下路线,如表3-1。

表3-1 分数学习进阶路线

分数概念维度	学习进阶路线
分数的基本认识	真分数的读写—真分数的表征—认识假分数—假分数的表征
"部分—整体"的概念	"平均分"的认识—单位"1"—分数的意义理解("部分—整体"概念)—运用概念解决问题
"商"的概念	平均分与除法—分数与除法—抽象出分数与除法的共性—运用概念解决问题
"测量"的概念	单位分数—分数单位—分数在数线上的表示—分数是一个数
"比"的概念	部分与整体之比—整体与整体之比—分数的性质(等值分数)—运用概念解决问题
"分数运算"的概念	具体情境的简单分数大小比较及加减运算—脱离情境的简单分数大小比较及加减运算—异分母分数的加减运算—分数的乘除法

(2)"分数"学习的进阶模型

根据课标和教材预设出小学"分数"概念的学习进阶,综合分析学生测试卷数据和学生生活表现,最终构建出小学"分数"概念的学习进阶模型包括五个水平,整理如表 3-2:

表 3-2　小学"分数"概念学习进阶的最终模型

阶段	概念理解阶段	进阶水平	学生表现
操作阶段	概念认识	水平一	(1)理解"平均分"的含义并且能对物体进行等分操作。学生能够对一个图形进行平均分。 (2)能够根据图形的大小对其对应的分数进行大小比较,但是不能直接判断两个分数的大小。 (3)能够利用分数运算法则对两个简单分数进行加减计算。 (4)能够识别分数各部分的名称,正确地读写分数。 (5)能够进行简单分数的图形表征。 (6)能够在一个图形上表示简单分数,若出现不同的分数(具有不同的分数单位),则不能正确表示分数。
操作阶段	概念认识	水平二	(1)尝试根据"部分—整体"的概念解释给定分数的含义,但是不能完整描述。 (2)未获得单位"1"的概念,能够根据生活经验说出"$\frac{1}{2}$是一半"的意思,但是不能正确地描述$\frac{1}{2}$所表示的含义。 (3)能够通过比较分数分子和分母的大小区分真分数和假分数,但是不能正确说明判断原因;认为不存在分子比分母大的分数,认为分子比分母大的分数为假分数。 (4)初步感知"商"的概念。认识到离散量情境中物体的个数与整体之间的数量关系,初步用除法解决离散量情境中的分数问题。 (5)能够根据"部分—整体"概念初步理解两个量之间的比率关系,能够解决两种实物之间的占比关系问题。

续表

阶段	概念理解阶段	进阶水平	学生表现
过程阶段	概念形成	水平三	（1）能够正确地说出真分数和假分数的分类依据。 （2）能够用"部分—整体"概念描述分数的含义。 （3）能够理解连续量情境和离散量情境中的一个整体，即单位"1"，准确地进行真分数、假分数的表示；理解假分数不能再用一个整体表示，脱离一个整体的限制，正确地进行真分数和假分数的表征。 （4）抽象分数与除法的共同属性，归纳出分数在"商"的概念表达中，$\frac{a}{b}$表示$a \div b$的一种书写形式，指除法运算的关系或者除法运算的结果。 （5）认识到分数具有一定的大小，分数单位如同整数"1"，可以测量物体的大小。 （6）"比"概念的进一步发展。理解分数是两个"量"之间相互比较的关系，能够脱离实物的支撑，应用到实际问题中解决两个"量"的比较关系。 （7）能够根据两个图形所表示的不同单位的分数相等来初步获得"等值分数"的概念，能够进行同分子分数的大小比较。 （8）开始理解分数的加减计算是分数单位的叠加或减少，初步理解异分母分数不能直接相加减。
对象阶段	概念深化	水平四	（1）能够利用"部分—整体"概念解决简单的分数乘、除法问题。 （2）能够运用"商"概念解决连续量情境中的"量"与"率"的实际问题，但是不能正确解答离散量情境中的"量"与"率"问题。 （3）发展"等值分数"的概念，能够合理转化和认识"等值分数"。 （4）能够解决直线上表示分数的相关问题。先认识到分数同整数一样，可以用直线上的一点表示，而后认识到直线上的一段距离也能表示分数（将一条数线看作一个整体，其中的一段距离与整体之间相比较得出分数）。 （5）能够进行异分母分数的加、减计算，解决简单的分数乘、除法计算问题，但是不清楚算理，乘除法计算采用整数的计算方法。

续表

阶段	概念理解阶段	进阶水平	学生表现
图式阶段	概念发展	水平五	(1)能够利用"部分—整体"概念解决涉及其他分数概念的题目。 (2)能够利用多种表征方式进行答题。 (3)能够准确区分出离散量中的"量"和"率"。 (4)能够认识到分数"比"的概念与比例之间的区别和联系。 (5)能够进行分数乘、除法及混合运算,理解分数乘除法计算算理。 (6)形成完整的分数概念体系。

分数概念教学设计中学生学习"分数"概念按照一定的路线进阶,做好年级之间的概念衔接十分重要。学生对分数概念的理解遵循一定的顺序,小学"分数"概念的学习进阶提供了学生在学习分数概念时认知的变化序列。要使学生对分数概念的理解达到抽象的高水平,就需要判断不同年级学生对分数概念的理解水平以及学生的学习特征,运用相关教学理论探究更好的分数概念教学方法及教学过程。

(3)加强对概念的应用

概念的学习旨在对概念的灵活应用,利用所学概念灵活解决问题是概念掌握的标志。通过应用、巩固、深化、活化概念,培养学生发现问题、提出问题、分析问题和解决问题的能力,提高学生思维的深刻性、灵活性、敏捷性等思维品质。针对学生概念学习过程中存在的问题,采用恰当的策略化解概念建立过程中的相应障碍。针对概念的变形情况进行变式练习,使得学生全面深入地理解和掌握概念,形成科学的概念结构图。

(4)掌握概念结构图的发展阶段

皮亚杰的建构主义学习理论强调认知结构,学习的过程也是认知结构逐步完善的过程,教学就是帮助学生形成科学合理的概念结构。学生科学的概念结构建构经历四个发展阶段:第一,旧的图式。图式是指个体对世界的知觉、理解和思考的方式,是心理活动的框架和组织结构。图式是认知结构的起点和核心,个体总是利用一定的图式进行思考、分类和推理。随着学生知识的增长和经验的丰富,图式不断丰富和完善。学生在学习之前形成的概念结构为旧的图式,是学生形成新的概念结构的基础。第二,概念图的建构。学生在原有概念结构的基础上,通过同化和顺应两种方式建立完善的概念结构。同化是个体对刺激输入过滤和改造的过程,也是个体用原有的概念结构吸收新概念,将新概念纳入原有概念结构体系当中,形成新的概念结构。顺应是个体学习新概念时,原有概念结构无法用同化的方式纳入新概念,个体需要对原有概念结构进行调节和修改,以适应新概念的要求,最终形成新的概念结构或新的图式。第三,新的图式。学生对概念建构的过程,是通过同化和顺应两种方法对概念图式不断完善和修订的过程。每当学生遇到新的概念,认知就处于不平衡状态,学生试图用旧的概念结构同化新概念,以期达到新的认知平衡,如果无法同化新概念,就会调节和修改原有认知图式,用顺应的方法吸纳新概念,直到认知重新平衡。学生对科学概念结构的建构是从低阶的认知平衡向高阶的认知平衡发展完善的过程。

二、数学规律教学中的思维培育

规律指的是事物或现象在运动和变化过程中的不变性与稳定性。数学中充满了规律,无论是数学中的分析、推理,还是抽象、建模,本质上都是探究并揭示一些客观规律。从某种意义上讲,数学学习是一个个规律的建构过程。学生不断地经历"发现—猜测—验证—应用"的建构过程。在建构的过程中,发展学生抽象概括、归纳等能力,感悟数学思想方法,积累数学活动经验。

2022版课程标准中将"探索规律"与诸如数的认识、数的运算以及常见的量并列为课程内容,体现了探索规律对数学学习的重要性。

(一)数学规律

1. 数学规律

数学规律是蕴含在数量关系或空间图形中的规律,它反映了数学概念之间必然的、本质的联系,揭示了数量或图形的本质属性之间的内在联系,包括数学法则、定律、定理、性质、公式等。

2. 数学规律的特色

数学规律具有三个显著特点:第一,数学规律是观察、实践和思维相结合的产物。探索数学规律,就是让学生经历观察、比较、归纳、验证的过程,认识、理解隐藏在数学概念之间的抽象的本质关系,逐步发现并确定规律性与不变性。第二,数学规律反映的是数量或空间图形之间的必然联系。数学是研究数量关系和空间形式的科学,所以数学规律蕴藏在数据或图形之中,它不会直截了当地呈现在学生面前,需要学生通过各种方法和途径去发现。第三,数学规律具有局限性。由于规律总是在一定范围内发现或是在一定条件下推理得到的,并是在有限领域内检验的,所以数学规律具有局限性。也就是说,数学规律总有它的适用范围和成立条件。

在义务教育阶段,"探索规律"内容因其综合性、开放性特点成为培养和提升学生数学思维能力的重要载体。数学中的"探索规律",是指运用观察、分析、归纳、概括等思维方法发现数学对象及其关系之间所具有的规律性与不变性。著名数学家高斯就曾高度概括了探索规律在数学中的作用:"规律是数学的灵魂。学会发现规律比多记住几条规律重要得多。"数学家坦普倍尔也曾在其著作中阐述:"数学的伟大使命,在于从混沌中发现有序。"由此可见,探索规律在数学教学中具有重要的价值和作用。

(二)数学规律教学中的思维培育策略

数学规律反映的是有关数学对象之间内在的、本质的联系,正是由于这种内隐性,对数学规律的探索需要经历由外到内、由浅到深、由此及彼的渐进的过程。在这个过程中会用到各种各样的数学思维和数学方法。规律教学的内容在小学三个学段内都有编排,其内容由最初的探索简单图形与数字延伸到探索图形与数的复杂排列规律,再到探索具体操作过程中活动的变化规律,各层次的规律探索循序渐进、由简单到复杂。一方面,强调让学生在图形、数字中去感受发现、探索、验证规律的过程;另一方面,强调教学中应加大探索规律的教学力度。在小学数学由低学段到高学段过渡的过程中,学生的思维逐渐由直观形象思维向抽象逻辑思维过渡,思维逐渐灵活和敏捷。思维的发展使得小学阶段的学生能够在老师的引导下发现蕴含在数量或图形中的规律,并运用规律去解决数学问题,从而更进一步促进学生数学思维的发展。教师引导学生经历探索规律的过程中要注意以下几点。

1. 培养探索规律的数学意识

(1)创设问题情境,激发学生的探究意识

探究意识的培养是提升小学生核心素养的关键。苏霍姆林斯基说过,在人的心灵深处,都有一种根深蒂固的需要,这就是希望自己是一个发现者、研究者、探索者。规律教学中可以通过创设以下三种问题情境,激活学生的探究意识:一是真实生活情境;二是动态经验连续性情境;三是教学媒体情境。

【案例】创设情境,激活探究意识

【故事导入】我发现班上同学找到了几只小蜗牛,今天老师也带来了小蜗牛的图片(出示)。大家看,图片上的蜗牛兄弟俩刚刚进行了一场爬行比赛,这是它们1分钟的比赛成绩。(板书:蜗牛哥哥:0.1米　蜗牛弟弟:0.10米)哥哥说它得了第一,弟弟说它得了第一。兄弟俩正为此争论不休呢!

同学们,你们来当一回裁判,看看到底谁得了第一名。

同学们都认为兄弟俩打成了平手,你们认为自己说得对吗?有什么办法来验证呀?

【设计意图】通过趣味故事引入,注重学生的参与感,吸引学生的注意力,让学生产生好奇心和探究兴趣。

(2)注重多元探究,提升学生的猜想意识

数学猜想是在已有数学知识和数学事实的基础上,对未知量及其规律作出的判断,是学习和解决问题时展开的尝试和探索,是问题解决的主导思想。教育家波利亚曾呼吁:让我们教猜想吧!在规律教学中,学生对规律探索充满探究兴趣和探究意识时,就会积极地投入到数学探究活动中去,可以自主进行观察、计算、比较、发现等操作活动,并有意识地从现实情境中获得数学信息,根据得到的数据或现象进行独立思考,从而作出合理的猜想,感受数学现象中隐藏的数学规律。在此过程中,教师要创设情境引导学生猜想,教给学生猜想的方法,如实验、类比、归纳、推广等方法。

【案例】多元探究,提升猜想意识

教学情境:接前面一个案例,教师提出问题,引导学生探究 0.1 和 0.10 是否相等。

组织第一次探究活动:

下面请你们以小组为单位,利用你们喜欢的学习材料,想办法先验证 0.1 米和 0.10 米的大小相等。

学生们用不同的验证方法证明 0.1 米 = 0.10 米。(教师巡视、指导)

汇报交流:都验证完了吧?哪个组来说一说你们是用什么方法验证的?可能出现:

①两张大小相等的正方形纸,一张平均分成 100 份,选取其中的 10 份涂上相同的颜色,得到 0.10;同时,将另一张纸平均分为 10 份,取其中一份涂上相同的颜色,得到 0.1。将两份涂上颜色的纸重叠在一起,得到这样的结论:0.10 = 0.1。

②通过观察可知,0.10 是 10 个 $\frac{1}{100}$,而 0.1 是 1 个 $\frac{1}{10}$,因此也可以通过这种方式验证:0.1 = 0.10。

③通过这种方式启发:0.1 米 = $\frac{1}{10}$ 米 = 1 分米,而 0.10 米等于 10 厘米,1 分米等于 10 厘米,即 0.10 米 = 0.1 米。

小结:刚才,有的小组利用手中的米尺找到 0.1 米与 0.10 米的具体长度,通过比较,证明 0.1 米 = 0.10 米;有的小组利用手中的两个正方形,通过比较阴影部分的大小证明 0.1 = 0.10;还有的小组是联系了我们学过的相邻两个计数单位之间的进率是 10,证明 0.1 = 0.10。你们用这么多办法都证明了 0.1 = 0.10,同学们真了不起!

观察:从 0.1 = 0.10 中,你发现了什么?只能在 0.1 这个小数的末尾添一个 0,小数的大小不变吗?你们能想办法证明自己的看法吗?

【设计意图】本环节教师放手让学生以小组为单位,根据已有经验自主探索,利用几何直观的方式形象化知识,寻找验证两个小数相等的方法。教师适时归纳和总结,让学生初步感受不同方法间的内在关联,也为下面进一步探究做好铺垫。在第一次得出结论后,抛出问题,引导学生进行数学猜想,让学生的数学思维从一位小数向两位小数、三位小数……自然延伸。

组织第二次探究活动:

学生用不同的验证方法证明:在小数的末尾还可以添2个0、3个0……小数的大小不变。

全班交流。

追问:像这样的小数有多少个?它们大小怎样?

(板书:0.100 = 0.1000……)

观察:从0.1 = 0.10 = 0.100……中,你们发现了什么?

小结:刚才我们通过研究0.1,0.10,0.100之间的关系,发现了在小数的末尾添上0或去掉0,小数的大小不变。

【设计意图】在学生头脑中进一步强化"小数的形式发生了变化,但是小数的大小不变"这一特性。通过交流,做到准确表达,实现思维的自然生长。

(3)通过规律建构,培养学生的验证意识

验证意识是重要的数学思维方法,只有对提出的数学猜想加以验证,才能上升为数学理论。荷兰教育家费赖登塔尔曾说过:真正的数学家常常凭借数学的直觉思维作出各种猜想,然后加以证实。

探索规律的过程是一种探索性的、具有发现或发明性质的活动,当学生经历初步的探究之后,往往就有了较为感性的认识,形成了一定的猜想。然而猜想必须经过严格的验证,这也就是数学研究的过程,是多种思维不断完善的过程,也是科学制度、科学方法逐步形成的过程。在验证过程中,教师要引导学生运用已有的知识技能经验,对学习材料进行研究、实验、实践,并尝试变换角度、形式,重新完善、修正甚至否定。在这种操作、实践、思辨的过程中进行验证,在自我肯定或否定中逐步找到数学规律的实质,最终归纳出合理的结论。

【案例】分数化小数

①提出猜想。教师先让学生把一些分数化成小数,并找找在一般的分数化小数中有什么规律。学生在讨论交流的基础上,提出如下猜想:一个分数,如果分母中只含有质因数2或5,不含有其他质因数,那么这个分数就能化成有限小

数,如果分母中含有 2 和 5 以外的质因数,那它就不能化成有限小数。

②验证猜想。教师出示：$\frac{1}{5}$、$\frac{3}{8}$、$\frac{4}{15}$、$\frac{3}{22}$、$\frac{3}{24}$、$\frac{21}{28}$ 能不能化成有限小数？先让学生根据以上猜想作出判断,再用分子除以分母实际看看刚才的判断是否正确。学生检验后发现以上猜想出现矛盾,需要修改。

③修改猜想。学生经过分类比较,得出结论:再增加一个条件,即一个最简分数。

④论证猜想。分母只含有质因数 2 或 5 的最简分数,可以运用分数的基本性质化成分母是 10、100、1000 的分数(十进制分数),而分母中含有 2 或 5 以外的质因数的最简分数,则不能化成十进制分数。

【设计意图】这是一个典型的猜想,验证,再猜想,直至论证的过程,学生的猜想是一种合乎情理的推理,对于培养学生的创造性思维是不可缺少的,再经过验证,结论是毋庸置疑的。

案例引自:《培养学生猜想,探索数学奥秘》

【案例】商不变的规律

教学时,教师可以这样设置情境:

师:大家看表格上呈现的算式,自己动手算一算,填一填,再进行结果的比较。

被除数	除数	除法算式	商
100	20	100÷20	5
100×2	20×2	200÷40	
100×4	20×4		
100÷2	20÷2		
100÷4	20÷4		

师:被除数和除数怎样变化,商怎样变化？你有什么发现？

生:被除数和除数同时乘或除以同一个数,商不变。

师:自己再找一些例子,算一算,比一比,看有没有变化,与同学交流。

生:探究发现,被除数和除数同时乘或除以同一个数(0 除外),商不变。

探索是数学教学的生命线,数学知识的发现是通过一些问题的解决来实现的。因此,问题情境的设置不仅要有利于学生形成数学猜想,而且要有利于学生通过解决问题来不断验证猜想的正确性。

(4)及时回顾整理,提高学生的反思意识

反思属于认知监控范畴,包含对问题解决全过程的计划、检查、评价、反馈、调节、控制六个环节,是训练学生思维的严谨性、逻辑性、批判性、创造性的重要方法。规律教学的主要目的是让学生研究数学的方法,数学思维更加开放、多元,从而促使学生数学思维能力得到发展。但也应该清楚地看到,由于"规律"本身是高度抽象的,即使学生对学习材料有兴趣,仍然较难从学习过程中抽取研究内核,从而内化成自己的学习方法。基于此,就需要学生学会对探索规律的过程进行回顾整理,及时反思总结活动经验,内化数学学习方法,并把探索规律的方法、经验迁移到其他内容的学习中去。这也是思维型教学理论中强调每节课需要有总结反思—拓展迁移环节的根源。

【案例】反思与拓展

教学背景:在小数性质主题教学中,教师通过创设情境,激活学生探究兴趣,引导学生大胆提出猜想,并动手操作验证自己的猜想,得出小数的性质。

教师:想想我们这堂课的探索过程中,你的收获与体会。

学生:……

【设计意图】引导学生对这节课的学习进行整体反思,形成学习监控,提升学生的反思监控能力,同时引导学生对动手操作、观察比较、积极思考、应用迁移中认识小数性质的学习过程进行梳理,引导学生养成善于观察、善于思考、善于发现的好习惯。

教师:刚才我们一起学习了小数的性质,你觉得自己掌握得怎样?有信心接受下面的闯关大考验吗?总共两关,终点处有老师的奖励哦!

练习1:把下面的物品价格写成用"元"作单位的小数。

9元8角　　　　　　6角　　　　　　21元
(　　)元　　　　(　　)元　　　　(　　)元

练习2：把相等的数用实线连起来。

0.8	50
20.1	0.80
4	20.10000
4.8	4.0
50.00	4.80

【设计意图】将枯燥的练习设计成有趣的闯关游戏，可以激发学生参与的热情。学生在闯关中巩固所学，并在游戏中加以应用，获得成功的体验，感受数学与生活的紧密联系以及数学的价值。

2. 掌握探索规律的思维方法

(1) 抽象与形象思维相结合

数学是研究数量、结构、变化和空间模型概念的一门学科，形象思维和抽象思维是数学研究中两种主要的思维方式，二者相互补充，相互渗透，又相互丰富。数学形象思维是个体运用直观形象和表象解决数学问题的一种思维活动，其基本特点有形象性、非逻辑性、粗略性和想象性。数学抽象思维则是从数与数量关系、图与图形关系中抽象出数学概念之间的关系，从而得到研究对象的基本性质。而小学阶段的"探索规律"，就是从具体、直观、已知的数学元素中，通过观察、推理、分析，概括出一般规律。在这个过程中，学生经历了数、形及数形结合等模式的思维过程，学生的数学形象与抽象思维相结合的能力得到了提升。

以人教版数学六年级上册"数学广角——数与形"的教学内容为例，教师在开展教学时，可以向学生展示三张由不同数量的边长为1厘米的小正方形组成的图片，其中第一张图片由1个正方形组成，第二张由4个正方形组成，第三张由9个正方形组成，然后让学生观察 $1^2,2^2,3^2$ 之间的数量关系，最终得出 $1^2=1, 2^2=4=1+3, 3^2=9=1+3+5$，这样学生就能得出从1开始，连续奇数的和等于奇数数字个数的平方的规律。

(2) 数学推理

数学推理，指个体根据若干数学条件结合一定的数学知识和方法，对数学对象形成某种判断的思维过程。数学推理的对象是表示空间形式和数量关系的数学公式、符号、概念、规则等。数学推理有三种类型,分别是归纳推理、类比推理和演绎推理。

①归纳推理

归纳推理是从特殊的前提到一般性结论的推理,根据在推理过程中是否考察所有归纳对象,分为完全归纳和不完全归纳。在小学阶段主要以不完全归纳为主,其推理模式是:若 M 表示某一事物,M_1,M_2,M_3……是所属部分,其中 M_1 具有性质 N,M_2 具有性质 N,……则 M 也具有性质 N。

例如,以人教版数学四年级上册"加法交换律"的教学内容为例,学生通过观察老师出示的例子 $1+2=2+1,2+3=3+2,3+4=4+3$ 归纳总结出"两个加数相加,互换加数位置,和不变"的规律。

②类比推理

类比推理是指具有某些相同或相似属性的两个或两类对象,已知其中一类对象的某一属性特征,进而推出另一类对象也有该属性特征。其推理模式是:若 M 和 N 表示两个具有相似属性的对象,M 的属性有 m,m_1,m_2,m_3,N 的属性有 n_1,n_2,n_3,如果属性 m_1 与 n_1,m_2 与 n_2,m_3 与 n_3 相同或相似,则 N 具有属性 m。

以人教版数学六年级上册"圆的周长"的教学内容为例,在教学这一课时时,教师可以利用类比推理,逐步引导学生认识正方形周长与圆周长两个公式之间的相同点与不同点,体会类比推理的思想方法。首先,教师选取学生原有认知结构中对于正方形周长公式的理解作为源问题(类比对象);其次,在正方形周长随边长变化→圆周长随半径变化,正方形周长÷边长=4→圆周长÷半径=? 两个小环节进一步感知正方形与圆的相似属性,建立类比关系;最后,组织学生观察、测量圆的周长、直径的值,分析二者的比值,归纳出 π 值,继而归纳出圆周长的计算公式,这样不仅化解了教学难点中学生对周长的变化规律的理解,也使学生体验到数学推理的过程。

③演绎推理

演绎推理是从一般性前提到特殊的结论的推理。在小学阶段最常见的演绎推理是三段论推理。

三段论推理是演绎推理的一般模式,包括大前提(已知的一般原理)、小前提(研究的特殊情况)、结论(根据一般原理,对特殊情况作出的判断)。

例如,人教版数学三年级下册第五单元"面积"的例4,教材中通过用几个面积为 $1~cm^2$ 的正方形拼成不同的长方形的教学活动,归纳推理出长方形的面积公式,进而对特殊的长方形—正方形的面积进行推导。先让学生量一量并计算一个长方形和一个正方形的面积,发现正方形的长和宽都相等;再引导学生把正方形的边长看作长方形的长和宽,这样就很快推导出正方形的面积公式。在这里,大前提是"长方形的面积=长×宽",小前提是"正方形是长和宽相等的长方形",结论是"正方形的面积=边长×边长"。通过探索四边形面积的变化规律,能够比较好地锻炼学生的演绎推理能力。

(3)数学建模

数学建模的过程主要是在实际情境中从数学的视角发现问题、提出问题、分析问题、建立模型,确定参数、计算求解、检验结果、改进模型,最终解决实际问题。徐利治先生在《数学方法论选讲》中指出,数学模型是指参照某种事物系统的特征或数量相依关系,采用形式化数学语言,概括地或近似地表达出来的一种数学结构。学生在探索规律的学习中尝试将情境中的问题进行抽象与概括,运用适当的符号建立起数学模型,运用模型解决生活中相似的问题,初步体会数学模型的作用,感受模型思想的意义和价值。

例如,在人教版数学四年级下册"数学广角——鸡兔同笼"中,首先采用的方法是列表法。列出表格依次写出可能出现的鸡与兔只数的情况,学生在计算3次或4次后自然就会发现脚数随鸡、兔只数的变化规律,这是典型的三变量模式,是对函数思想、模型思想的渗透,而列表是探索这种规律的重要手段。在小学阶段我们更关注的是模型思想的第一个层次,即对数字或图形模式中变化规律或发展趋势的体验与辨别。本节内容中让学生感受到鸡、兔、腿数之间的相互依存关系是最重要的。

三、数学复习课教学中的思维培育

复习课教学是小学数学教学常见的课型之一,承载着梳理知识体系、完善认知结构、提升思维能力、形成正确价值观的作用。古语云："温故而知新。"具有良好复习效果的复习课，对于学生而言是十分重要的，不仅可以帮助学生对学习过的知识进一步归纳梳理，系统深入地巩固所学，还能在不断反思与总结的过程中，提升自身数学思维、分析及解决数学问题的能力。与此同时，对教师而言，复习课可以弥补教师在课堂教学中的不足，进一步提高教学质量。

（一）复习课

1. 复习课

复习是把原来碎片式的、随意化的、思维暗线的学习变成整合式的、系统化的、思维明线的学习的重要过程。因此，复习课不仅要关注学科章节知识的逻辑走向，更要关注核心概念（本源意义）、问题结构、数学思维的逻辑走向。复习课的教学目标，是引导学生主动对知识点进行系统建构以及融会贯通能力的提升，形成学生所共有的和独有的个性化和创造性的知识和能力。

2. 复习课的特征

复习课在小学数学的教学中占据非常重要的地位，开展复习课的目的就是帮助学生对已学的知识进行查漏补缺，并且将所学的各个知识点串联起来，形成系统的、整体的知识网络，从而加深对知识的理解和记忆，最终提升数学思维能力和学习效果。复习课的特征如下：

（1）查漏补缺，巩固基础知识

知识的梳理与巩固是复习课的初级目标。小学数学需要记忆的知识点较多，在前期的学习过程中，一是由于新知识的陌生，学生学起来可能较为吃力；二是前期为赶进度，课程进展较快，学生没有足够的时间加深对知识的理解；三是随着时间的推移，学过的知识在学生的头脑中会发生部分遗忘。以上种种都有可能导致学生掌握的数学知识不牢固，因此开展复习课就是为了帮助学生对已经学过的知识进行再整理，在重新整理的过程中不仅巩固学生已经掌握了的知识，使之更加熟练，而且还能使学生发现自己的薄弱环节，然后有针对性地补缺补差，最终达到全面、熟练地掌握知识的目的。

数学复习课主要强调的是梳理学习内容以及对梳理方法的指导。关于学习内容的梳理，一是对教科书上的概念、命题、解题方法等进行复习，二是在梳理的同时扩大学生的知识面,注重拓展与提升。关于梳理方法的指导,一般有两种思路。第一种思路是直接由教师带领学生讲出需要复习的内容,教师在梳理的过程中处于主导地位,引导学生探究梳理知识的方法,对学生梳理知识的方法进行指导;另一种思路是全部由学生表达出需要梳理的内容,教师在其中的作用是维持纪律与引导思路,在对学生梳理思路进行引导的过程中,加深学生对有效梳理知识点的方法的体会。

(2)串珠成线,构建知识系统

认知结构化、形成知识统一是复习课的中级目标。小学阶段的数学知识都是串联起来的,对于已经学过的数学知识点,不能孤立成"点",而应该对所学的知识重新梳理,根据知识点之间的内在联系和前后知识间的逻辑关系,整合课时知识,在各知识点之间建立起联系,减少知识点之间的跳跃性与重复性,理解知识的来龙去脉,形成更清晰稳固的知识结构。这在后面的认知结构化中具体阐释。

(3)结点成网,提升数学思维

提升思维、迁移应用是复习课的高级目标。数学的"整理与复习"课,"整"体现了知识的完整性与整合性,"理"要求我们认真梳理,使之条理化。复习课开展的高级目标就是帮助学生形成数学知识网络。知识网络能使认知的过程呈现清晰的脉络,形成多维、立体、交叉的体系。复习课教学时,教师应超越课时、超越单元、跨年段、结构化整合呈现内容,借助核心问题的驱动贯穿一条主线,让零碎的知识点主动产生关联,最后长成一棵知识树,形成一片知识林。通过复习课,学生可以达到举一反三、触类旁通的水平,全面提高应用知识解决问题的能力。

为达到举一反三、拓展迁移的效果,数学复习课习题的设置应该注意以下几点:一是数学复习课习题的来源。数学复习课上选择的习题来源范围较广,主要是在教材、网络、参考书或教师自身针对学生的学习情况设计的题目。此外,错题以及好题也是数学复习课的一个重要内容。二是数学复习课习题挑选的原则。一般有三种倾向:根据学生的水平挑选合适的题目、根据教材编写的习题类型挑选题目、根据教材和学生的能力以及需求选定题目,第三种是前两种的综合。三是数学复习课习题的呈现方式。一般存在两种形式:情境导入式或直接呈现式。

(二)数学复习课教学中的思维培育策略

1. 归纳已学知识,实现认知的结构化

认知的结构化,就是将所学的知识系统化、框架化,并揭示这些知识背后的思维规律。

知识的归纳梳理是复习课的首要任务,同时也是非常重要的环节。因课堂讲解会将知识分解开,学生在归纳整理过程中很容易将知识"碎片化",教师应积极引导学生根据知识的内在联系将知识结构化,站在知识网络中理解和掌握知识。此外,在知识梳理过程中,教师还应引领学生利用归纳思维与逻辑思维对知识从整体视角进行整合。因为数学课堂不仅仅是讲授这一堂课的知识点,而是庞大的知识体系中的一部分,需要从整体视角观察知识点在知识网络中的位置及与整体的联系。教师应培养学生的逻辑思维与总结能力,引导学生用数学思维解决问题。同时还要注意,小学生的综合能力和逻辑思维还有欠缺,因此在学生自行梳理前教师需加以正确且清晰易懂的引导,激发潜能的同时要避免增加学生负担,让学生根据教师的引导进行个性化整理,使知识梳理更准确高效。

复习课教师引导学生梳理知识点的步骤:(1)引导学生将本单元的核心概念罗列出来,如以苏教版六年级上册"分数乘法"为例,本单元分三大板块:分数的乘法、倒数、问题解决。分数乘法的知识点教学含三个核心概念:分数乘整数、分数乘分数、分数乘小数。(2)将各核心概念下的主概念罗列出来,如分数乘整数包含分数乘整数的意义和计算方法;分数乘分数包含分数乘分数的意义、计算方法;分数乘小数包含分数乘小数的意义和计算方法。倒数中包含界定、知识点、计算方法、求一个数的倒数的方法。问题解决包含两大类问题:一类是解决单位"1"变化的实际问题;一类是已知一个数量比另一个数量多或少几分之几,求这个数的问题。(3)将主概念下的子概念或具体要点罗列出来,厘清各自的关系;(4)绘制出本单元各要素之间的关系结构图如表3-3(说明:由于本图较大,一页无法呈现,所以改用表格呈现)。

表 3-3 "分数乘法"的单元关系结构

分数乘法	1.分数的乘法	① 分数乘整数	意义: 1.分数乘整数的意义同整数乘法的意义相同,就是求几个相同加数的和的简便运算; 2.表示求一个整数的几分之几是多少
			计算方法: 1.分母不变,分子和整数相乘的积作分子; 2.计算时,应先约分再计算; 3.分数四则混合运算顺序与整数四则混合运算顺序相同:先算乘除法,后算加减法,有括号的先算括号里面的; 4.整数乘法运算定律对分数乘法同样适用:乘法交换律、乘法结合律、乘法分配律; 5.结果能约分的要约成最简分数
		② 分数乘分数	意义:表示求一个数的几分之几是多少
			计算方法: 1.分子乘分子的积作分子,分母乘分母的积作分母;遇到带分数,先化成假分数再计算; 2.能约分的要先约分再计算; 3.混合运算顺序:先算乘除法,后算加减法,有括号的先算括号里面的; 4.分数乘法运算定律:乘法交换律、乘法结合律、乘法分配律; 5.结果能约分的要约成最简分数
			积与因数的关系(比较分数相乘的积与每一个乘数的大小): 1.真分数与真分数相乘,积小于任何一个乘数; 2.真分数与假分数相乘,积大于或等于真分数而小于假分数; 3.一个不为零的数乘小于1的数,积小于它本身; 4.一个不为零的数乘1,积等于这个数; 5.一个不为零的数乘大于1的数,积大于它本身
		③ 分数乘小数	意义:表示求一个小数的几分之几是多少
			计算方法: 1.可以把分数化为小数,也可以把小数化为分数,然后再相乘; 2.小数和分数的分母存在某种倍数关系可以直接"约分"; 3.混合运算顺序:先算乘除法,后算加减法,有括号的先算括号里面的; 4.分数乘法运算定律:乘法交换律、乘法结合律、乘法分配律; 5.计算结果必须是最简分数

续表

2.倒数	①界定	如果两个数的乘积是1,那么我们称其中一个数是另一个数的倒数。含义一:倒数是对两个数来说的,并不是孤立存在的;含义二:当互为倒数的两个数分别作为长方形的长和宽时,长方形的面积为1
	②知识点	1 的倒数仍是1; 0 没有倒数; 0 没有倒数,是因为 0 不能作除数
	③实例算法	折扣问题是倒数在现实生活中常见的实例,如:要求计算买一赠一打几折。思路:出一个货品的钱拿两个货品,即 1 除以 2 等于 0.5,打五折;再如:买四赠一打几折? 出四个货品的钱拿五个货品,即 4 除以 5 等于 0.8,打八折
	④求倒数的方法	把这个数的分子、分母调换位置,其中整数可以看成分母是 1 的分数
3.问题解决		解决单位"1"变化的实际问题,关键是找准单位"1"
		已知一个数量比另一个数量多或少几分之几,求这个数量的方法: 1.单位"1"量 ± 单位"1"的量 × 另一个数量比单位"1"多或少的几分之几 = 另一个数量 2.单位"1"的量 × (1 ± 另一个数量比单位"1"多或少的几分之几) = 另一个数量

说明:教材的编排结构和内容呈现只是为教学者提供一个参照,在实际操作中,教师既需要考虑课程标准的要求,也需要考虑本班学生的学习习惯和思维水平,以此为基础创造性地设计一个长程式、主题式的系列教学活动。在知识梳理专题课上,不仅要关注知识点梳理的整体性,更要关注学生思维的逻辑性、发散性和创造性,挖掘和培养深层次数学思维。

2.习题举一反三,增强迁移应用能力

复习课另一大重点就是习题训练,习题是建立在知识梳理的基础上的。教师应明确学生的掌握情况,清晰其薄弱点,根据学生的掌握情况及知识点的重要程度进行题目设计,提高题目的质量。对易错点与易混点,教师还应该进行题目的训练,增强学生的理解及掌握。为保证不同层次难度的题目都可以顺利解答,增强运用数学思维解决问题的能力,教师对同一类型的题目及结合知识点的综合题目要多加设计,而非对题目的机械练习,要举一反三,注意对学生能力的训练。让学生在举一反三练习的过程中总结规律,提高学习的效率,增加数学学习的乐趣,切忌"碎片化"的题海训练。例如,在三角形计算过程中,将一个三角形的周长和面积计算转化为两个三角形拼成的平行四边形的周长和面积计算。在数图形个数的题目中,观察增加一条线多了几个角,与原有的角的数量有什么关系。

提升学生迁移应用能力必须关注变式训练。在典型问题情境下,学生往往对条件模式很熟悉,随着问题情境的变化,常常不能敏锐地识别问题的条件模式,从而影响到信息的有效提取。因此,在应用环节教学中,应设计适当的问题来展示条件模式的各种变式,建立起各个概念和规律间的相互联系,并在最后引导学生总结公式及其适用范围,充分发挥思维定式的积极作用。

比如,在学习了平行四边形面积的计算方法之后,可以这样设置练习题:

①基本练习:求平行四边形的面积。(通过练习帮助学生熟练掌握计算公式,进一步加强理解)

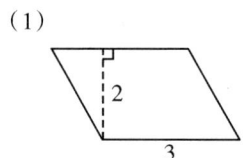
(1)

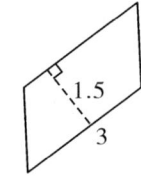
(2)

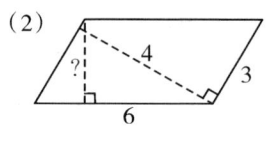

②逆用公式练习:一个平行四边形的面积为12.5平方米,底边长5米,高是多少?(培养学生逆向思维、灵活运用公式)

③综合练习:在长方形草坪上修一条小路,有如下图所示的三种方案。小路的面积(　　)。

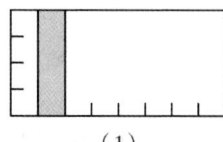
(1)

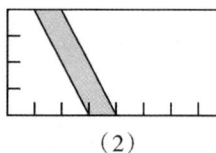
(2)

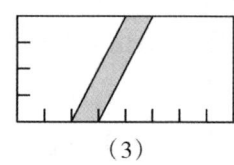
(3)

A.(1)最大　　B.(2)最大　　C.(3)最大　　D.一样大

你还能设计一条面积相等的小路吗?(让学生明白平行四边形的面积只与底和高有关,两条平行线间的距离相等,同底等高的平行四边形的面积相等)

3.增加开放性题目,强化综合思维能力

在训练题目的过程中,可以增加开放性与综合性相结合的题目,强化学生的综合思维能力。"刷题"会阻碍学生能力的提升,同时会使学生产生抵触情绪与抗拒心理,不利于对学生自主学习的引导,长期会使学生丧失学习兴趣,对数学的逻辑关系掌握是致命的。老师应避免"题海"策略,增加开放性题目,在题目设计时以提升学生的综合能力为目标,保证题目结合多个知识点;划分小组,加强组内交流,在开放性题目和综合性题目中选择一些进行小组讨论,引导学生多角度思考,利用数学知识与数学思维解决,强化自主能力。讨论前教师应让学生进行多角度讨论,找出多个解决方案,结束后鼓励学生积极主动地分享思路及解题过程,在其他同学分享时改善自己的计算过程,提高综合能力。

4. 深究知识本质,提高思维品质

思维的深刻性是追求对知识本质的深层理解与掌握,对知识本质的理解与掌握又有助于形成科学的认知结构图,科学的认知结构图有助于深度思维、批判性思考解决问题。

授课时针对较为零散的数学知识,需要进行深入解析,明确内在本质。对于大多数公式教材都会给出推理过程,教师在讲课时可以增加对背景及推理过程相关知识的讲解,调动学生的兴趣,挖掘内部本质。首先,透过追溯本质可以发现知识之间的内在联系,加强数学知识体系的建设,强化学生的理解掌握。其次,本质清晰有助于知识的学习与接收及其他知识的拓展接纳,同时可以强化数学逻辑思维与模型的建立。最后,深挖数学知识的本质,可以让学生在清晰的本质面前融会贯通,增加学习的乐趣,提高思维品质及综合素质。

第四章

小学数学教学设计案例

课时教学设计由"数面积""推理""课桌有多长""认识图形""三角形的三边关系"五个案例组成，每个案例包括课标分析、教材分析、学情分析、教学目标、教学重难点、教学过程、教学反思七个栏目。单元教学设计由"生活中的负数""分数的意义""100 以内数的认识""元、角、分"四个案例组成，每个案例包括单元内容分析、单元教学目标设计、单元学习评价设计、学生情况分析、单元学习进程设计、单元教学反思六个栏目。

案例 1 "数面积"课时教学设计

一、课标分析

2022 版课程标准中增加了一个新的核心概念——量感。量感主要是指对事物的可测量属性及大小关系的直观感知，是人体感觉器官对现实物体的长度、面积、体积、质量、速度、时间、角度等可测量属性的感觉。"量感"作为数学学习的关键能力之一，它与"数感"关系密切、相辅相成，都是形成数学抽象能力的经验基础。由于"量感"非标准化、不便直观感知、不易直接理解的特点而容易被忽视，需要教师立足单元整体教学，通过丰富的数学活动，帮助学生充分感悟量的产生、累加、比较等过程，建立科学的计量观念，促进量感的形成，为培养数学抽象能力奠定基础。

二、教材分析

人教版小学数学五年级上册第六单元"多边形的面积"以"一种图形一个教学段落"的编排方式，客观导致了知识的碎片化和学习方法的孤立性，削弱了学生获得数学研究方法的一致性和可迁移的体会。笔者在思考,在教学"多边形的面积"这一单元时,平行四边形的面积、三角形的面积、梯形的面积以及组合图形的面积计算方法之间有何联系和规律呢?

"多边形的面积"单元学习问题链进阶设计

单元主要概念	学习问题链	主要学习活动	思维型教学原理	课时建议
多边形的面积	问题一:不用公式计算,你能数出图形的面积吗?	数面积:借助方格纸,体验"数方格法"探究图形面积,理解面积意义,感受度量思想	动机激发	1课时 开启课
	问题二:平行四边形的面积怎么计算?	平行四边形面积的计算:经历运用割补法探索平行四边形面积的计算过程	认知冲突	1课时 探究课
	问题三:三角形和梯形的面积如何计算?	三角形和梯形面积的计算:探索面积计算方法,进一步感受"倍拼法"		1课时 探究课
	问题四:面积公式还有别的推导方法吗?	探索多种方法推导三角形和梯形面积的公式,感受解决问题策略的多样性	自主构建	1课时 拓展课
	问题五:哪些面积公式之间有联系?	有联系的面积公式:探究多边形面积计算方法间的关系,感受数学方法的一致性	自我监控	1课时 关联课
	问题六:组合图形的面积怎么计算?	运用分割法和添补法计算组合图形的面积,体会解决问题策略与方法的多样性	应用迁移	1课时 探究课
	问题七:不规则图形的面积怎么计算?	不规则图形的面积:借助方格纸,用"分类数"和"转化算"的方法估算不规则图形的面积		1课时 探究课
	问题八:多少面积的叶子能提供一个成人的氧气需要?	设计课堂:经历提出设想、制订方案、实施与调整方案、反思评价过程		1课时 跨学科实践

在"多边形的面积"这一大单元主题下,依据问题链式的梳理方法,笔者将

本单元核心概念定为：面积即面积单位的累加。

为此，笔者对比了多个版本的教材，发现"数方格"是研究图形面积的起点。学生借助方格纸"数"图形面积，既能加深对面积及面积单位的本质理解，又能在自主探究图形面积的转化中，培养空间观念，理解转化策略，积累数学基本活动经验。

三、学情分析

在人们的既定印象中，长度、体积等都是可以度量的，比如用尺子、量筒、烧杯等工具，但是大家对于度量面积的经验很少，很多学生都会直觉认为面积就是计算出来的。但其实面积也是可以度量的，只是面积的度量工具和度量方式是"面积单位"，大家对它的印象不够深刻。由于小学中低段以形象思维为主，我们希望通过"数面积"这一课，加深学生对度量本质的理解，深化面积单位的度量经验，打通面积单位与面积公式的联系，帮助学生顺利从形象思维过渡到抽象思维。

基于此，我们设计了"数面积"这一课，并将本节课的核心概念定位于"面积是面积单位的累加"，让学生借助方格纸"数"图形的面积，先从长方形的面积推导过程引入，突出"面积是用面积单位数出来的"，再将平行四边形、三角形、梯形等图形的面积计算整体呈现给学生，启发学生以方格纸为支架，自主进行类比、迁移，实现计算方法的转化，加深学生对面积及面积单位的本质理解，从而打破"面积是算出来的"这个惯性认知，突出"面积是度量出来的"的本质，为学生后续在五年级上册"多边形的面积"这一单元继续学习平行四边形、三角形、梯形的面积公式做铺垫。

四、教学目标

1. 运用割补法和倍拼法，在方格纸上"数"出平行四边形、三角形、梯形的面积，理解面积即面积单位的累加，感悟度量思想。

2. 在数学活动中体会转化、推理、数形结合等数学思想，培养学生初步的观察、推理、分析、概括等思维能力。

3. 经历观察、操作、交流等活动，初步掌握把未知图形转化为已知图形的方法，培养问题意识、空间观念和推理意识。

4.积累"数面积"的数学活动经验,提升面积的量感,感受数学知识与生活的密切联系。

五、教学重难点

教学重点:理解并运用转化法、割补法,计算平行四边形、三角形和长方形的面积,渗透面积计算公式背后的原理。

教学难点:理解面积即面积单位的累加。

六、教学过程

(一)借助面积单位,唤醒度量经验

激学导思:经验估测,感悟累加。

同学们,今天老师给你们每一个人都准备了一份礼物(一枚邮票),请你估计一下,这枚邮票的面积大约是多少呢?

(提供学生 1 cm² 的面积单位若干,作为测量工具。)

预设1:我的拇指指甲盖的大小大概是 1 cm²,这里大概有 4 个指甲盖的大小,所以是 4 cm²。

这样的 1 个小方块代表 1 cm²,也叫作 1 个面积单位。请你试着用面积单位量一量,邮票的面积大约是多少?

预设2:有 9 个小方格,也就是有 9 cm²。

小结:面积单位就像一把测量面积的尺子,我们可以根据不同的面积大小,选择合适的面积单位。今天,让我们继续走进面积的世界。

【设计意图】通过回忆面积度量,引发学生对"面积单位"意义的理解,同时教师以真实情境中的"邮票面积"引入,唤醒学生在三年级时积累的经验,引导学生理解"有几个小方格,就有几个这样的面积单位,面积就是几"。借助面积单位累加的过程,为后续的研究打通思路。

(二)提出探究问题,突出度量本质

1.疑学问思:回顾面积,引发冲突。

借助方格纸,沟通长方形的长、宽与每行面积单位个数与行数之间的对应关系。

追问1:长方形的面积怎么测量?

追问2:长方形中的5 cm和3 cm表示什么意思?

追问3:为什么用"长×宽"可以算出长方形的面积?

预设1:因为长表示一行可以摆几个小方格,宽表示可以摆几行,相乘就表示一共可以摆几个小方格,也就是长方形的面积。(结合PPT)

小结:所以长方形的面积公式其实就是在数面积单位的个数。

【设计意图】结构化的学习应该让学生见微知著,建立整体视角。关注知识之间的关联和背后的原理,对教材前后知识进行勾连和整合,让学生知其然的同时,更知其所以然。沟通长方形面积计算公式与每行面积单位个数和行数之间的对应关系,让学生明晰二者之间的本质关联——长方形的面积公式就是在数面积单位的个数,从而让学生走向"面积即面积单位的累加"的度量本质,并将方法迁移到其他图形中。

2. 自学独思:问题驱动,自主探究。

学习任务:每个▢的面积是1 cm², 你能数出其他图形的面积吗?

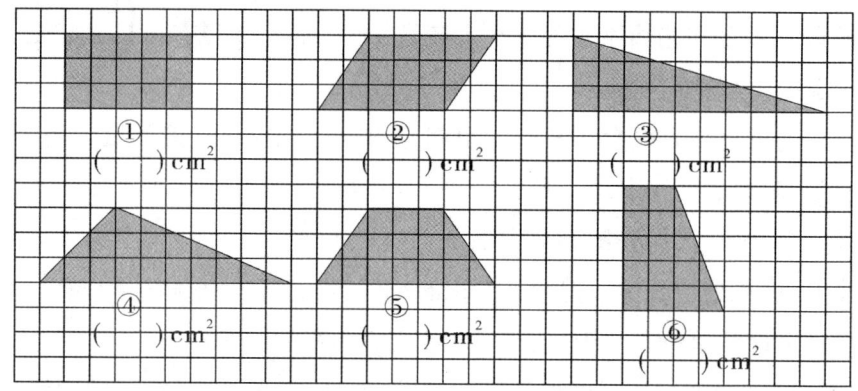

活动要求:

①数一数其他图形的小方格个数;②画一画你的思考过程;

③说一说怎样数得又对又快;④评一评小组内的方法并填写互评单。

3. 组学辨思:思维互动,分享交流。

汇报一:平行四边形的面积。

预设1:将平行四边形左边多出来的三角形平移到右边,这样就是一个长方形了,5×3=15,也就是15 cm²。

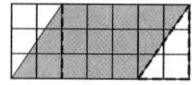

汇报二：三角形的面积。

预设1：把这个三角形补成一个长方形，再数出这个长方形的面积后除以2。

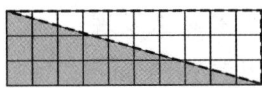

预设2：我是选择切割了其中的小三角形，刚好补到另一端，这样就变成了一个长方形，再用 $3×5=15$，算出来也是 15 cm²。

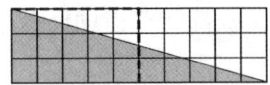

预设3：我先把三角形分割成两个部分，再各自拼两个一样的三角形，这样就变成了长方形，算出长方形面积后除以2，就得到了三角形的面积。

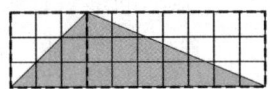

结合图形，引导学生理解并表达算式中"÷2"的具体含义，同时适当呈现多种算法，渗透面积公式中各部分的含义。

汇报三：梯形的面积。

预设1：我是从梯形的左边切割了一个直角三角形，翻转后补到右边，这样就变成了一个完整的长方形，所以面积是 $5×3=15$（cm²）。

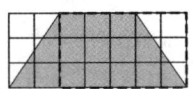

预设2：我是先补了一个一样的直角梯形，翻转后补到最右边，就变成了长方形，每行有6格，有5行，所以 $6×5÷2=15$（cm²）。

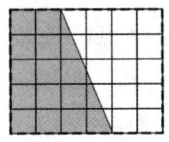

（指着第二个梯形）追问：为什么要画2格？你画的长度和谁一样长？

预设3：我想画2格，我画的长度和梯形的上底一样长。

追问1：这里的6表示什么？这里的5表示什么？

预设4：6表示上底加下底的和，5表示梯形的高。

小结：在没有学习面积公式的情况下，同学们已经能够独立探索并计算出这些图形的面积，太了不起了！

4. 展学反思：归纳统整，走向本质。

回顾整个数面积的过程，你有什么发现？

预设1：我发现它们的面积都是15 cm²。

预设2：我发现这些图形都转化成了长方形。

追问1：为什么要选择转化成长方形呢？

追问2：既然这些图形的面积都能够借助面积单位数出来，为什么之后还要学习面积公式呢？

小结：用数面积的方法，每次都要转化成长方形后再计算，不如面积公式来得方便，所以说"面积公式是计算面积单位个数的简便方法"。

【设计意图】明确要求，以任务驱动的形式促使学生积极自主探究，激发学生的学习内驱力，让学生借助方格纸，通过割补、倍拼等方式，将新图形转化成长方形，并运用推理数出新图形的面积，感受图形之间变与不变的辩证关系，主动深入知识本质进行研究学习。在反馈过程中既注重公式的渗透，又注重方法之间的比较沟通，让学生体验"面积计算公式是一种简便的数法"。

（三）联系生活实际，延伸度量体验

通过刚刚的研究，我们运用数学知识数出了图形的面积，其实许多生活问题也要运用数学知识来解决。

1. 拓学创思：逆向推导，灵活应用。

某快递驿站需要在"双十一"期间为社区内的居民派送快递，已知该社区的占地面积是6公顷，驿站的工作人员准备在图上画出这个社区的平面图（即以A、B、C、D为四个顶点的四边形），目前已经确定好了A、B、C三个点，如果每个方格表示1公顷，你能帮他们确定D点的位置吗？你能找出几处？

2. 展学反思：全面思考，交流分析。

预设1：我找到了4处。除了开始找到的（D_1、D_2）两处以外，我以A、B、C为顶点，先确定了一个面积是2公顷的三角形，再分别以AB和BC为边，找到了一个面积是8公顷的长方形，它面积的一

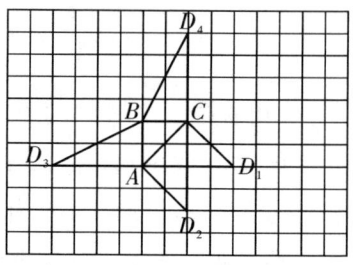

半是 4 公顷,2 加 4 等于 6,于是确定了另外两个 D 点的位置(D_3、D_4)。

【设计意图】笔者以时下热门的"双十一"购物为背景,引入"快递驿站的快递员派送快递"这个真实情境,让学生解决现实生活中的数学问题。同时,以逆向思维方式,让学生"已知面积求定点",学生通过假设、推理、迁移等方式,对 D 点可能的位置进行发散性思考。让学生真正从"知识学习"走向"知识应用",激发学生的积极思维和探索精神。

3. 全课小结:反思总结,完整建构。

同学们,今天的学习,你们有什么收获吗?

师生交流,教师引导并总结:面积是通过一个个面积单位数出来的,而面积公式则是数面积单位个数的简便方法。

七、教学反思

1. 立足学科本位,引导学生从"机械识记"走向"深刻理解"。

本单元的核心概念是"面积的本质是面积单位的累加"。学生对面积的认识和学习在三年级,时隔两年,不少学生对面积的认识停留在"面积即封闭图形表面的大小"和对长方形、正方形的面积公式的机械记忆和计算上。因此,这次面积的教学,需要帮助学生重建面积的本质,从回顾长方形的面积计算入手,提问学生"为什么用'长×宽'可以算出长方形的面积",进而帮助学生对面积的本质理解——面积单位的累加,再借由公式理解长方形面积计算的知识本体:长方形的面积 = 一行面积单位的个数 × 行数。有了对面积的本质深刻理解,学生才可以将以往的活动经验迁移运用到其他图形面积的研究过程中,为后续的自主探究做铺垫。

2. 立足课堂实践,引导学生从"零散"走向"统整"。

在数面积的过程中,学生充分经历"疑学—自学—组学—展学"的过程,主动关联旧知,自主探究新问题。学生之间交流碰撞、互相启发可以使解决问题的方法呈现多样化和个性化。课堂中不同转化方法的碰撞,启发了学生的思考,让学生发现"这些新图形都能够转化成长方形进行计算",从而让学生在思想方法层面体会"将未知转化成已知"的解决思路。

基于上一环节对面积本质的理解,笔者适时地追问"既然面积能数出来,为什么要学习面积公式",引导学生体悟面积的计算本可以通过面积单位逐一数出,但引入面积公式的计算无疑能大大减轻数数的负担,达到快速、高效、准确的目的,从而破解学生"为什么学"的瓶颈,促使学生将学习的缘由转化为学习的动力,提升学生的数学素养。

3. 立足学生学情,引导学生从"学习"走向"应用"。

生活是最好的学习经验,在教学中立足学生学情,充分调动学生的生活经验,将其与数学知识紧密结合,实现经验与知识的迁移,突破教学难点。笔者以时下"双十一"购物为背景,将"快递驿站的快递员派送快递"引入问题情境,富有现实性和时代性。已知面积求定点,不仅能考查学生思维的逆向性,更能考查学生思维的严谨性。笔者通过问题,暗示学生需要全面思考解决问题,在真实的教学中,学生以"两个相同的三角形能够拼成一个长方形"为抓手,找到多个符合要求的 D 点,甚至以"同底等高的三角形面积相等"为依据,证明了 D 点有无数个的结论,再次将面积的认识推向了一个新的高度。

纵观本课,从度量本质入手,围绕度量的两个要素——"面积单位"和"数面积单位的个数",设计"数方格"的活动,让学生在探索图形面积的过程中,感受和运用转化的方法和度量的思想,完成了长方形、正方形、平行四边形、三角形和梯形面积计算方法的"知识覆盖",体悟了学习内容之间、数学研究方法之间的一致性和可迁移性,实现了用少而精的观念达成对数学学科的深度理解。

(杭州市钱塘区汪志华名师工作室 何婉莹)

案例2 "推理"课时教学设计

一、课标分析

数学是人们生活和劳动必不可少的工具,数学学习能提高人的推理和抽象能力,逻辑推理是生活和科研中很重要的知识,人们从事学习、科研、经济和法律活动(如侦破、审理案件等)都要用到"推理"。推理是数学的基本思维方式,其发展和运用贯穿在整个数学学习过程中。2022版课程标准指出,推理意识有助于养成讲道理、有条理的思维习惯,增强交流能力,是形成推理能力的经验基础。因此,培养推理意识具有重要的育人价值。

二、教材分析

本单元是人教版教材第一次专门设置"推理"内容进行教学,第一次明确提出"推理"的含义。本单元有两个例题，例1将内容设置成生动有趣的数学活动，通过"猜不同学生分别拿的是什么书"，让学生经历推理过程、积累推理经验，进一步掌握的推理含义和推理方法。例2则是让学生通过观察、分析、尝试、调整等活动，利用推理解决一些简单游戏中的数学问题，从而经历稍复杂的推理过程，学会按一定的方法进行推理，进一步体验推理的作用。

本单元内容结构如下图：

推理 { 理解逻辑推理的含义（例1） / 用逻辑推理解决问题（例2）

三、学情分析

从学情来看，二年级学生对于"推理"含义的理解并不难，但是难在"如何用简洁准确的语言有条理地表达推理过程"，所以推理过程的叙述、推理方法的总结归纳是本节课的难点，也是本节课的教学价值。

四、教学目标

1. 通过观察、猜测等活动，让学生经历简单的推理过程，感受推理的含义，初步获得简单推理的经验。

2. 借助语言、连线、列表、描述等方式，掌握有序的推理方法，能有依据、有条理地表达推理过程，培养学生逻辑思维能力、语言表达能力、问题解决能力和创新实践能力。

3. 培养学生初步有序、全面地思考问题的意识，发展推理意识、应用意识等数学核心素养。

五、教学重难点

教学重点：经历简单的推理过程，初步获得简单的推理经验。

教学难点：有依据、有条理地表达推理过程。

六、教学过程

（一）问题引入，初步断言

出示课题：数学广角——推理。同学们，你们知道"推理"吗？你们觉得什么是"推理"？

【设计意图】通过教师和学生的互动,激发学习动机,促进积极思维。教师一开始就列出本节课对话的内容"推理",通过提问"什么是推理",让学生用自己的语言表达含义,教师及时板书,形成对推理最初的"非终结性断言"。

(二)创设情境,激趣引思

1.游戏激趣:杨老师带来一个小礼物,藏在下面其中一个盒子里。

(1)你知道小礼物藏在哪个盒子里吗?(学生只能猜测答案,不能确定)

(2)给出信息:右边的盒子说"礼物不在我这里"。现在能确定答案吗?

(3)揭晓答案,验证推理结果是否正确。

2.刚才的小游戏其实就用到"推理"过程,现在谁能再说一说,什么是推理?

3.教师介绍:像这样,根据信息、有依据地推出确定的结果,数学上叫推理。

【设计意图】教师通过提供"猜礼物在哪个盒子里"的小游戏,唤起学生对"推理"已有的生活经验,经历推理的过程,从而对"推理"的初步断言进一步修订。

(三)批判质疑,对话探究

出示不完整的例1:有《语文》《数学》《道德与法治》三本书,下面三人各拿一本,小刚拿的是什么书?小雪呢?

(注:本课的例题、图片来自人教版二年级下册教材)

1.摘录信息,搭建推理框架。

(1)理解题意:题目告诉了什么?问题是什么?"三人各拿一本"是什么意思?

(2)现在你们能推理出答案吗?为什么不能?(需要信息和依据)

(3)补充信息、尝试推理。

补充信息:小雨说:"我拿的是语文书。"小雪说:"我拿的不是数学书。"形成完整的例1。

【例1】有《语文》《数学》《道德与法治》三本书,下面三人各拿一本。小刚拿的是什么书?小雪呢?

请大家独立思考,把思考过程记录在学习单上,并组内交流。

2. 汇报交流、层层推进,获得推理经验。

(1)对话一:关注"准确性"。

(2)教师首先展示最常见的"不够严谨"的表达,引导学生进行对话交流、批判质疑,学会有依据、有条理地表达,体会"语言的描述要准确、严谨"。

对话二:关注"多样性"。

学生学会"有依据、有条理地表达"后,教师进一步引导:"有没有更简洁的表达方式,让人一眼就能看清楚呢?"引发第二次对话,让学生依次介绍其他表达形式,强化推理经验、丰富推理策略、拓展推理思路,感受推理形式的多样、简洁、清晰。

3. 比较辨析,感悟推理本质。

(1)这些方法不同,但为什么都是"先确定小雨"?

(2)小结:推理的时候,要先确定能确定的,再一步一步进行推理。

【设计意图】通过提供学习材料(例1),学生们自主探究、合作交流、深度感知。随后在教师的组织下,通过师生对话、生生对话,明确和完善"推理"的方法和本质,在这个过程中,形成了"明线+暗线"两线并行的情形。

"明线"是"解决问题的过程":

明线——**解决问题**的过程 → 理解题意 → 分析解答 → 回顾与反思

对应的"暗线"是"推理的过程":

暗线——**推理**的过程 → 积累推理经验 → 丰富推理策略 → 感悟推理本质

"暗线"体现了"积累推理经验(有依据、有条理地表达,语言准确严谨)、丰富推理策略(表达形式可以更简洁、多样)、感悟推理本质(有序思考:先确定能确定的、再进行下一步推理)"三个层次。

同时这一环节也体现了我校"对话教学"模型和"批判性思维"特色,通过师生对话、生生对话,运用批判性思维六项基本技能,突出批判性思维的三个特点。

| 师生对话 | 对话教学 | 批判性思维 | 六项基本技能 | (解释、分析、评估、推论、说明、自我校准) |
| 生生对话 | | | 三个思维特点 | (准确、清晰、有序) |

(四)分层练习,深化迁移

1. 基本练习:学生独立完成教材第106~107页做一做的第1、2题。

(1)有三只颜色不同的狗。黑色的狗是最轻的,白色的狗比浅黄色的狗重。在横线上写出它们的颜色。

7千克　　　　　　5千克　　　　　　9千克

(2)有三名学生分别来自二(1)、二(2)、二(3)班。其中,小伟不是二(3)班的,小雨下课后去找二(1)班的小东玩。小伟和小雨分别是几班的?

2. 拓展练习:教材第108页第3题及下面的思考题。

(1)小雨、小东、小松三人进行跳绳比赛。小松说:"我不是最后一名。"小东说:"我也不是最后一名,但是小松的成绩比我好。"他们各得了第几名?

(2)思考题:有甲、乙、丙三人,一个是语文老师,一个是数学老师,一个是体育老师。甲和乙经常跟体育老师学打羽毛球,乙带学生去找数学老师辅导数学。甲、乙、丙分别是什么老师?

3. 综合练习:我是小侦探。

小偷藏在一家有5个房间的宾馆里。目击者反映小偷的特征是:男,20多岁,身高一米八左右。

服务员说:1号、5号房间住的都是男的;2号房间住的是个20来岁的姑娘;3号房间住的人身高一米六左右;4号房间住的人有30岁,是1号房间的妹妹。你能推理出几号房间住的是小偷吗?

【设计意图】练习环节分为基本练习、拓展练习、综合练习三个层次,体现了"层层递进、应用迁移"的特点,鼓励学生将所学知识迁移到实际生活情境中,解决实际问题,并在这个过程中,形成学生之间互相促进、相互合作的态度,鼓励积极探索、不断创新的精神。

(五)总结延伸,反思提升

1. 总结全课:今天这节课你有哪些收获?

2. 评价反思:提供评价表,学生自评、组内互评、教师评价结合。

3. 联系生活:生活中哪些地方用到了推理?

4. 应用延伸:古人智慧推理小故事《王戎识李》。

【设计意图】通过总结"今天这节课有哪些收获?"引导学生反思,巩固推理的基本思想方法;并通过提问"生活中哪些地方用到了推理"将数学知识延伸到现实生活,学生不仅体会到"生活中处处有数学",更能深刻感受到"学好推理"的重要性,提升了科学素养和人文情怀。同时也鼓励学生课后持续论证,寻求更多与"推理"有关的知识。

七、教学反思

"推理"是数学的基本思维方式,在信息飞速发展、需要辨别真伪、发展创新能力的今天,发展推理意识具有重要的育人价值。因此,"数学广角——推理"的教学对于培养学生的思维能力、表达能力具有重要的意义。为了达成学习目标、渗透科学家素养,在教学实践中我们运用了以下策略:

1. 运用前测导学,提升探究能力。

如前所述,学生在这节课之前,在生活和学习中已经积累了初步的推理经验,为了更准确地掌握学生学情、把握最近发展区、提升探究能力,我在课前采用了问卷调查进行前测分析,了解学生的学习起点、引导有效探究。以下是前测单:

前测单

1. 有《语文》《数学》《道德与法治》三本书,三人各拿一本,小刚拿的是什么书?小雪呢?

写一写,画一画,用你喜欢的方式把思考过程表示出来:

2. 有三只颜色不同的狗。黑色的狗是最轻的,白色的狗比浅黄色的狗重。在横线上写出它们的颜色。

3. 有三名学生分别来自二(1)、二(2)、二(3)班。其中,小伟不是二(3)班的,小雨下课后去找二(1)班的小东玩。小伟和小雨分别是几班的?

4. 小雨、小东、小松三人进行跳绳比赛。小松说:"我不是最后一名。"小东说:"我也不是最后一名,但是小松的成绩比我好。"他们各得了第几名?

前测题选取了四道推理题,难度与例题和课后练习相当,其中第一题特别要求学生把解题的思考过程表达出来。分析结果发现:虽然第1题的答案正确率高达96.2%,但是能较为清晰地写出思考过程的学生只占54.7%,近一半的学生存在"不会表达推理过程、语言不严谨"等现象,这说明学生对推理不难理解,但是难在如何表达思考过程、表达推理顺序,所以我将"有依据、有条理地表达推理过程"作为学习目标,引导学生有针对性地探究。

在教学中,我通过"解决问题的准确性"和"解决方案的多样性"来突破这个重难点,除了有条理地语言描述,还引导学生采用多种方式诸如连线法、表格法等表达推理过程,体现了大胆探究、灵活创新的思维品质。

此外,前测中我还发现一个有趣的现象:四道题的正确率分别为第1题96.2%,第2题90.6%,第3题94.3%,第4题84.9%。可以看出,第2题反而比第3题正确率低,第4题正确率最低。为什么会有这个现象呢?通过与学生面对面访谈,我了解到:学生思维的第一步往往是"最先确定什么",如果题目直接给了确定信息(如第1题和第3题),学生就很容易做对;但如果题目没有给出直接信息,而是给出了隐藏信息(如第2题)或间接信息(如第4题),部分学生就会不知如何入手,需要引导和启发,所以在推理时,"先确定什么"是有序思考的第一步,也是掌握推理方法的关键。

在教学中,我通过"解决方案的共同点"来探究这个关键,通过提问"这些方法都不同,为什么都是先确定小雨?"引导学生发现:要先确定能确定的信息,再一步一步有序推理。从而提炼思想、总结归纳,让学生掌握有序推理的方法,这样不仅落实了学习目标,也培养了学生深入探究、认真思辨的品质。

2.运用深度对话,培养思辨能力。

"对话"是课堂的基本交流方式,也是学生思辨、质疑、探究等思维方式的直接体现。本节课中,我们多次开展深度对话,通过自我对话、生生对话、师生对话等,引导学生充分地合作交流、批判质疑、审辨求真、深度感知,将生活经验"数学化",形成完善有序的推理方法,培养思辨能力,实现思维进阶。

(1)教师关注"解决方案的准确性",通过展示学生最常见的"不够严谨"的推理表达(图1),鼓励学生大胆批判质疑、生生对话,在思维的碰撞中感受到推理需要有依据、有条理的严谨表达,体会"准确性"(图2)。

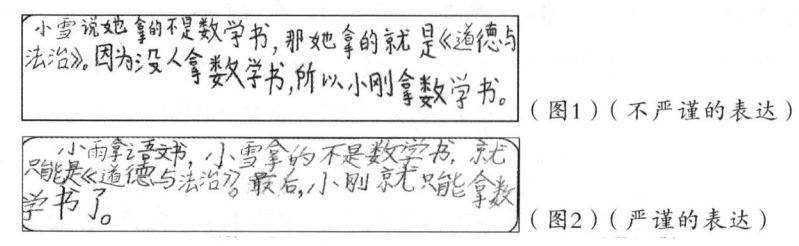

(图1)(不严谨的表达)

(图2)(严谨的表达)

(2)教师关注"解决方案的多样性",鼓励学生开拓思维、大胆创新,学生依次介绍了连线法、表格法等解决方案,强化推理经验、丰富推理策略、拓展推理思路,感受推理形式的多样、简洁、清晰,发展了会探究、活运用、善创新的笃行善创能力。

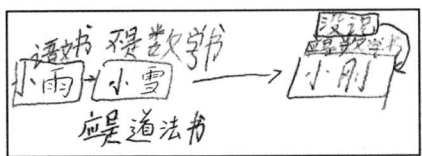
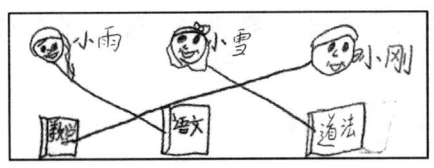
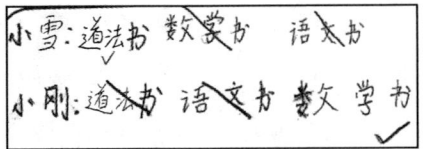

（3）教师引导学生关注"解决方案的共同点"，通过辨析"为什么这些方法都是先确定小雨"引导学生归纳推理的基本方法——先确定能确定的，再推理下一步，提炼思想、总结方法，培养有序思考的意识。

（4）教师引导学生关注"解决方案的最优化"，引导组内修订、方法内化，形成最优化的解决方案。

这一环节的深度对话，运用批判性思维的六项基本技能，突出批判性思维"准确、清晰、有序"的三个特点。同时，通过深度对话，一步步实现思维进阶和思辨提升，让学生的思维层层推进、逐步完善，从不系统的、有缺陷的个人解决方案，逐步形成若干成熟解决方案的合集，发展学生的逻辑思维和创新实践能力。

3. 运用模型建构，增强应用意识。

本节课引导学生掌握了"先确定能确定的、再有序思考下一步"的推理方法，建构了推理模型，这种模型能够让学生举一反三、广泛应用，不仅可以应用到本节课教学的"三种情况的推理"，还可以进一步迁移到四种情况的推理、更多种情况的推理；不仅能解决本节课的学习，还能持续探究，让学生有能力、有兴趣探索解决本节课以外的知识，思考更广阔、更深刻的数学内容，如练习环节的"小侦探"、生活中的警察破案、"王戎识李"故事。因此，本节课运用模型建构，增强了学生的应用意识，鼓励他们用学过的知识方法解决简单的实际问题，养成理论联系实际的习惯，发展实践能力，感悟数学应用的普遍性，体现广实践、乐探究、活运用等未来科学家素养。

（华中科技大学附属小学　杨帆）

案例3 "课桌有多长"课时教学设计

一、课标分析

2022版课程标准将"图形的认识"与"测量"进行了结构化整合,体现了学习内容的整体性和一致性,反映了几何图形的学科本质。根据2022版课程标准,"课桌有多长"相关知识属于"图形与几何"内容领域。归于第一学段,该学段要求结合生活实际,体会建立统一度量单位的重要性,认识长度单位米、厘米。能估测一些物体的长度,并进行测量。在图形认识与测量的过程中,形成初步的空间观念和量感。在小学阶段,度量内容贯穿始终,二年级主要是长度单位的度量,是感悟度量本质的基石。度量的本质是统一单位的累加与细分及度量对象包含多少个度量单位。在理解度量意义中发展量感,在实践操作中发展量感,在估测活动中发展量感是形成"量感"的主要途径,为确保测量结果的准确,需要选择合适的单位和方法。对于一维度量单位的学习,"厘米的认识"是学生认识长度单位的开始,分米和米是通过厘米累加得到的,毫米是通过厘米细分得到的,所以厘米起着非常重要的承重墙的作用。

二、教材分析

学习本节课前,学生在一年级上册学过比长短,已经对长、短的概念有了初步的认识,并会直观比较一些物体的长短。通过测量教室有多长,学生经历用不同方式测量教室长度的过程,积累测量活动经验。本节课主要让学生通过建立1厘米的表象理解度量的本质,其本质是看被测物体包含几个1厘米,能比较准确地描述一个物体究竟有多长。本节课是今后学习其他长度单位和有关测量问题的基础,也是学生建立长度量感的基础。因此,本节课定位于如何在度量教学的过程中培养学生的"量感"。

我们来看看教材是如何帮助学生理解度量本质、积累测量经验的?三个版本的教材(苏教版、人教版、北师大版)都是让学生经历非标准单位到统一标准单位的过程,具体设计有如下四个特点:

（1）体会建立统一度量单位的必要性。让学生经历非标准单位测量到标准单位测量的过程。

（2）感悟度量结果就是单位累加得到的。

（3）在操作、想象、对比等活动中,帮助学生建立厘米和米的表象。

（4）在实践活动中培养学生的估测意识,发展量感。

先学习厘米,再学习米,最后运用测量解决问题,这是教材的整体结构。

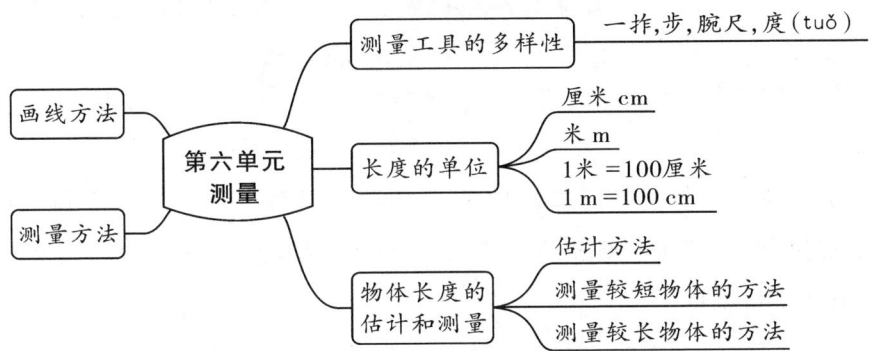

基于度量本质、学习目标,我提炼出了本单元最为核心的五个问题:

1．如何测量物体的长度？

2．如何让测量结果交流起来更方便？

3．为什么发明尺子？

4．如何用尺子进行测量？

5．如何选择合适的单位、工具和方法使测量更准确？

工具和方法使测量更准确。问题1和5是由教师提出的问题,而问题2、3、4是我们鼓励学生基于好奇提出的问题。

通过调研,我们发现学生有能力提出这些核心问题,我设计了本节课的教学过程。这些过程都是如何解决测量物体的长度的？如何让测量结果交流起来更方便？如何选择合适的单位、工具和方法使测量更准确？结合这三个问题,对(课桌有多长)进行教学分享。

三、学情分析

为了更好地把握教学起点,设计有效的教学过程,我对学生进行了数据调研,目的是看学生对单位累加的理解情况,学生在前面学习"教室有多长"的基础上量感的建立情况,并根据调研意图设计调研题目。

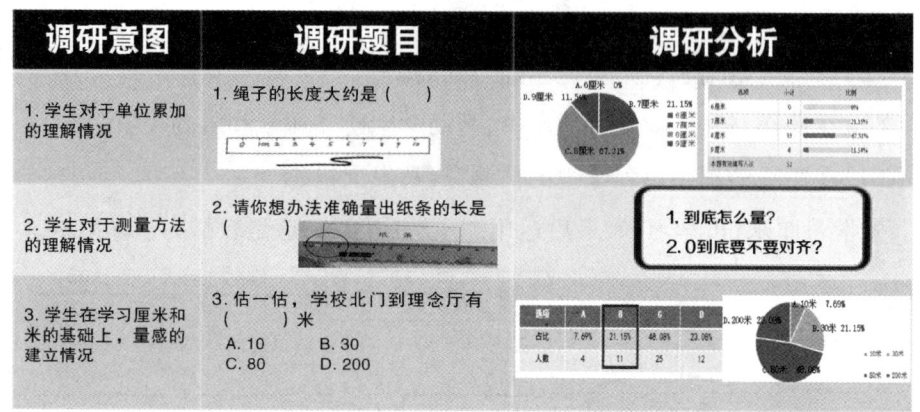

在估计绳子的长度时,有 53.2% 的学生回答正确,有了长度及单位累加的经验,其他同学理解地不够好,所以我们本单元会持续关注和培养学生的度量意识,渗透度量思想。

第 2 题是当没有完整的刻度尺时,想办法准确量出纸条的长度。有 52% 的学生能够正确测量出结果,有 48% 的学生不能正确测量出结果,表现为被测物体不能与直尺的零刻度对齐,有两种典型的问题:第一种是直尺的一端与纸条对齐;第二种是从 1 cm 开始测量,纸条另一端与几对齐就说成是几厘米。从这些错误我们不难发现,既有学生对测量方法的不明确,又有学生对度量本质的不理解。

第 3 题,估计学校北门到理念厅有多少米时,学生苦恼的问题是参照物,从而建立量感。在教学过程中,我们要重点关注和培养学生对度量本质的理解,对测量经验的积累。

通过调研发现:对于厘米多数孩子感到陌生,长度测量对孩子来说好像并不遥远,但是具体如何操作、结果如何表达还处于模糊状态。因此厘米的长度表象建立极其重要,正确的测量方法以及结果的描述都应该是本节课的关注点。二年级学生的认知发展处于以具体形象感知为主的阶段,量感的培养主要由学生通过感官进行感知和比较,如通过观察操作和比较等活动而获得,也就是要让学生经历感性认识阶段。

四、教学目标

1. 在测量活动中让学生了解测量方法的多样性,经历用不同方式测量物体长度的过程,体会建立统一度量单位的重要性。

2. 让学生在实践活动中认识单位厘米,建立1厘米的实际长度表象,培养学生量感及空间观念。

3. 让学生初步学会用刻度尺测量长度(限整厘米),能估测一些物体的长度,能选择恰当的单位表示物体的长度。

4. 在实际活动中体会测量长度在日常生活中的重要意义,激发学习的兴趣,发展观察、操作的能力。

五、教学重难点

教学重点:认识长度单位"厘米"。

教学难点:能正确地用直尺测量物体的长度。

六、教学过程

(一)创设情境,体会建立统一度量单位的重要性

1. 再次经历用不同方式测量同一物体的长度。

导语:同学们,昨天后勤部的程老师让我帮他一个忙,我们一起来看看。

PPT视频:

程老师:侯老师,我是后勤部的程老师,我要给咱们学校新添置几张课桌,麻烦你帮我量一下,教室的课桌有多长?

侯老师:好的。

师:同学们已经学过了如何测量教室的长度,今天就用学到的知识,同桌合作,帮程老师量一下课桌的长度,好吗?

【设计意图】"度量单位"的多样性和统一性反映了人类测量活动的发生、发展历程,在测量中选择合适的"度量单位"是关键,反映了测量的本质。

教材在引出长度单位之前,让学生再次经历用不同方式测量课桌的活动,由于已经有了上一节课"教室有多长"的活动经验,学生已经体会到测量方式、测量工具的多样性,因此这时就非常容易出现知识"负迁移",也就是会产生认知冲突。同样的课桌,为什么测量出的结果却不一样呢?这种"负迁移"正是这节课的思维生长点。

本环节有两个层次：一是借助"后勤部程老师要采购课桌，需要测量已有课桌的长度"这一生活情境，让学生体会到数学来源于生活，感受数学的应用价值；二是组织学生进行实际的测量活动，让学生在动手操作中增进对数学知识、数学思想的理解和感悟。

2.感受统一标准的必要性（统一的标准）。

问：你们的测量结果是多少？（9拃长、3个文具盒长、4本数学书长……）

质疑：同样的课桌，测量出来的结果不一样，如何让测量结果交流起来更方便？

小结：看来，要想让测量结果一样，在测量时就要用同样长的工具，也就是要有"统一的标准"。

【设计意图】这个环节只要学生能体会到"只有用同样长的工具测量，测量结果才会一样"就可以了，虽然学生还不认识长度单位，但学生对标准已经有了感知，对标准产生的必要性有了体会。

3.认识长度单位——厘米。

师：今天我们就来认识一个国际上通用，也是生活中常用的测量长度的标准——厘米。

（板书：认识厘米）

师：因为是国际上通用，它还有一个名字叫作cm，是英文centimetre的缩写，厘米是用来测量长度的，所以也叫作"长度单位"。

【设计意图】所有计量单位本身都是一种规定，"数学规定"的教学是不需要启发和研究的，比如为什么叫厘米？为什么1厘米是这么长？这些探讨没有意义。在小学数学教学中，老师要区别开什么材料值得启发、什么材料只需要识记，这十分重要。

(二)探索新知，合作学习

1.认识"尺"。

问：你们在哪里见过厘米？厘米这个长度单位就在尺子上，拿出自己的尺子，同桌合作观察，有什么共同点？

首先找到0刻度线，从0到1有一个大格，每个大格有10个小格。

【设计意图】二年级的学生虽然对尺子并不陌生,但他们大多数情况是用尺子画直线,并没有深入认识尺子的原理,这个环节就是让学生有仪式感地认识尺子,发现款式不同的尺子有相同的特点,都有刻度、刻度线、一大格、0刻度线等信息,为后续使用尺子做好铺垫。

2. 体会1厘米的实际意义。

(1)比一比,初步感知1厘米的长度。

师:你们猜一下,尺子上从哪儿到哪儿是1厘米长?

明确:从刻度0到刻度1之间的长度是1厘米。

(2)捏一捏,第二次感知1厘米的长度。

师:学具盒里有一个1厘米长的小棒,在尺子上比一比。

师:像这样轻轻捏住,再把它慢慢地抽出来,1厘米还在吗?

(两根手指之间的缝隙长1厘米。)

师:(玩游戏)用左手比画出1厘米,再用右手比画出1厘米……

(3)看一看,第三次感知1厘米的长度。

师:尺子上还有哪段也是1厘米长?

明确:尺子上每一大格的长度都是1厘米。

(4)找一找,第四次感知1厘米的长度。

师:回忆生活中哪些物体的长度或者宽度大约是1厘米;找一找身体上、课桌上、教室里物体的长度或者宽度大约是1厘米。可以离开座位找一找。

【设计意图】厘米是最基本的长度单位,对它的认识需要有丰富的现实材料做支撑,所以帮助学生建立1厘米表象这个环节分为四个层次来完成:一是借助尺子认识标准的1厘米,用两根手指卡出1厘米的长度,让尺子上的"静态"1厘米变得"鲜活"起来。二是借助小棒,通过"抽出来""放进去"这样一些有趣的活动,让"鲜活"的1厘米变得"生动"起来。三是再次观察尺子上还有哪段的长度也是1厘米,由"动态"再回到"静态",发现尺子的构造其实是由多个1厘米组成的,感知"度量"的本质就是被测物体包含几个1厘米,长度就是几厘米。四是借助丰富的现实材料做支撑,帮助学生对1厘米的实际大小形成清晰的表象,方便学生正确运用它们进行估测和实际测量,四个活动,多感官参与,使学生初步在脑海中建立1厘米的表象。

(三)自主探索测量方法,体会度量本质(如何测量物体的长度?)

1. 寻找尺子上的几厘米。

【设计意图】测量长度是指运用工具将被测物体长度与长度比较,从而得出测量结果的过程。学生通过找尺子上的几厘米再次感受测量的意义和本质,帮助学生发展量感。

2. 自主探索测量方法(如何测量物体的长度?)。

借助小棒,自主探索测量方法。

(1)估计一下,这里面有几个1厘米。

(2)自主测量,指名分享如何测量物体的长度。

师:用尺子量一量,看一看你的估计准不准确。(学生展示自己的测量方法,测量结果是9厘米)

辨析:如何选择合适的单位、工具和方法,使测量更准确?

师:你们用你们的尺子,我用我的尺子(米尺),你们猜,我的测量结果会不会是9厘米?

师:(投影对比不同的尺子发现)虽然尺子的长短、形状不一样,但是刻度是一样的,1厘米的标准是一样的。

【设计意图】学生对厘米已经有了多方面的理解和体验,接下来就是测量方法的探索,这个环节分两层:一是培养学生的估测意识、发展学生的估测能力;二是自主探索测量长度的一般方法,即把一端对准尺子的0刻度,另一端指向几就是几厘米。

3. 丰富测量方法,再次感知测量的本质。

师:同学们都会测量了,侯老师聘请你们为小老师,去动物学校看一看它们的测量对不对?(快速判断对错并说明理由)

(1)第一幅图的主要错误是铅笔的一端没有和0刻度对齐。

(2)第二幅图是正确的。

(3)第三幅图是从刻度1开始测量到刻度6,应该是5厘米。

小结:看来,不从0刻度开始测量也可以,就是再计算或者数一下就行。

【设计意图】鼓励测量方法多样化,关注测量的本质。会自主测量,也会解释别人的测量方法,注重在理解的基础上丰富测量方法,遵循不同学生获得不同发展的理念,为学生提供个性化的学习机会。

(四)尝试画指定长度的线

1.明确活动要求。

自己画一条4厘米长的线。

2.自主活动(有横着画的,斜着画的……)。

【设计意图】用刻度尺测量和画一定长度的线,由量到画,在量和画的过程中,进一步巩固测量方法以及对厘米的认识。学生在画线的过程中,出现了方向各异的线,但都是4厘米,通过画不同方向的线,再次明确度量的本质。

(五)前后呼应,解决问题

师:同学们,你们学了这么多的本领,那课桌的长度会测量了吗?怎么测量?

师:如果你们的尺子再长一点就好了,(出示卷尺)我们可以用更长的尺子来测量。

师:刚开始我们用不同的工具测量,得到了很多结果,通过这节课的学习,我们用"长度单位"统一了标准,最后得到了统一的结果。

(六)课堂小结

师:通过本节课的学习,你有哪些收获呢?

可以将你的收获分享给你的小组同学,在分享过程中还可以说一说本节课你觉得自己的表现怎么样?你还有什么问题?

学生交流自己的收获并分享给大家。

通过本节课的学习不仅知道了尺子各部分的名称,还认识了1厘米,知道了几厘米是由几个1厘米累加而成的,进而学会估测物体的长度,最后将实物长度抽象成线,会画具体长度的线段。

师:孩子们,你们的收获可真多呀。希望大家能够将这些学习到的知识应用到我们的生活中,可以估测一下我们学习用品、生活用品的实际长度。学会用数学的眼光观察现实世界,用数学的语言表达现实世界,进一步感受数学来源于生活又应用于生活。

【设计意图】让学生经历"从头到尾"思考问题的过程,进一步感受数学的应用价值以及统一长度单位的便捷,通过对学习过程和学习结果的评价,培养学生总结、反思以及质疑的能力,让学生的思维不局限,认识了厘米,还有没有其他的度量单位,不同的度量单位之间又有什么样的关系等,让学生自主构建知识体系。

七、教学反思

本单元创设真实任务,营造学习场景,唤起探究的欲望,让学生经历创造度量尺的过程,感悟度量本质,建构长度模型系统,发展他们的量感。让学生在倾听、质疑、辩论中提升审辩式思维,培养学生的创新能力和综合素养,从而达到减负提质的效果。

"测量"单元我们对比前测调研,又对学生进行了后测。测试中可以看出:

1. 我校航模社团的同学用两根木棒制作模型。学生在测量粘好的模型的长度时,可以看出学生单位累加的理解情况有了明显的提升。

2. 汽车的每一个细节做到极致,才能保证出行安全。学生为了体现细分,用放大镜来找更小的单位。可见,学生建立了细分的意识,量感的建立情况也有了一定的提升,部分学生头脑中已经建构了单位模型,并能够投射到生活中熟悉的事物中。单元教学丰富了学生对量感的认知。

几点需要改进的地方:

1. 在迁移拓展环节,加入古代的测量工具或者是测量工具从古至今演变过程的微课,渗透数学史的相关知识,追根溯源,培养学生的爱国情怀。

2. 继续探索单元教学中的问题链设计。

3. 继续探索对学生前测和后测的使用及对教学设计的指导。

(西安市高新第一学校　刘占权　侯雪妮)

案例4 "认识图形"课时教学设计

一、课标分析

2022年版课程标准强调立足学生核心素养发展,集中体现数学课程育人价值,加强了学段衔接,基于对学生在健康、语言、社会、科学、艺术领域发展水平的评估,设计小学一至二年级课程注重活动化、游戏化、生活化。在一年级第一学期,通过具体形象、生动活泼的活动学习简单的数学内容,解决和解释日常生活中的简单问题,对数学学习产生兴趣并树立信心、积累学习活动经验。因此认识图形的教学要选用学生身边熟悉的素材,鼓励学生动手操作,感知立体图形和平面图形的特点以及这两类图形的关联,引导学生经历图形的抽象过程,积累观察物体的经验,形成初步的空间观念,为学生思维的进阶铺路搭桥。

二、教材分析

这是学生第一次正式接触几何体,为了让学生直观地认识这些几何体的特征,积累观察几何体的学习活动经验,教材设计了"认识图形""我说你做"两个数学活动。小学阶段对图形的认识的安排逐段递进,学段之间的内容也是相互关联,从一年级认识立体图形开始,逐步形成空间观念。通过对物品的不同分类帮助学生建立对立体图形的直观认识,考虑到学生处于直观形象思维阶段,认识图形通过动手操作、游戏等活动展开。

三、学情分析

为做好幼小衔接,我做了课前调研,幼儿阶段是能感知和发现常见几何图形的基本特征的,也就是对常见几何图形的一般特征是有所感知的,这是一年级学生进一步认识图形的认知基础。但是对于比较特殊的立体图形,如有正方形面的长方体、扁扁的圆柱、鸡蛋等到底属于哪一类立体图形,对学生认识图形来说是一个难点。所以本节课要引导学生"直观认识立体图形并逐步抽象出立体图形的形状",正确判断立体图形的样子。为此我认为应该从以下两方面着手。

教学思考:

1. 调动学生幼儿阶段的认知,做好幼小衔接,充分借助学生幼儿时的形象感知、直观观察经验开启小学阶段进一步的研究学习,并在小学阶段第一次认识图形时积累认识图形的方法、活动经验,帮助学生在脑海中刻画立体图形的样子,形成清晰的认识。为后续继续学习图形积累研究方法,逐步学会如何操作、如何思考、如何与人合作与交流,在收获知识的同时收获思想方法以及学习活动经验。

2. 游戏中发展学生空间想象力。

由于一年级学生的年龄特点，图形的认识可以借助游戏活动，以巩固对图形特征的理解，那么游戏中学数学，教师就要设置不仅有趣而且能促使学生思考的游戏，如果能创设一些认知冲突就更好了，让学生面对挑战积极思考，比如"好朋友对对碰""摸一摸，猜一猜"等活动，学生不仅游戏，更重要的是在活动中辨析图形的特征，再如立体图形的拼搭，如何搭可以又稳又高，什么样的物体可以堵上一个长方形的洞，立体图形的影子是什么样的等等。在活动中增强学习兴趣，并发展空间想象力，从一年级的直观感受，逐渐培养学生的空间观念。

四、教学目标

1. 初步从不同的角度观察长方体、正方体、圆柱、球，简单地了解"体"和"面"；在分类、观察等操作活动中，直观认识长方体、正方体、圆柱和球，知道这些立体图形的特征和名称，并能进行辨认；借助学习经验正确识别生活中的长方体、正方体、圆柱和球。

2. 经历从实物抽象出几何图形的过程，发展学生的空间想象力；认识图形的特征，感悟点、线、面、体的关系；通过图形的认识教学，引导学生完成从形象思维到抽象思维的转化，初步培养归纳能力，培养学生的空间观念。

3. 在"分一分""认一认""玩一玩"的学习活动中，学会看一看、摸一摸、数一数、滚一滚、搭一搭、想一想、说一说等，积累认识立体图形的数学活动经验；引导学生通过实物和模型辨认长方体、正方体、圆柱和球等几何体，经历从实物到几何图形的抽象过程，让学生在知识中辨析，在经验中体会，发展空间想象力，从而培养学生的空间观念。通过丰富的游戏活动，让学生想象、操作，感受面和体之间的关系，有利于发展学生的空间观念。

4. 感受数学与生活的密切联系，培养探索精神和与人合作的意识。在活动中辨析，培养观察、表达和归纳能力，初步建立空间观念。

五、教学重难点

教学重点：在观察、操作、想象、表达的学习活动中辨析图形特征，积累学习活动经验，认识立体图形的形状，初步建立空间观念。

教学难点：能逐渐迁移学习方法，从物体中抽象出立体图形的形状，并用自己的语言描述对立体图形的认识，进一步积累学习经验。

六、教学过程

教师活动	学生活动
环节一:聚焦按形状分类,直观感知图形的样子	
教师活动1:(出示情境图)  问题1:淘气的桌面摆放了很多东西,你有什么感觉? 问题2:能给他分类吗?你准备怎么分?	学生活动1: 　　活动要求:同桌合作,将这些物品进行分类,同一类的物品放在一起。
【设计意图】这些物品是学生熟悉的,有按形状分类的意识,调动学生已有的生活经验以及学前对立体图形的直观感受进行分类	
教师活动2:收集学生的分类结果 (1)对不同的分类方法予以鼓励; (2)聚焦按形状分类。 问题:你们这样分,是怎么想的?	学生活动2:汇报交流 　　预设:按形状分:长长方方的、方方正正的、一样粗细圆圆的、圆圆的可以随意滚动的……
【设计意图】学生能用形象的生活语言表达想法,说出对立体图形的直观感受,为进一步认识立体图形的特征积累经验	
环节二:多种感官直观认识,抽象出立体图形的形状	
教师活动1:确定研究方法 　　以长方体为例,教师引导学生认识长方体: 　　问题:你们把文具盒、B5橡皮、笔芯盒放在一起,这大小不一、高高矮矮的,怎么就能放一起呢?你们说长得一样,哪一样? 　　评价1:原来你们都看到了这类物品长成了长长方方的,是用了看一看的方法。(板书:看一看) 　　评价2:还可以动手摸一摸感受一下,这个方法不错。大家都摸一摸感觉到每个面是平平的吗?(板书:摸一摸) 　　评价3:请你带着大家数一数。数一数也是一种学习方法。(板书:数一数) 　　…… 　　教师引导学生根据直观感受,从这些物体中抽象出长方体。(板书:长方体)	学生活动1: 　　预设1:长得长长的、方方的、直直的、一样粗细…… 　　预设2:有平平的面,摸一摸就知道了。 　　预设3:6个这样平平的面。 　　……

续表

教师活动	学生活动
【设计意图】学生初次接触几何体,教师要帮助学生学会如何观察、如何操作、如何表达,如何在操作中发现一组具有相同特征的物体的特点,从而积累学习经验	
教师活动2:方法迁移 问题1:回想一下刚才是怎么研究长方体的。有的同学仔细看一看,有的同学动手摸一摸,还有的同学数一数,那你们能不能也像这样看一看、摸一摸、数一数或者用别的方法来研究其他三类物体呢? 组织学生交流汇报,直观认识正方体、圆柱、球,有条理地汇报。 (揭示正方体) (揭示圆柱) (揭示球) 问题2:你们想不想知道这四类图形画在纸上是什么样子的吗?(抽象出立体图形)	学生活动2:同桌合作 活动要求: (1)同桌合作研究。 (2)看一看、摸一摸、数一数、滚一滚…… (3)小组内互相说一说。 汇报交流: 预设1:方方正正的,六个面一样大,每个面也是平平的,有尖尖的8个点。 预设2:直直的,上下一样粗,上下面是圆圆的、平平的,放倒了还可以前后滚动。 预设3:圆圆的,随意滚动。 学生找找这四类图形,并把它贴在黑板上。
【设计意图】学生借助研究长方体的学习经验认识其他图形,并抽象出画在图纸上的样子,初步发展学生的空间观念	
环节三:游戏中辨析,强化对立体图形的认识	
教师活动1: (一)好朋友对对碰 1.老师和一名同学做示范:你碰我,我碰你,我们一起对对碰。"长方体,长方体,在哪里?""长方体,长方体,在这里,我们一起对对碰。"两人一组一起来玩。 2.出示(特殊的长方体):这里,这里,看这里,谁来和我对对碰? 预设1:是长方体和正方体的都举起手了。 3.出示(铅笔):这里,这里,看这里,谁来和我对对碰? 预设2:部分同学不举手。 (二)摸一摸,猜一猜 用手摸一个物体(不能看),说出它的样子,其他同学来猜,如果谁猜对了,这个礼物就送给你。 教师描述一个物体(加手势):这么长,这么宽,这么高,个子比老师还高。你们家里都有,想一想可能是什么? (三)影子游戏 1.观看手影视频。 2.出示一个立体图形的影子(圆),你能猜出是哪个立体图形的影子吗?如果影子是长方形呢? 留白:想不出来没关系,可以回家和爸爸妈妈做实验试一试,如果有答案了,明天来学校悄悄告诉老师,有奖励哦!	学生活动1: 同桌用课前收集的物体做游戏。 学生辨析特殊的长方体和正方体的不同。 质疑:高矮不同,胖瘦不同。 明晰圆柱的特征。 学生描述物体的特征。 学生猜。 预设1:球或者圆柱 学生说想法。

续表

教师活动	学生活动
【设计意图】几个游戏,学生在活动中辨析图形的样子,深入体会各种图形的特征,初步体会面和体之间的关系,为高年级深入感受立体图形二维和三维之间的关系种下种子	
环节四:课后创意拼搭,提升认识	
教师活动1: 问题1:今天你们有什么收获? 问题2:两个学习任务任选一个完成。 任务1:课下用我们今天学到的这些图形进行创意拼搭。 任务2:和同伴或者爸爸妈妈玩一玩"图形对对碰""猜一猜""立体图形影子"等游戏。	学生活动1: 预设:知识、方法 拍照。
【设计意图】学会表达也是学生学习数学的重要活动经验,所以谈谈一节课的收获,引导学生回顾一节课的所学,为以后逐步抽象出立体图形的几何特征打实基础,再通过创意拼搭、影子实验,感受数学在我们身边	

七、教学反思

1. 多种感官认识立体图形,促进学习活动经验的积累。

从一年级开始注重知识技能提升的基础上积累经验方法,逐渐教会学生如何学习、如何观察、如何思考、如何操作、如何合作、如何交流等,每一节课都渗透一些,日积月累就会形成学生自己的学习经验和方法,就会慢慢学会用数学的思维去思考现实世界,能独立发现和研究并解决问题。本节课通过学生总结研究立体图形特征的方法,"看一看""摸一摸""数一数""滚一滚""想一想"等,积累研究图形的一些基本方法,为后面进一步学习做好储备。

2. 在游戏中辨析,在实践中体会,发展空间想象力。

游戏是真实生活的虚拟再现,它可以用到课堂上,将游戏融入教学中,在热闹地玩耍中学到知识,提升认识,游戏绝不仅仅是在玩,而是在玩中愉快地学。根据一年级刚入学学生的年龄特点,以及"幼小衔接"中提到的"科学衔接",在一年级"零起点"的教学前提下,以游戏的形式可以塑造专注力、想象力和逻辑思维能力等重要的学习品质。本节课设计了丰富的游戏活动,如"对对碰""摸一摸""猜一猜"等,在多种活动中辨析图形的特征,学生经历由一般到特殊再到一般的认识过程,不断深化对立体图形的认识,通过游戏的形式在学生脑海中留下深刻的印象。尤其是对对碰找朋友的游戏,学生在辨析中进一步认识了部分特殊的图形,在辨析抽象的过程中发展了空间想象力。借助猜影子游戏,由面联想体,激发学生的好奇心和想象力,也有利于学生发展空间观念。

学生学龄前已积累了对长方体、正方体、圆柱、球的直观认识和感受,一年级则是从感受中抽象出物体的特征,这就需要教师不断创设认知冲突,比如学生已经认识了长方体是长长方方的,这是长方体的一般特征,所以教师要思考如何让学生能用一般去思考特殊。关键问题的设置就至关重要了,比如"高矮不同、胖瘦不同,怎么就长得一样了呢? 哪一样?"再如"这里有两个面是正方形怎么就不是正方体了呢? 它和谁长得像?"这就是抽象,在已有认知的基础上不断质疑、对比、辨析,逐渐抽象图形的特征,丰富对图形特征的认识。每一次辨析升华的过程学生总是会有一点点惊喜,有恍然大悟的感觉,让学生的思维不断在辨析中碰撞,空间想象力逐渐得到发展。

3. "夸夸我们的孩子",教师激励性评价是学生学习的强大动力。

这是刚入学的小朋友,刚刚步入奇妙的学习之旅,好奇心很强,当老师教他们如何用数学的眼光认识这个世界时,他们充满了好奇和期待。对他们来说,每一次发现都异常惊喜,老师的每一次肯定又会带给他们无穷的动力,一句"你真棒!""你能在不一样中找到一样,太了不起了!""你们不仅认识了图形,还会总结认识图形的方法,真会学习!"……这些激励性的评价会在学生幼小的心里种下成功、自信的种子。培养身心健康的孩子、培养全面发展的学生是我们教师的育人职责。今后的教学可以创新评价方式,以恰当的方式促使学生积极的变化,提高学生学习数学的兴趣,养成良好的学习习惯,促使学生核心素养的发展。

(首都师范大学附属育新学校　梁春燕)

案例5　"三角形的三边关系"课时教学设计

一、课标分析

"三角形的三边关系"隶属于图形与几何领域的"图形的认识与测量"部分。2022版课程标准中明确指出,学生要能在具体的探索中明白三角形任意两边之和大于第三边的道理。在具体的教学提示中,也给出了两条路径:一是可以基于直尺和圆规画三角形的过程探索这一结论;二是可以根据"两点之间线段最短"的基本事实说明三角形的三边关系,培养推理意识。

从课标中我们可以发现,目的是了解三边关系,过程是让学生经历探究、推理、验证的过程,而路径是可以多维的,但在这一过程中,我们要尤其关注对学生推理意识、空间观念的培养。

二、教材分析

"三角形的三边关系"是学生在已经学习了角,初步认识了三角形,知道了三角形有三条边、三个角,三角形具有稳定性的基础上,探索三角形的三边关系,使学生进一步加深对三角形的认识,为以后学习三角形其他知识打下基础。"三角形的三边关系"从内容上属于空间与图形范畴;从形式上属于概念课范畴;而从重难点上来说,它是本单元的一个难点;从知识结构上,它是学生第一次正式全面地开始认识三角形,为后续学习三角形面积等其他几何知识打基础。多重身份都使得对这节课的设计要慎之又慎。

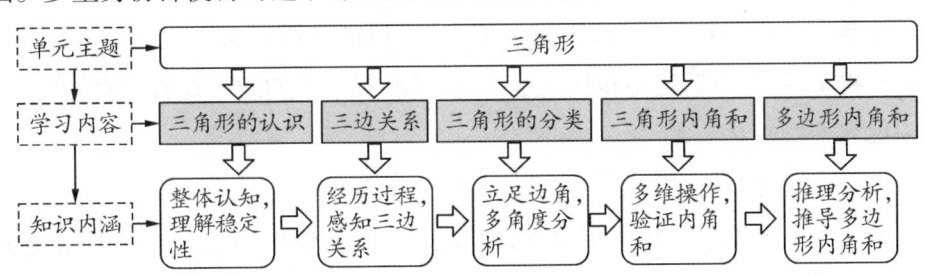

"三角形"单元内容结构图

人教版教材从生活问题出发,创设了问题情境,引发学生探索的欲望,接着通过三组小棒让学生动手操作来发现规律,最后引导学生归纳概括出三角形边的关系,充分尊重了学生的参与性与探究性。

基于以上分析,结合概念课以及空间与图形课本身的特点,我认为本节课应注重以下几方面:

1. 在做中学,让学习真实发生。对于一个新概念,相对比较抽象与陌生,将其同化至原有的知识体系难度较大,让学生置于知识的形成过程中,通过亲身经历的活动,加深对概念的理解。

2. 经历"建构—解构—重构",深化概念理解。将一个新概念纳入原有知识系统,它总是不稳定的,需要多方位、多形式加深学生的理解。

3. 借"形"思"数",据"数"想"形"。"三角形的三边关系"作为空间与图形范畴的内容,数学直观与空间想象的培养必然是教学目标之一。让学生在动手操作摆三角形的过程中感受三边具体长度的关系,借助"形"找到了"数"的规律,再让"数"回归"形"。通过"数""形"结合加深学生对概念的理解。

三、学情分析

1. 数学活动体验和经验

在读懂教材的基础上,我又对学生进行了了解,学生对"三角形两边之和大于第三边"这一知识点的数学活动体验和经验在哪里?学生在具体学习"三角形边的关系"的过程中,又是怎样的?学生刚刚学完三角形的基本特征,只对能构成三角形的边有些初步了解,对三边怎样构成三角形,只有初步的感性经验,会摆三角形,对于为什么还不清楚。

2. 四年级学生的心理特征

从学生的心理特征看,四年级学生在学习时还不能一心一意地进行,他们比较喜欢新颖、需要动脑筋和独立思考的事物,对学习的结果比较关注,对学习过程很容易忽略。

3. 从认知发展规律看

大部分四年级学生对于"三角形的任意两边之和大于第三边"停留在直观化的水平,极少数学生处在描述分析的水平,需要教师帮助他们从直观化水平不断提高到描述分析、抽象关联水平,这样对其以后证明"三角形任意两边之和大于第三边"过程有一个直观积淀。

4. 四年级学生的生活经验

从学生的生活经验看,学生已经有了"三角形任意两边之和大于第三边"的感性经验,只是没"数学化"而已。

四、教学目标

1. 通过动手操作、猜测、验证,知道三角形任意两条边的和大于第三边,并在这一过程中,养成推理意识。

2. 通过操作、想象与推理,培养和发展关于三角形三边关系的空间观念。

3. 根据三角形三边的关系解释生活中的现象,提高运用数学知识解决实际问题的能力,发展应用意识。

五、教学重难点

教学重点:经历三角形三边的探索过程,掌握"三角形任意两边之和大于第三边"的特征。

教学难点:理解"三角形任意两边之和大于第三边"这一特征的内涵与外延,并能用这一特征解决实际问题。

六、教学过程

本节课采用了"六学六思"的教学模式,具体如下。

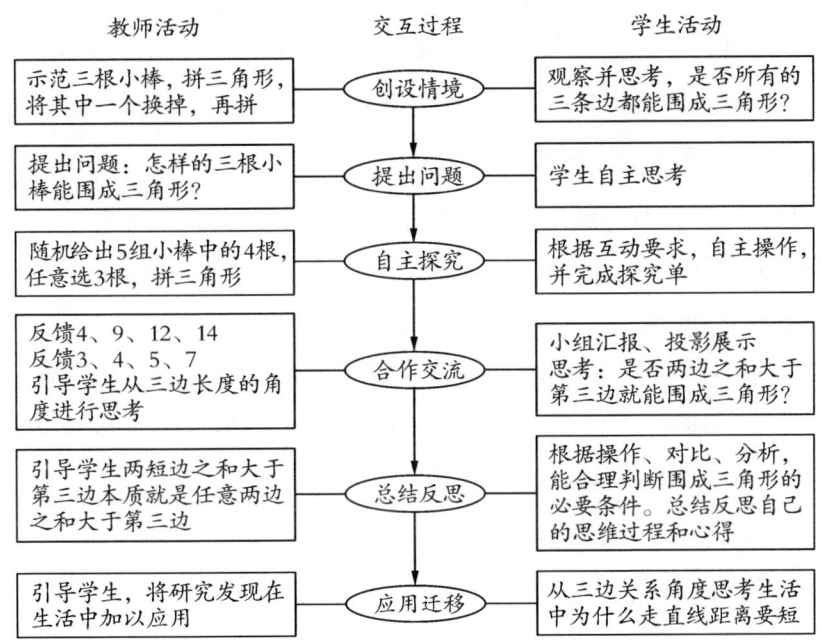

"六学六思"的教学模式

（一）创设情境

师:今天这节课我们一起来学习三角形的三边关系。

师:这是什么图形?

预设:三角形。

师:它是由几条边组成的。

预设:三条边。

师:是的,由三条边首尾相连组成的图形就是三角形。那如果给你三根小棒,你能围出一个三角形吗?(能)口说无凭,谁来试一试。

(抽一生上台操作)

师:我发现这个同学做事特别细致。要想围成一个三角形,是不是这三个地方都要首尾相连?他先这么放就保证了这两个地方——首尾相连,然后想办法通过移动让最后一个地方也首尾相连。

师:老师现在换一根短的,你觉得还能拼成三角形吗?

师:到底能不能呢?(学生摆一摆,发现不能)

【设计意图】通过让学生利用三根小棒来围三角形这样一个情境,一来复习旧知,理解三角形就是由三条边围成的图形;二来了解学情,激发学生的兴趣与思考。在学生初步围的过程中,感知学生的思维障碍。

(二)提出问题,引发冲突

同样三根小棒,有的能拼成三角形,有的不能。

师:看来并不是任意三根小棒就能围成三角形,这其中到底隐藏着怎样的秘密?这节课我们就一起来研究三角形的三边关系。

【设计意图】以问促思,通过一个富有挑战性的问题"同样三根小棒,为什么有的能围成三角形,有的不能",直指学生的思维难点,引发学生的认知冲突,引导学生去猜测、实验、验证,从而得出完整的结论。

(三)动手操作,自主探究

1. 小组合作,尝试发现。

教师出示学习要求:

①量一量。打开信封,测量四根小棒的长度,保留整数。

②摆一摆:以小组为单位,每次选择三根小棒围三角形,并做好相关记录。(学具提供 3 cm、5 cm、8 cm、10 cm;3 cm、4 cm、5 cm、7 cm;6 cm、6 cm、10 cm、15 cm;4 cm、9 cm、12 cm、14 cm;2 cm、11 cm、13 cm、14 cm 五组随机的小棒组合)

③想一想:结合拼摆的过程想一想,为什么有的三根小棒围不成三角形。

2. 小组合作,全班交流。

打开信封,我们组四根小棒的长度分别是( )cm、( )cm、( )cm、( )cm。			
	第一根/cm	第二根/cm	第三根/cm
能围三角形			
不能围三角形			
我们发现:围不成三角形是因为( )。			

【设计意图】由于三个版本教材,在对三角形三边关系进行探究时提供的素材比较单一,会让学生感觉不那么真实,体验也不够充分。因此我安排了5组素材,每组可形成具体的4种摆法,学生随机抽取。(每组素材都包括围成和围不成的情况)

(四)合作交流,思维互动

1. 交流反馈,寻求原因。

(1)反馈第一组(4 cm、9 cm、12 cm、14 cm),建立初步感知

生:我们组四根小棒的长度是4,9,12,14,其中4,9,12能拼成,9,12,14能拼成,4,12,14也能拼成。

师:不好意思,打断一下,口说无凭,你们说这三组都围成了?那我抽一组,你们能用小棒围出来吗?老师将你们组的小棒都放大为原来的10倍,你能在黑板上围一围吗?

师:为了让同学们看得更清楚,咱把数据也标上去好吗?

师:这下我信了,确实围成了。有围不成的吗?(有,4 cm、9 cm、14 cm)那你也试一试吧。(学生操作围不成)

师:你不再调节调节,或许能围成呢?

生1:这个怎么移都是围不成的,因为这两根太短了,根本连不到一起来。

生2:因此我们觉得必须两根的长度和要比第三根长才行。

(2)反馈第二组(3 cm、4 cm、5 cm、7 cm),突破"两边之和等于第三边"之难

生:我们组的四根小棒的长度分别是3,4,5,7,其中3,4,5;3,5,7;4,5,7都能围成三角形,但是3,4,7不能围成三角形。根据操作,我们组得出的结论是其中两根的长度要大于第三根。

师:老师也想检测你们组的操作是否真实,三组里面抽一组:3 cm、4 cm、7 cm。

(学生操作并回答围不成三角形)

师:他说围不成,你有意见吗?(没)

师:我就有意见,看我试试,不就摆成了吗?

师:哦,这边还有一点没接牢,那现在呢?

生:还差一点点。

师:你们组怎么这么难摆呢?一定围不成吗?来,光做不行,需要结合数据,你能结合你们组的数据说一说为什么不行吗?

师:哦,现在我懂了,下面一根是7,上面两根合起来3+4也等于7,那它们连在一起会怎样?

生:重合。

师:一样长了。变成三角形,必须往上拱,拱得起来吗?

(3)对比分析,感知三角形三边特点

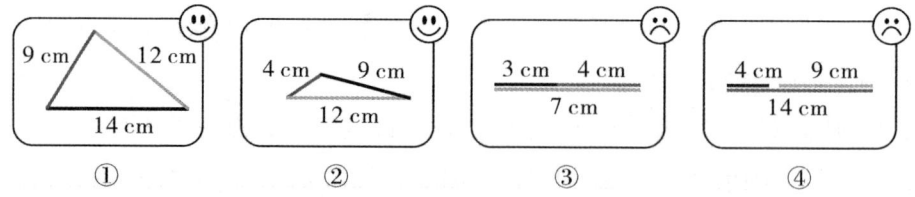

师:同样是三根小棒,为什么有的能拼成,有的不能。

生1:围不起来是因为短的那条边太短了,长的那条边太长了。

生2:两条短的合起来都比那条长的要短就围不成。

生3:两条短的合起来和那条长的一样长也围不成。

师:你能结合数据来说一说吗?

生:就是用其中两边的长度和与第三边比,如果小于围不成,等于也围不

成,要想围成必须是大于。

师:太棒了,同学们! 在今天之前,我们在比较的时候都是一对一对比,现在,你们给我提供了一个新的思路,用两边之和与第三边比。太棒了,学数学,想法比知识本身更有意义。

2.借助动画,深化感知。

课件播放两边之和小于第三边,两边之和等于第三边及两边之和大于第三边的动画情况,进一步加深理解。

【设计意图】 五组数据,如何有效反馈?我采取的策略是先从直观的入手,如数据比较大,彼此之间差距也大,很容易给学生产生视觉冲击。其次,层层深入至细节,在两边之和等于第三边中突破,借助数据打破图的尴尬。此外,错误往往能给人带来更多的思考,因此,在总结规律时从围不成的入手,同时借助动画形象对结果进行深化认知。

(五)总结反思,完善结论

1.打破思维定式,完善研究结果。

师:$14+4>9$,这两边之和不是大于第三边了吗? 就能拼成三角形喽!

生1:不仅仅要用 $14+4$ 和 9 比,还要用 $4+9$ 和 14 比。

生2:虽然 $14+4>9$,$14+9>4$,但 $4+9$ 却小于 14,必须都要判断一次。

师:那你觉得该怎么改?

生:任意、随便、随意。

师:任意的意思是一个三角形要比3次,要想围成三角形,必须都是大于,只要有一个小于或者等于就不行。

师:如果老师有三条线段,分别是 a,b,c,也不知道谁长谁短,但是能围成三角形,你知道它们之间有怎样的关系吗?

生:$a+b>c, a+c>b, b+c>a$。

2.打通知识联系,形成知识体系。

师:这是第三组的研究单,我们现在不需要小棒就能检验它是否能拼成三角形,对吗?

师:$3,8,10$。

生1:$3+8>10, 3+10>8, 10+8>3$。

生2:3+8>10。

师:你为什么只需要比一次?你的意思是另外两边之和不用和第三边比了吗?可万一另外两边之和比第三边小呢?

生:10是这三个数中最大的,那么再加一个数肯定大于第三个数,不用比较了。

师:用他的方法判断3,5,8;3,5,10;5,8,10能否组成三角形。

生:3+5=8,不能围成;3+5<10,不能围成;5+8>10,能围成。

师:两短边之和就是任意两边之和大于第三边,只是简化了比较的过程。

【设计意图】一材多用,反馈阶段,借助结论对其余组的探究结果进行现场判断,并在实际判断的过程中让学生自发感知三次判断实在有点麻烦,因此对结论进行优化,同时建构知识间的联系,让学生在实际情境中有所思、有所改、有所得。

3. 课后总结,了解"获"与"惑"。

师:这节课,你有何"获",你有何"惑"?

师:今天我们研究了怎样的三条边才能围成三角形,但是在以后的学习中,再也没有出现怎样的四条边可以围成四边形,怎样的五条线可以围成五边形,这是为什么呢?有兴趣的同学可以去研究一下。

【设计意图】一节好课需要学生带着小问号进,更要带着大问号出。是否任意三条边都能围成三角形,带着这个问题进行了探究、验证、解决问题。那么四边形、五边形的特点呢?给学生一个支点,让学生有更广阔的思维空间,让学生有所"获",更有所"惑"。

(六)拓学创思,应用迁移

今天学过的知识,我们其实在很早的时候就已经在应用了。

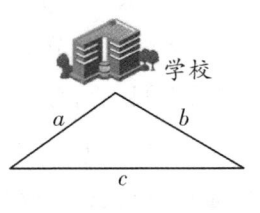

师:从学校到家,走哪条路最近?是的,a最短!我们已经知道,两点间线段最短,这条线段的长度称为两点之间的距离。

师:换个角度思考,两点间线段最短,从家到学校,距离a最短,即路线$c+b>a$;同理,从家到书店,距离c最短,也就是$a+b>c$;同样地,从书店到学校,距

离 b 最短,即 $c+a>b$。

从既定事实出发,同样也能推出三角形的三边关系。方法不同,路径不同,却能到达同一知识的终点。

【设计意图】推理是新课标中比较重视的一种能力,三角形三边关系如果从既定事实——两点间线段最短出发,借助推理就能得到比较科学的结论。由于四年级学生正处于由形象思维阶段向逻辑思维能力转变阶段,因此本节课主要还是让学生通过猜想、操作、推理、验证的轨迹展开教学,让学生在操作中,积累丰富的活动经验和思维经验。因此在课的结尾,嫁接了两种不同的路径,让学生根据结论进行思考,感受知识间的连接性。

七、教学反思

2022版课程标准指出,要引导学生经历基于给定线段用直尺和圆规画三角形的过程,并在这一过程中探究三角形三边的关系;要经历根据"两点间线段最短"的基本事实说明三角形三边关系的过程,形成推理意识。它至少传达了两层含义:其一要经历活动的过程,培养推理意识;其二要关注空间观念的培养。鉴于此,我的教学设计力求体现以下几个特点:

1. 借助操作积累活动经验。

史宁中老师认为,基本活动经验主要是思维的经验和实践的经验。在本节课中,是否所有的三条边都能围成三角形?学生通过猜测、实践操作、得出结论、完善结论、检验猜测等一系列活动来丰富自己的实践经验。同时在这个过程中,学生还需要思考:同样的三根小棒,为什么有的能围成三角形,有的围不成?两边的和大于第三边就一定能围成三角形吗?为什么两短边的和大于第三边就是任意两边之和大于第三边?借助一系列的问题来丰富思维的经验。

之后,从问题回归到问题——"从家到学校哪条路最短?"我们可以换个角度思考,两点之间线段最短,那根据这样一个既定事实,是否也能推导出组成一个三角形的另外两条路的长度之和大于直接走的那条路的长度呢?也就是两边之和大于第三边。在这一表达和验证中培养了学生的推理意识。

2. 凭借动态引导丰富空间观念。

三角形的三边关系,往往容易聚焦在怎样的三条边能围成三角形,即将"形"转化为"数"。以致在得出结论后的应用中更多地偏向"代数"化。为了打破这一现象,在教学设计中,关注"数"的动态引导,再次将"数"转化为"形"。比如两条边长均是 12 cm,第三条边的长度可能是几?学生除了直接说出答案,还要想象随着第三条边的变长,此三角形的形状是如何变化的,并借助课件演示,让学生在脑海中形成一个直观的认识。

(浙江文海实验学校　童晓琴)

案例6　"生活中的负数"单元教学设计

一、单元内容分析

(一)本单元学习指向的核心概念及其进阶路线

"生活中的负数"是北师大版数学四年级上册第七单元的内容,2022版课程标准将负数的学习安排在综合与实践领域。

本单元聚焦"数感、符号意识和应用意识"核心概念,落实2022版课程标准中"在熟悉的情境中了解具有相反意义的数量,知道负数在情境中表达的具体意义,感悟这些负数可以表达与整数意义相反的量,进一步发展数感"的学习要求。

2022版课程标准将数感描述为感悟,就不再单纯地指向直觉、感知、潜意识、经验等方面,而是在"感知"后的"领悟"。所以在正负数学习的过程中,要鼓励学生透过具体的实例去把握、洞察、挖掘其所蕴含的0的价值、相反意义的量、正负数的意义、思维方式。

符号的使用是数学表达和数学思考的重要形式,是形成抽象能力和推理能力的经验基础。学生经历创造符号表示具有相反意义的量的过程,感受到用"+、-"表示的简洁性。减号是运算符号,负号是性质符号,但是负数的出现使减法的运算能够封闭。本单元的教学中借助学生已有经验,结合现实情境引发符号意识,帮助学生对数学知识自我建构。学生能够用文字(如上下、正负)、颜色、箭头等不同符号表示相反意义的量,再和0沟通联系,对正负数表示相反意义的量就会有更深刻的认识。

关于综合与实践,小学阶段多以主题活动的方式呈现,其中将负数的相关知识融入数学活动中,引导学生在熟悉的情境中了解具有相反意义的量,知道负数在情境中表达的具体意义,感悟负数可以表达与正数意义相反的量,进一步发展数感和符号意识,提高应用能力。建构主义学习理论认为,学生的学习是一个积极主动的建构过程,实践活动是促进学生发展的重要途径。

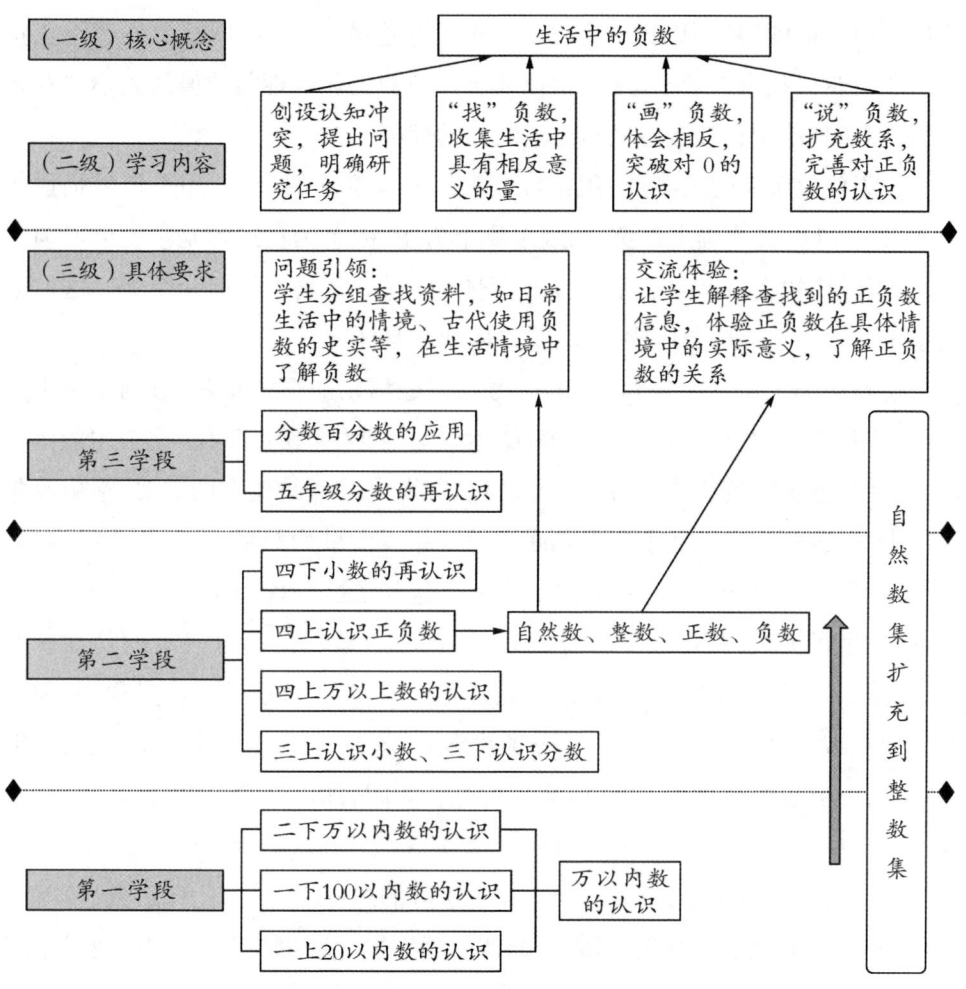

(二)本单元学习内容的组织线索

教材将本单元分为两个课时:第 1 课时借助温度直观地认识正负数,第 2 课时借助不同的现实情境了解正负数的意义。负数的本质还是对数量的抽象,代表的意义与正数是完全相反的,所以学生要经历从生活到数学的抽象过程。

在第 1 课时学习"温度"之后,跳出温度又引入了几个具有代表性的日常生活问题,这些现实的生活情境和实例与学生的实际生活经验密切相连,为学生提供了真实自然的数的感悟环境，更让学生在数的认知上经历由具体到抽象的过程，逐步发展学生关于数的思维。

教材中的四幅图各具代表性，除了能让学生认识正负数可以表示相反意义的量，"海平面图"还可以让学生感受正负数的连续性，"抢答题"可以感受正负数的抵消性，"超市营业情况图"可以体会正负数的相反性与数值的大小，"存折图"可以实现体会正负数意义与加减意义的理解。

关于负数认识的主线是"用正负数表示相反意义的量"。用正负数描述相反意义的量时，需要确定正负，而规定哪个为正、哪个为负通常是按生活习惯规定的，怎样让学生自己对这个方面有所体会，而不是通过教师介绍呢？这就需要学生熟悉的生活现象提供支撑，要具体问题具体分析。

在新课标的指导下，将负数的学习以主题活动的形式呈现，有利于学生的参与、体验，以及对数学知识的理解、应用。学生在"探秘正负数"这个主题活动的过程中，感受到负数产生的必要性。负数的产生，一是现实的需要，学生收集生活中的负数实例，发现生活中有许多完全相反的事物数量的刻画，如进与出、上与下、进与退等，光用正数刻画是不够的，这就需要一种和正数相反的数来表示，就产生了负数；二是数学自身发展的需要，负数前的符号表示的是性质符号，与正数相反，并不同于减号，减号是运算符号，学生可能感悟不是很深，但是对负数和减法之间的关系有一个浅浅的感知，就是有了负数以后，不仅大数能减小数，小数也能减大数，减法运算变得通行无阻，加法运算和有时候还会越加越小。

在数的发展过程中，负数的产生完善了数的整体性结构，让自然数（零和正整数）集合扩充到了整数集，这是人们认识现实世界数量关系的需要，也是数学用来表征现实事物、解释现实世界复杂性的功能的扩展。

同时，负数的产生也让零的身份更加丰富，用正负数表示意义相反的数量时，零的实际意义要具体问题具体分析，但可以肯定的是，在现实中，零不仅表示没有、占位、起点，还有了新的作用，可以表示分界点，零既不是正数也不是负数。

对小学生来讲，理解负数的意义有一定难度，所以本单元主要结合学生的生活经验通过丰富的现实生活实例，让学生参与到研究负数的学习活动中，不仅直观地认识负数,还能解释说明正负数表达的实际意义,学会用正负数简单地表示相反意义的量,在现实情境中真正感悟负数的含义。

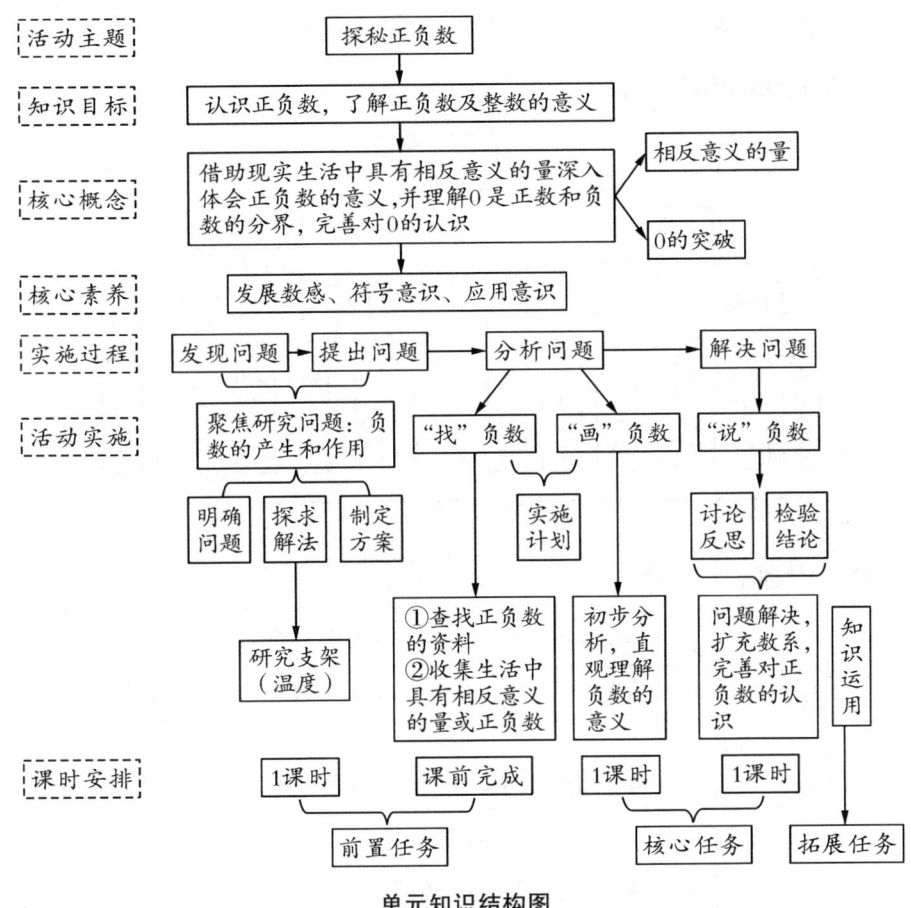

单元知识结构图

二、单元教学目标设计

1. 数学知识:结合已有学习数的经验,发现生活中有带(+、-)这样的符号的数,产生好奇,通过与正数对比,感悟负数可以表达与正数意义相反的量,进一步发展对0的认识,并了解整数的意义,感受数系的扩展,发展数感和符号意识。

2. 数学思维:经历收集资料、观察分析的过程,在活动中运用数学知识解释现实世界,发现并提出问题、分析并解决问题,激发问题意识,能够提出解决问题的思路,制订研究方案,培养学生的应用意识。

3.数学实践:在解决问题的过程中,感受数学与现实生活的密切联系,体会数学的应用价值。

4.态度责任:能与他人合作,增强合作意识。

三、单元学习评价设计

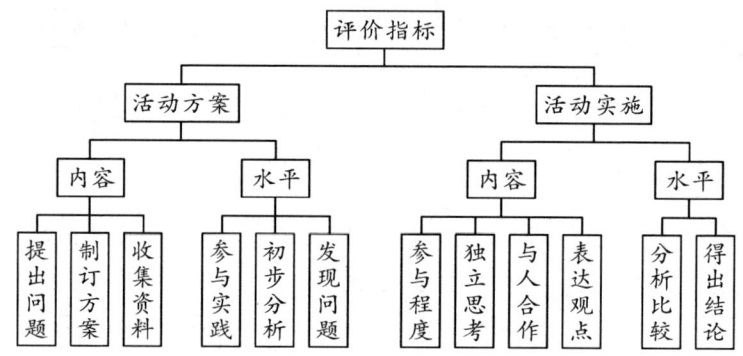

评价内容		评价标准	同伴互评
一级指标	二级指标		
课前评价	课前准备	A.能从生活中找到正负数,但描述不清楚 B.能从生活中找到正负数,并能清楚解释这个正负数的含义	
课中评价	参与程度	A.不敢参与或参与少 B.积极主动参与,充满自信	
	独立思考	A.能独立思考,对正负数有感觉 B.能深入思考,对正负数有感悟	
	主动质疑	A.学习过程中能提出一个简单的问题 B.能提出一个问题,引发大家的思考、讨论与交流	
	表达观点	A.有条理、清晰地表达自己的观点 B.表达时有自己的见解、有创新,对负数有较深刻的认识	
课后评价	思考与应用	A.关于正负数的学习你还有什么问题? B.今天的学习引发了你哪些思考,你有什么新的发现和问题?	

关注学生的问题意识,让问题引领,通过课前、课中、课后评价了解学生的学习情况,更多关注学生的思维活动,有利于学生持续发展,帮助学生对知识、思想的领悟,促进学生思维品质的发展。另外,通过评价反馈可以帮助我们给教学诊断,改进教学,促进学习方式的变革。

四、学生情况分析

(一)学情分析:调研孩子们对负数的了解程度,找准教学的切入点。

调研题目:

1. 你知道 8 − 10 = ? 你是怎么知道的?

2. 四年级同学进行跳绳比赛,1 分钟内跳绳在 148 下以上为优秀,如果以 148 下为标准,5 名同学的成绩分别记作 +3、−1、+5、−3、−2。

问题1:像 +3、−1、+5、−3、−2 这样的数你见过吗?

问题2:你还在哪儿见过这样的数?把你见过的记录下来。

调研分析:

第1题:34 人会计算,知道计算结果是 −2,正确率达到了 81%,并能解释运算的道理。

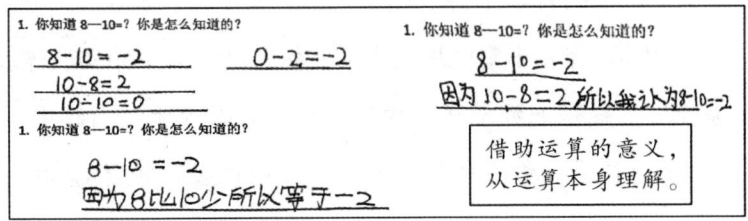

学生能在减法运算中发现被减数不够减减数,得数就要在数字前面加个像

减号一样的符号（-），表示比0小的数，直观感受负数在运算中有存在的必要。

第2题问题1：88%的学生（37人）见过这样的数

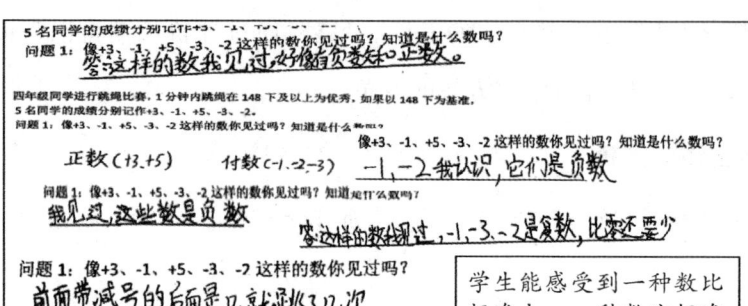

第2题问题2：

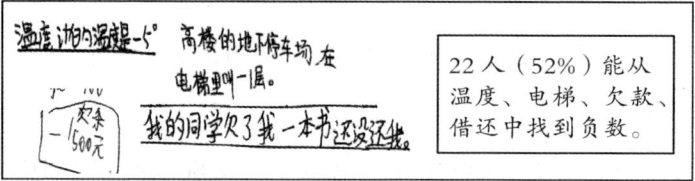

大部分学生认识负数，生活中见过，所以是可以寻找到熟悉的正负数实例。由此可见，学生对负数的直觉来源于生活和减法运算，小学阶段对负数的认识主要结合学生的生活经验，丰富的现实生活实例有利于学生的实践体验。

另外，综合与实践是把数学知识的学习与理解融入主题活动中，不同于传统的讲授与练习。主题活动的具体环节、内容设计，要有利于学生的参与、体验，以及对数学知识的理解、应用。

（二）前置任务：查找正负数的资料，找找生活中的负数，并记录下来。

整理分析：

1. 从多角度寻找生活中的例子。

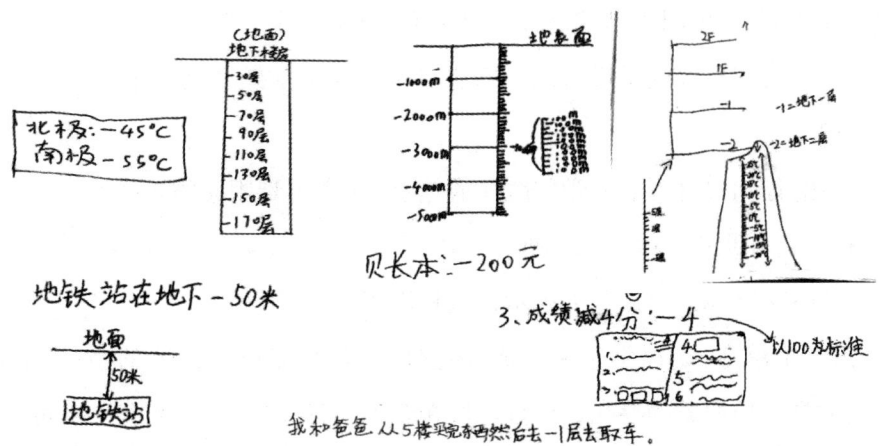

（1）多数学生找到的生活中的负数是上面这些：楼层、地铁站、温度、账本、考试成绩等，负数是抽象的，它在生活中的应用，实质上是人为规定的，学生找到这些负数是基于对"温度"的认识，然后将这种认知感觉迁移到生活中，可见学生对负数有了感觉。

（2）大部分学生采用文字描述来记录：

一部分学生能借助直观图表达，但只是关注了负数，没有联想到相对的数量，可见学生对负数的认识还停留在直观上，对其意义没有深入理解。

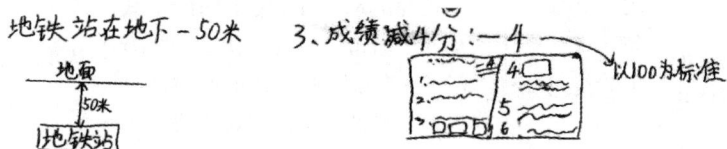

第一个思考：这些现象学生很熟悉，也直观地理解其中的含义，如果将这些信息引入课堂，和教材中所给的素材相融合，一定可以相互补充，尤其是对 0 的突破有帮助。

2. 访谈。

四年级同学进行跳绳比赛，1 分钟内跳绳在 148 下及以上为优秀，如果以

148下为标准,5名同学的成绩分别记作+3、-1、+5、-3、-2。

先出示:四年级同学进行跳绳比赛,5名同学的成绩分别记作+3、-1、+5、-3、-2。

问题:你知道这五名同学的跳绳成绩吗?(学生是困惑的)

补充:"如果以148下为标准"。

问题:这时你知道这些数表示什么意思了吗?

第二个思考:访谈学生跳绳成绩这件事,学生是感到困惑的,对于学生来说,负数是一种抽象的存在。尽管他们在现实生活中时有接触,但"不可思议""不存在""虚假",还是学生对于负数的真实感受。但是当出示"以148下为标准"有的学生就明白了这些数表示的成绩是多少了,所以让学生意识到建立区分意义相反的两个量的"标准"很重要,这个标准可以用0表示。所以要发展和完善对0的认识,认识到0是表示正数和负数的分界。

五、单元学习进程设计

单元主要概念	学习进阶	问题链	主要学习活动	思维型教学原理	课时
生活中的负数	概念的具体化	问题一:负数有什么用?负数是怎么产生的?	创设认知冲突:学过这么多数,你有什么问题和发现吗? 提出问题:负数的产生和作用。 明确活动任务,思考活动路径。 搭建活动支架:用不同的形式表示几个城市的温度。体会用带有"+""-"的数表示其他城市的最高气温和最低气温的直观简洁。 制订研究方案,开展实践活动。	动机激发 认知冲突 自主建构	1课时
		问题二:查找正负数的资料	查找资料,分析整理。 发现问题,填写调查报告。	自主建构 自我监控	第2课时前完成

续表

单元主要概念	学习进阶	问题链	主要学习活动	思维型教学原理	课时
生活中的负数	概念的初步分析	问题三:"画负数"进行问题分析	组内交流:小组内交流课前研究情况。 全班汇总一些典型的具有研究意义的正负数事例。 自探静思:动手"画"负数。	自主建构 应用迁移 自我监控	2课时
	概念的深度理解	问题四:"说"深入理解正负数意义	问题解决:交流所"画"的负数,突破对0的认识,理解正负表示相反。 交流分享研究过程。 在数轴上完善对正负数的认识,感受数系的扩展。 自我反思、互相评价。	问题解决 应用迁移 自我监控	

第1课时 制订主题活动的研究方案

【教学目标】

1. 结合已有学习数的经验,发现生活中有带(+、-)这样的符号的数,产生好奇,发现问题,提出进一步想研究的问题,发展数感。

2. 结合温度的实例,为学生搭建活动支架,通过探索零上温度和零下温度的表示方法,体验用带符号"+"或"-"的数表示零上温度与零下温度的必要性,理解用这样的数表示温度的实际意义,发展符号意识。

3. 激发问题意识,能够提出解决问题的思路,制定研究方案,发展学生独立思考、合作探究、解决问题的学习意识和能力,发展学生的应用意识。

【教学重难点】

重点:借助生活中的数,创设认知冲突,激发学生的问题意识,能发现并提出问题,明确活动任务。

难点:思考研究问题的路径,制定研究方案。

【教学过程】

(一)创设认知冲突,发现并提出问题

1.发现问题:我们已经认识了很多种数,你认识下面哪些数,能说说它们表示什么意思吗?关于这些数,你有什么问题和发现吗?

预设:

①像16900,15200,6,0.1,1.41这些数我们学过,比0大,-155、-127、-10.93这样的数没学过,这样的数是不是比0小呢?

②学习分数和小数时是因为一小块蛋糕不够用1来表示,1角钱也不够1元,就产生了分数和小数。带(-)这样的符号的数叫负数,但不知道为什么会产生这种数?

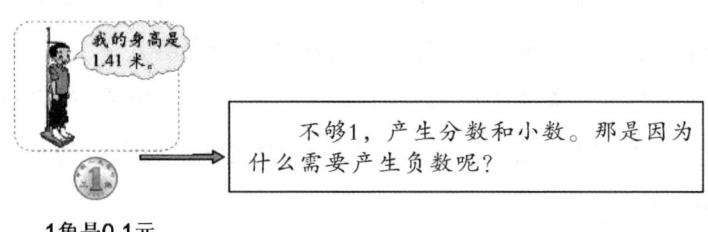

③看懂以海平面作为标准,高于海平面的数可以写成+8848.86,低于海平面的数记作-155,为什么记作-155,而不是-154或其他数?这个数是怎么得到的?和海平面有关吗?海平面可以看成什么数呢?

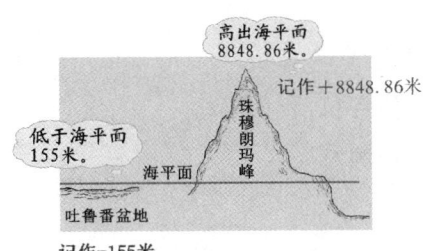

④答对得 10 分，表示在原有分数上加 10 分，答错扣 10 分，记作 -10，表示在原有分数上减 10 分，那是不是正数就是加法，负数就是减法呢？

质疑：如果原有得分是 0 分，答错一题扣 10 分，0-10，得分就比 0 分还低，应该是比 0 分还要小 10 分，成绩就是 -10 分，负数和减法还是有区别的。

⑤ -127 元是什么意思？不知道什么时候该用负数表示？

⑥赚钱了、存钱了就用正数表示，赔钱了、支出了就用负数表示。温度是不是也能用正负数表示？生活中哪里还用到正负数呢？

⑦我们之前学的数都是正数吗？到底什么是负数呢？

⑧我觉得负数好像是和正数相反的。

……

2. 问题归类，聚焦核心问题。

预设：

负数是比零小的数吗？

负数是怎么产生的？

为什么学习负数？

生活中哪里有负数？

负数在运算中有什么作用？符号（-）和减号有什么关系？

正负数和零有怎样的关系？……

聚焦核心问题——"负数的产生和作用"。

3. 探求解法。

设问：你准备怎么研究？

预设：首要任务是查找资料，收集素材。

思考：去哪里找学习资源？

找什么样的素材？

从哪方面着手研究？

借助什么手段进行分析？

……

【设计意图】面对这么多不同的数，对比中学生产生了好奇，发现问题并提出想要解决的或者困惑的问题。我们说思维的过程主要体现在解决问题的过程中，如果没有问题，就没有积极的思维。学生能发现问题、主动提出问题，意味着学习的创新，是学生深思熟虑的表现，能够反映出学生的思维潜能。通过创设认知冲突，激励学生提出问题，可以激发学生的求知欲，激起他们思维的活力，从而引导学生思考，有进一步探究的欲望。

(二) 借助温度搭建活动支架

1. 出示几个大城市的温度，让学生读一读，分析一下气温的冷热情况。

2. 提出问题。

出示：这一天北京的温度是零下 2℃～零上 5 ℃。

设问：如果不用文字叙述的方式来说明温度，你还有什么办法表示这两个温度？

3. 自主尝试创造，表示北京的最高气温和最低气温。

预设：画图（温度计、箭头等）

正负数

……

4. 全班交流，对比中体会统一用"＋、－"的方式表示零上温度和零下温度的简洁。

5. 用正负数表示其他城市的温度。

【设计意图】因为温度是研究负数最现实的模型，温度的变化是学生能体验到的事情，学生通过冷热之间差异的比较，更好地体验两个相反意义的量，帮助学生理解正负数的意义。同时温度计可以看作是横放着的数轴,能让学生直观体会到 0 是区分零上和零下温度的"标准"。通过温度感受冷热相反的量,这是真实的体验,学生知道寻找素材就要去找像这样具有相反意义的量,这样活动就有了抓手,也就明确了研究的方向和目的。

(三)制订研究方案

1. 确定研究问题和研究方法。

2. 小组合作制订研究计划。

研究问题	
收集素材	
研究分析	
发现问题	

3. 分工展开研究活动。

综合与实践是让学生经历发现问题、提出问题、分析问题、解决问题的过程。教师创设数的情境,引发了学生很多的问题和困惑,有了进一步探究负数的兴趣,激发学生积极主动地思维。这个过程教师关注学生是怎样提出问题的、提出了什么样的问题,并引导学生在众多的问题中归类,明确研究的方向。因为是学生感兴趣的又是自己提出的问题,学生就会积极主动地探究,并决定用调查分析的方法联系生活经验对负数展开研究。在追问学生准备怎么研究时,发现学生对研究路径还是有些困惑,这时教师借助温度为学生进一步研究搭建了一个支架,帮助学生明晰了收集素材的方向。

一系列活动,都是学生在想办法怎么推进研究,将要我学转化为我要学,增强应用意识和实践能力。

第 2 课时　活动实施

【教学目标】

1. 结合生活实例,寻找区分正负数的"标准",发展和完善对 0 的认识,感受正负数相反意义的关系,进一步体会正负数的意义,发展数感。

2.结合情境,了解整数包括正整数、0 和负整数,知道 0 既不是正数也不是负数,认识 0 是正数和负数的分界。

3.通过列举生活中运用正负数的例子,经历从生活到数学的抽象过程,积累正负数的活动经验,体会数学与现实世界的密切联系,发展学生的应用意识。

【教学重难点】

重点:理解正负数是表示相反意义的量;"0"是正数与负数的分界。

难点:寻找区分正负的"标准",感受 0 的作用,经历从生活到数学的抽象过程,发展数感。

【教学过程】

(一)课前布置前置任务——"找"负数:收集具有相反意义的量

前置任务:①查找正负数的资料;②收集生活中具有相反意义的量或正负数。

任务要求:解释你找到的负数在此事例中的意义,并把它用数学的方式表示出来,写在调查报告中。

【设计意图】在主题活动中,生活中各种各样的活动和现象就是学生将面对的现实的背景,从数学的角度发现并提出问题,综合运用数学和其他学科知识分析并解决问题。如果说前置任务(制订研究计划、"找"负数)的安排是对正负数知识的自我建构的开始,那后面核心任务"画"负数、"说"负数,则促进了学生数感的提升,也使得他们能用数学的眼光反观周围的世界,解释生活现象。

(二)创境启思——"画"负数,直观感受正负数所具有的相反关系

1.让学生介绍课前找到的负数。

交流要求:要说明白你在哪儿找到的这个负数,你觉得它表示什么意思?

2.动手"画"负数,初步感知负数的含义。

学习要求:请你简单地画一画,用一个简洁明了的方式分别表示出 -2 层、-50 ℃、-5000 米……

【设计意图】画图无疑是一种比抽象语言描述更贴近孩子们的表达方式,而且从数形结合的角度看,形的直观恰恰可以丰富数的抽象,形是对数的一种重要补充和完善。

（三）合作辨思——"说"负数，由外到内理解正负数的含义

1. 组织学生汇报交流，深入分析负数的含义。

（根据学生提供的生活实例进行研究交流，可能会有变化）

（1）交流"-2层"。

学生清楚地表达自己的想法，教师不急于评价，画图如下：

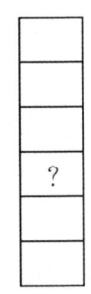

设问：问号处是第几层？

学生1：第3层。

质疑：你怎么知道第3层，万一最下面一层在地下呢？

思考：缺个地面。

教师比画地面的位置，学生判断问号处是第几层。

设问：同样是这一层，怎么一会儿是-1层，一会儿是2层，这是怎么回事呢？

学生发现：地面变化了，楼层也就变化了，问号处是第几层取决于地面在哪里。

设问：你怎么能让这个重要的信息一眼就让大家看出来呢？

监控：在地面那个位置画一条长一点的线。

像温度计一样用0表示。

（2）学生介绍"-5000米"。

预设：没有海平面就没法确定-5000米（标出海平面）。

设问：有了海平面就能确定-5000米在哪儿吗？

活动：用1拃代表1000米，如果把这位同学的头顶看成海平面的话，-5000米在哪儿？如果把肩膀看成海平面，-5000米在哪儿？

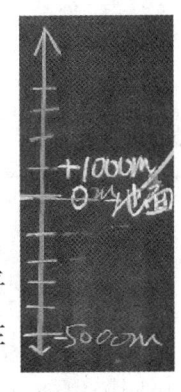

设问:同一个-5000米,怎么不一样呢?

预设:起点不一样。

确定海平面,用0米表示。

……

(3)"-3分"是突破0的关键。

先让学生介绍自己的想法,引发了学生质疑:100分分明是100,怎么就可以是0呢?

预设:100分是区分比100分多或少的分界点,0只是表示这个分界点,以下记为负,以上记为正。

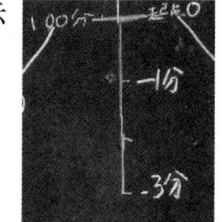

(4)认识温度-50℃、账本中的-200等。

2.抽象意义,发展完善对0的认识。

问题1:你还知道哪些具有相反意义的量?

问题2:研究了这么多的数,对数的感觉你有什么新的感受吗?你对哪个数有新的感觉了?

【设计意图】零的突破让学生对正负数的意义有了全面而深入的理解,由外在形的感知到实质的感悟,促进了学生思维品质的发展,有利于学生数感的培养。

(四)回归拓思——数分类,深入体会数的整体性结构

1.引导学生给学过的数分类。

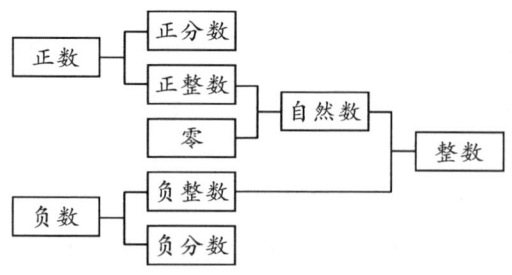

2.感受负数产生的必要性。

3.数学文化的渗透。

数学上最早认识负数和应用负数的是中国,我国古代数学名著《九章算术》里明确提到,如果"卖"是正,则"买"就是负;如果"余钱"是正,则"不足钱"就是

负,在世界上最先对负数概念作出了合理的解释。后来刘徽的《九章算术注》进一步明确指出了两种得失相反的数分别叫作正数和负数。400年前,法国数学家吉拉尔用"+"表示正数,用"-"表示负数,沿用至今。

【设计意图】在加减乘除运算中,任意两个数都可以加乘除,但是没有负数的话,小数减大数无法计算,所以让学生感受到负数的产生一方面来源于生活的需要,另一方面就是运算本身的需要,因为负数的产生让减法运算变得通行无阻。

【活动延伸】

必做题:

1.东、西为两个相反方向,如果 -4 米表示一个物体向西运动4米,那么 +2米表示什么? 物体原地不动记为什么? 画图表示。

正确率:98%

2.若将28记为0,则可将27记为 -1,试猜想若将27记为0,则28应记为什么?

正确率:93%　　　　　　　　错例:

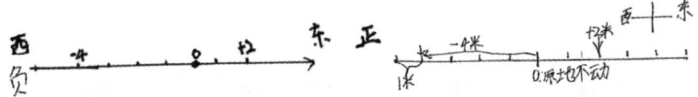

3.调查本组同学坐位体前屈的成绩,并用正负数记录下来。

【设计意图】考查学生对正负数意义的理解,能否用所学的知识记录生活中的现象。

选做题：

右面是某矿井的示意图，地面为 0 米标准线，点 A 的高度是 $+10$ 米，点 B 的高度是 -15 米，点 C 的高度是 -30 米。

(1) 点 A 比点 B 高多少米？

(2) 点 A 比点 C 高多少米？

正确率：83%

能借助数形结合表达：

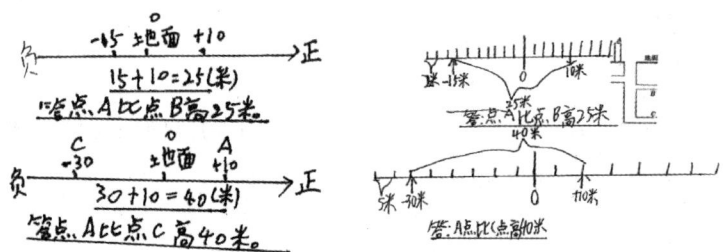

错例：

(1) 点 A 比点 B 高多少米？$10-15=5$（米）答：高5米。

(2) 点 A 比点 C 高多少米？$10-30=20$（米）答：高20米。

【设计意图】让负数参加简单的运算，初步体会负数与运算的关系，还可以发展非形式化的正负数运算，让学生感悟负数扩充的必要性。

六、单元教学反思

1. 学生自己寻找研究素材，丰富且有研究价值。

儿童对数的感悟离不开具体的情境和直观形象，通过一个又一个不同情境下的生活实例，一次又一次地丰富了学生对正、负数的认识，体会负数和已有知识的联系。最后引导学生观察、归纳、抽象并概括负数概念的本质，使学生对负数的认识深刻且有意义，而不是仅仅满足于从形式上认识负数，借助数形结合由表及里，由内及外地理解其含义。

大量的正负数素材为学生提供丰富的感知，学生发现 0 比任何一个数的内涵都丰富。以此促使学生深入思考，尤其是对 0 的感悟越来越深，地平面、海平面、100 分、148 下……都可以看成正负之间的那个基准，这个基准就可以用 0 表示。0 的认识的突破，是理解正负数意义的关键，学生在感悟正负现象的过程中，积淀成为认识问题的思维经验，能用自己的理解解释数学现象，可见学生得到的不仅仅是知识技能,更多的是感悟,是智慧。

2. 主题活动的形式有助于学生感受数系扩充的必要。

数的领域的不断扩充是一个优化的过程,是培养学生思维灵活与综合性的良好契机。由于负数的出现,数的大家庭又增添了一个庞大的团队,而我们的数轴也应该从原来的射线变成了一条直线,这样数的整体性结构就会更加清晰了。

以主题活动展开对负数的学习,帮助学生搭建思考的框架,引导学生主动参与、制订方案、查找资料、深入思考、得出结论,经历了自主认识负数的过程,这种对知识的深度理解仅靠教师讲授是达不到的。只有深入挖掘正负数的本质,由感知到感悟,才能真正理解数系扩充的意义。

(首都师范大学附属育新学校　梁春燕)

案例 7　"分数的意义"单元教学设计

一、单元内容分析

(一)本单元学习指向的核心概念及其进阶路线

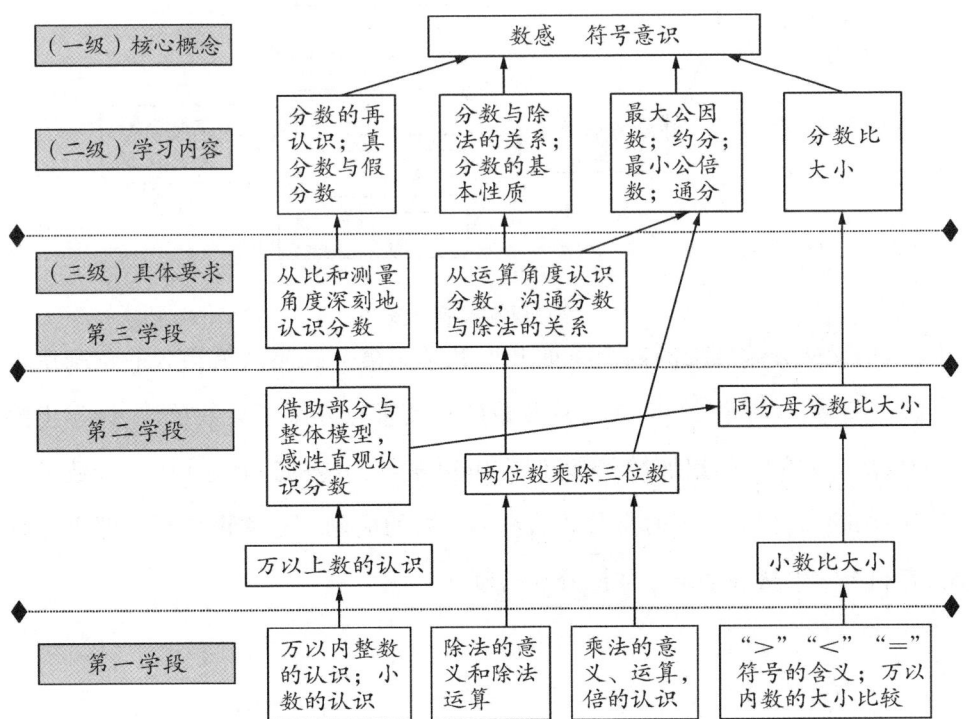

本单元聚焦"数感和符号意识"核心概念，落实课标中"结合具体情境探索并理解分数的意义，感悟计数单位；会进行分数、小数的转化；结合具体情境理解整数除法与分数的关系；了解公倍数和最小公倍数，了解公因数和最大公因数"的学习要求。

（二）本单元学习内容的组织线索

分数作为一种数，其本身既表达一个绝对的量，又表示一个相对的量。分数作为一个相对的量，其意义的表征模型既有离散的，又有连续的，分数作为一个概念，既表达动态的运算操作（过程性），又表达运算操作的结果（对象性）。这是由分数多维的含义决定的。

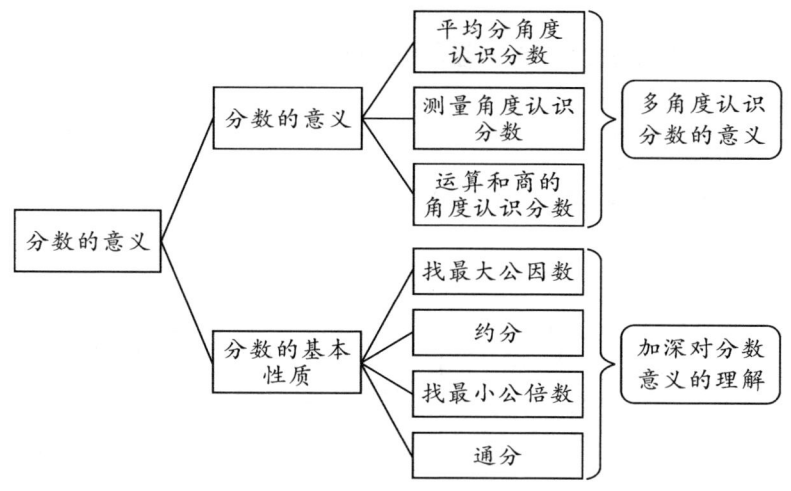

单元整体教学思路

本单元从分数意义的四个方面开展教学。第1课时从平均分的角度重点丰富对"整体"的认识；第2课时从测量的角度重点介绍了分数单位，让学生感受分数是分数单位的累加；第3课时在解决实际问题的过程中，认识分数可以表示除法的商；后2个课时是分数的基本性质的应用。这样设计每节课重点突出，有利于学生从各个维度掌握分数的概念。

二、单元教学目标设计

单元教学目标		
数学知识		在具体情境中掌握分数的意义;掌握分数的基本性质;会进行分数大小比较,会通分和约分
数学核心素养	数感	能用多种方法表达分数的意义;能在具体情境中把握分数的相对大小关系;能用分数来表达和交流信息
	符号意识	从复杂的关系中发现共性,抽象出数学符号,体会不同情境下分数的意义,感受分数的神奇与美妙;在解决问题中利用数学符号(分数)系统进行数学表达,体会数学符号(分数)是数学表达和数学思考的重要形式
数学思维		会深度思考,能灵活地解释和应用分数的丰富意义,创造性地在生活情境中使用分数;也能逆向思维,去情境化,抽象概括,不断逼近分数的本质
态度责任		保持对数学的好奇心和求知欲;能主动与人合作,尊重他人;能基于证据和逻辑发表自己的见解,敢于批判质疑

三、单元学习评价设计

1. 过程性评价

过程性评价采用口头评价和自我评价相结合的方式,给学生开放、及时的评价,起到监督、导向和激励作用。

(1)口头评价

授课过程中教师及时地对学生学习动机态度、过程和效果进行口头评价,及时发现问题和不足,引导学生学习和发展方向,给学生充分展示才能提供环境,在小组合作、生生交流时鼓励学生互评,互相启发,互相鼓励。

(2)学生自我评价

学生作为评价主体,对学习的效果、过程以及与学习相关的非智力因素进行评价。

例如:设置学生自我评价表(如下):

在这次活动中,我的表现是(请把每项后面的星星涂上颜色,涂满五颗星为最好)。

我对今天的学习内容很感兴趣	☆☆☆☆☆
能设计合理的问题解决方案	☆☆☆☆☆
在讨论中出了不少好主意	☆☆☆☆☆
认真完成了小组交给我的各项任务	☆☆☆☆☆
在交流反思中表达了不少独特的想法	☆☆☆☆☆

2. 结果性评价

	等级建议	数学知识	数学素养		数学思维深度思考
			数感	符号意识	
评价内容与等级划分	A	能准确说出分数的丰富含义；能根据分数的基本性质进行通分、约分，并能说出背后的道理	能用多种方法来表示分数的意义，能在具体情境中把握数的相对大小关系，能用数来表达和交流信息，能为解决问题而选择适当的算法	从很多复杂的关系中发现共性，主动抽象出数学符号，体会不同情境下分数的意义，感受分数的神奇与美妙；在解决问题中利用数学符号（分数）系统进行数学表达	会深度思考，能灵活地解释和应用分数的丰富意义，创造性地在生活情境中使用分数；也能逆向思维，去情境化，抽象概括，不断逼近分数的本质
	B	了解分数的丰富含义，但不能主动表达；理解分数的基本性质，能进行通分、约分	能说出分数的意义，会比较分数的大小，在生活中较少利用分数来表达和交流	经历抽象出分数的过程，掌握分数的意义，能用分数进行表达	思维比较浅表，不够灵活，抽象概括能力有限
	C	不能在具体情境中解释分数的含义，对分数的基本性质缺乏理解	对分数的意义掌握不全面，不能用分数来准确表达和交流。没有掌握分数比较大小的方法	不能从很多复杂的情境中抽象出分数的意义，缺乏用分数表达和交流的意识	不会主动思考，没有掌握正确的思维方法，需要在老师的指导下进行思考
评价	填写相应字母				

四、学生情况分析

为了了解学生进入本单元的基础,我们做了前测,调查育新小学五(3)班41人,回收问卷41份。

前测题:你是怎么理解$\frac{1}{4}$的?写一写,画一画,表达自己的想法。(尽量多写几种,全面地展示你的理解)

1. 学生从哪些角度认识分数?

角度	比的角度			测量角度	运算和商的角度
	"整体"是1个物品	"整体"是4个物品	"整体"是4组物品		
人数	37	8	10	0	3
百分比	90.2%	19.5%	24.4%	0%	7.3%

结果显示,从比的角度解释分数的意义的学生最多,只有3个学生从运算和商的角度解释分数的意义,没有学生从测量的角度解释分数的意义。从比的角度解释分数的意义的学生对"整体"的认识水平也不同,90.2%的学生能把1个物品作为"整体"找到$\frac{1}{4}$,19.5%的学生能把4个物品作为"整体"找到$\frac{1}{4}$,24.4%的学生能把4组物品作为"整体"找到$\frac{1}{4}$。可见,学生对分数的意义理解维度单一,从比的角度理解分数概念时又对"整体"认识不够丰富。

2. 学生用什么模型或方法表达分数的意义?

模型分类	面积模型	集合模型	数线	转化为小数
人数	37	15	2	9
百分比	90.2%	36.6%	4.8%	22%

结果显示,90.2%的学生想到使用面积模型来解释$\frac{1}{4}$的意义,36.6%的学生想到使用集合模型解释$\frac{1}{4}$的意义,只有4.8%的学生想到用数线模型解释$\frac{1}{4}$

的意义。可见,学生不能使用各种不同的表征体系多元解释$\frac{1}{4}$的意义。学生更多地关注分数的比的意义,没有关注到分数是一个数,有22%的学生想到转化成小数来刻画$\frac{1}{4}$的大小。

五年级的学生大约11岁左右,根据皮亚杰的认知发展理论,他们处于具体运算阶段到形式运算阶段的过渡期。这时的学生思维能进行一些运用符号的逻辑思考活动,抽象思维正在发展和完善。

通过对分数的意义的研究和对学生的分析,笔者发现分数教学最大的矛盾在于:分数意义的丰富性和学生理解维度的片面性、解释的单一性之间的矛盾。为解决这一矛盾,本单元需要从多维的角度理解分数的意义,培养数感。教学中对分数意义的理解需要借助多个直观模型,模型注重从具体到半具体,从半抽象到抽象的过程,其抽象水平越来越高对分数含义的多重性和复杂性体会也会更深刻。从具体到抽象模型依次是:实物模型、面积模型、集合模型、数线模型。

五、单元学习进程设计

(一)单元学习进程表

学习进阶	学习问题链	主要学习活动	思维型教学原理	课时建议
概念理解	问题一:分数表示什么意义?	探究:从比的角度认识分数	概念具体化	1课时
	问题二:分数是怎样产生的?	探究:从测量角度认识分数	概念具体化	1课时
	问题三:分数与除法是什么关系?	探究:从除法和商的角度认识分数	概念具体化	1课时
理解运用	问题四:分数的大小变化有什么特点或者规律?	探究:分数的基本性质	概念深度理解	1课时
应用创造	问题五:基于对分数的理解,如何比较分数的大小?	探究:分数的大小	概念迁移创造	1课时

从本单元的内容来看,分数意义的学习安排5课时,前3课时从不同维度认识分数。第4课时在全面理解分数的意义的基础上探究分数的基本性质,达到对分数概念的深度理解。第5课时根据前4课时对分数的深度理解解决现实问题——比较两个分数的大小,鼓励学生创造性地利用所学的知识和方法。每节课的内容虽各有侧重,但相互渗透,相互补充,整个单元的内容处处都落在了核心词对"意义"的不断理解和加深上。

(二)单元教学资源设计

1. 测量"尺子"和被测物品。

资源名称	测量"尺子"和被测物品
资源描述	"尺子": "尺子"是长度为6.1厘米,宽度为1厘米的小纸条,颜色鲜亮,便于标记和观察,厚度适中,便于折叠。 被测量物品: 数学书的长:4个纸条的长 + $\frac{1}{4}$个纸条的长 22开练习本的长:3个纸条的长 + $\frac{1}{3}$个纸条的长 橡皮的长:$\frac{3}{4}$个纸条的长 吸管的长:1个纸条的长 + $\frac{4}{5}$个纸条的长
开发意图	从测量角度认识分数需要学生经历测量过程,体会分数在测量中产生的必要性,所以"尺子"的长和被测量物品的长需要经过设计,为了让学生感受真实的测量环境,所以被测量物品是从大量学生常用的物品中挑选出来的长度合适的物品,这样确保在测量时,有的物品的长度可以用分数单位表示(几分之一),有的需要多个分数单位(几分之几)表示,这样的设计让学生在测量中体会所有分数都是分数单位的累加,进一步理解分数的意义

2. 分数的基本性质卡片。

资源名称	分数的基本性质卡片
资源描述	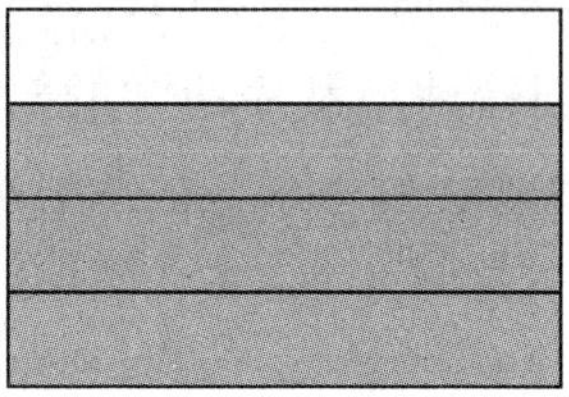 $\dfrac{3}{4}$卡:1张A4纸大小的卡片,平均分成4份,其中的3份涂色。 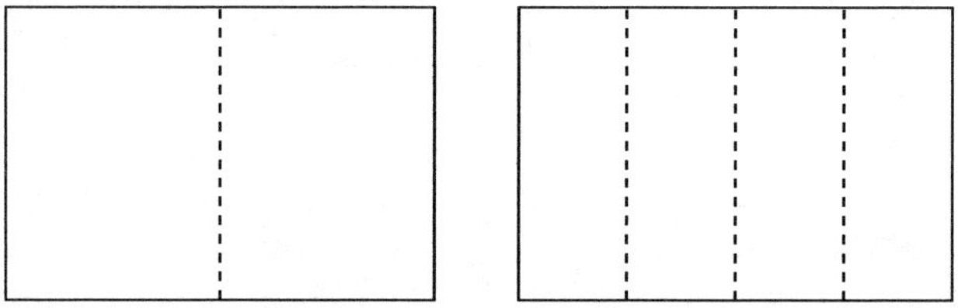 透明卡:2张A4纸大小透明的卡片,第一张画1条竖线平均分成两份,第二张画3条竖线平均分成4份。当透明卡片放在$\dfrac{3}{4}$卡片上时,就会出现$\dfrac{6}{8}$和$\dfrac{12}{16}$(如下图)。 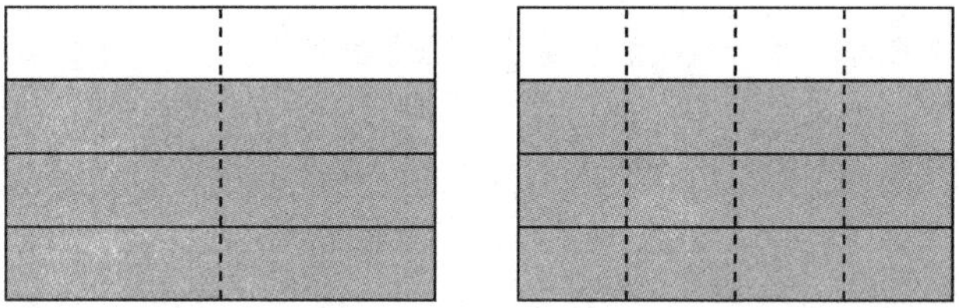
开发意图	分数的基本性质是高度抽象的,也是学生理解的难点,本设计从几何直观的角度探索分数的性质,$\dfrac{3}{4}$卡放上第一张透明卡片之后是$\dfrac{6}{8}$,放上第二张透明卡片之后是$\dfrac{12}{16}$,这个形象的展示和强烈的冲突很容易激发学生的研究热情,学生很容易提出问题:这三个分数表示什么?它们大小相同吗?它们有什么区别和联系?它们之间如何转换?而这些问题也都能在分析这几张卡片后找到答案,所以这套卡片为本节课分数的基本性质的研究以及后续分数的通分和约分的算理提供了形象的支撑

第1课时 从"比"的角度认识分数

【教学目标】

1. 结合创造与分享分数的过程,体会与理解单位"1"。

2. 结合具体的情境,经历概括分数意义的过程,理解分数表示多少的相对性。

3. 在具体的情境中,发展数感,体会分数与生活的密切联系。

【教学重难点】

重点:体会与理解单位"1",感受分数的相对性。

难点:理解分数既可以表示数量,也可以表示部分与整体的关系。

【教学过程】

教师活动	学习活动
环节一:创境启思	
$\frac{3}{4}$表示什么意思?请你利用手中的学具做一做、画一画或者写一写,表达你的想法。	预设1:我把一个正方形平均分成4份,这样的3份就是这个正方形的$\frac{3}{4}$。 预设2:我把一条线段平均分成4份,其中的3份就是这条线段的$\frac{3}{4}$。 预设3:我把4个苹果平均分成4份,3份就是4个苹果的$\frac{3}{4}$。
仔细观察,同样都是表示$\frac{3}{4}$,它们有什么不同的地方?	预设:它们平均分的物体不一样,有的是分一个图形,有的是分一组图形,有的是分一堆东西。
看来,平均分的对象可以是单个的图形(正方形、线段),也可以是多个物体组成的一个整体(4个苹果,12个骨头)。你觉得平均分的整体还可以是什么? 万事万物都可以看成1个整体。在数学上,把这样的整体叫作单位"1"。	预设1:我们班级的学生。 预设2:书架上所有的书本。 预设3:家里所有的零食。
【设计意图】通过创造与分享$\frac{3}{4}$,让学生比一比、辩一辩,多角度感受单位"1"。知道单位"1"可以是一个物体,也可以是多个物体。通过丰富对单位"1"的认识加深对分数意义的理解	

续表

教师活动	学习活动
环节二：自探静思 一个图形的 $\frac{1}{4}$ 是 □□，请你画出这个图形。 比较这些画法，有什么相同点和不同点？ 小结：将一个整体平均分成 4 份，一份是 2 个方格，4 个 2，就是 8 个方格。	学生已知部分，画出整体。 预设： ① [2×4 方格图] ② [一行排列方格图] ③ [不规则排列方格图] 预设 1：一份都是 2 个方格，一共画了 8 个方格。 预设 2：这 8 个方格排列的形状不同。
【设计意图】在这一环节，学生由 $\frac{1}{4}$ 推理出有 4 份（8 个）这样的方格，至于这 4 份怎么摆放，无关紧要。让学生体会分数表示"整体"与"部分"之间的关系。引导学生经历从"量"到"关系"的再认识	
环节三：合作辨思 拿笔游戏，请你拿出你所有铅笔的 $\frac{1}{2}$，说一说，你拿出了几支？ 为什么拿出的铅笔数量会不同呢？ 拿出来的数量不同，都是 $\frac{1}{2}$ 吗？ 小结：看来分数体现了整体与部分之间的关系，整体变了，这个分数所表示的数量也会发生改变。 淘气有 1 支笔，笑笑有 3 支笔，你能用分数说说淘气和笑笑的笔数量间的关系吗？	预设 1：2 支。 预设 2：3 支。 预设 3：4 支。 …… 预设：因为每个人铅笔的数量不同，所以它们的 $\frac{1}{2}$ 对应的数量也不同。 预设：虽然每个人拿出的笔的数量不同，但都是它们总数的 $\frac{1}{2}$。 预设：淘气的笔是笑笑笔的 $\frac{1}{3}$。

续表

教师活动	学习活动

【设计意图】在这个过程中,学生在理解分数表示"关系"的基础上,通过直观的拿笔活动,感受分数的相对性

环节四:训练反思

练习1.选一选,在正确的答案右边画"√"。 (1)一根圆棒的 $\frac{1}{3}$ 是 ,这根圆棒是下面三根中的哪一根? (2)一个圆的 $\frac{1}{4}$ 是 ,这个圆的 $\frac{3}{4}$ 是下列图形中的哪一个?  练习2:圈一圈,填一填,再说一说。 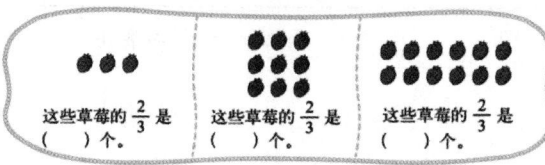 (注:本环节的图片来自北师大版五年级上册教材)	已知部分求整体。 练习:一份是多少?整体有几个这样的一份? 已知整体求部分。 练习:要分成几份?需要取几份?一共有几个?

【设计意图】采用教材中的习题,通过不同层次的练习,进一步巩固学生对分数意义的理解,感知整体与部分的关系,同时结合具体情境理解分数的意义与相对性

环节五:回归拓思

今天你对分数有了什么新的认识? 找一找生活中的分数,与同伴说一说每个分数表示的意思。	联系生活,解释分数的意义。

【设计意图】通过说说对分数的新的认识,促进学生自主构建分数的意义。通过解释生活中的分数,感受数学和生活的联系,鼓励学生用数学的眼光看生活,用数学的语言解释生活

第2课时 从"测量"的角度认识分数

【教学目标】

1.在用纸条测量长度的活动中进一步了解分数的产生,理解分数的意义,体会分数单位的重要性,感悟度量和分数单位中蕴含的数学思想。

2.经历从具体到抽象的认识过程,在操作、观察、交流活动中感悟数形结合的思想,培养抽象概括能力。

3.培养善于反思的学习习惯以及严谨认真的学习态度。

【教学重难点】

从度量角度理解分数的意义,体会分数单位的重要性。

【教学过程】

教师活动	学习活动
环节一:创境启思	

同学们,今天我们一起穿越时空,来到一个叫"无量王国"的地方,这里的人们常常因为不会测量而万分苦恼,今天我们的任务是去教他们测量长度。回忆一下,我们如何测量长度?
  如果没有尺子,也没有米、分米、厘米等人类规定的任何长度单位,我们又该怎么测量呢?
  无论是一拃、一步,还是一个吸管的长度,其实都是以它为度量单位去测量的。你能用手上的纸条测量数学书的宽吗?
	学生汇报测量长度的方法。
	
	学生根据测量的本质,提出可以用一拃、一步、一根吸管作为度量单位来测量。
	
	学生用小纸条测量数学书的宽。数学书的宽等于3张纸条的长。

【设计意图】在任务卡的任务驱动下,学生们跃跃欲试,学习兴趣浓厚。在寻求度量方法的过程中,教师引导学生经历规定"单位量"的过程,体验"单位量"的相对性和动态,掌握度量的本质,为不会用纸条度量的同学提供了学习的机会,为后续探究提供了可能性	

续表

教师活动	学习活动
环节二:度量活动(一),体现"分" （一）自探静思 我们继续用这张纸条测量数学书的长。 〔活动提示〕 1.用纸条测量数学书的长,并做好标记。 2.将测量结果记录在学习单上。 （二）合作辨思,分数单位应运而生 汇报内容:说说你是怎么想的,又是怎么做的,你度量的结果如何。 小组讨论。 全班汇报。 核心问题:剩余的不够1张纸条的部分如何测量? 强调:其实都是把纸条平均分了,用更小的单位测量。 总结提炼方法:回顾刚刚的测量活动,当我们用纸条去测量时,最后剩余部分不够一张纸条的长度了,同学们想到了将纸条平均分成了两份,用$\frac{1}{2}$张纸条去量,还是有点长了,于是继续分,这次平均分成4份,用$\frac{1}{4}$去量,刚刚好。 追问:如果$\frac{1}{4}$张纸条还是不行呢? 小结:就这样,在我们测量比度量单位还要小的量时,分数便应运而生了,它的产生帮助我们解决了问题。	学生独立探究。 全班汇报讨论。 预设: (1)4张纸条多一点 (2)4张不到半 (3)4张纸条的长度 (4)$\left(4+\frac{1}{4}\right)$张纸条的长度 = 4.25张纸条的长度。 预设:继续分,每份再小点,可以用$\frac{1}{5}$张纸条、用$\frac{1}{6}$张纸条、用$\frac{1}{7}$张纸条、用$\frac{1}{8}$张纸条……

【设计意图】让学生在测量中亲历量而有余产生分数(小数)或者更小的计量单位的数学事实,学生不仅容易信服,而且能将层级的计量单位与分数表达相联系。测量活动中学生感悟到分数单位可作为"度量单位",学生明确不同的情况可能会产生不同的单位,分数单位的产生是根据度量需要确定的,通过度量让学生理解不同分数单位产生的必要性

续表

教师活动	学习活动
环节三:度量活动(二),体现"数(shǔ)" (一)自探静思 用这样的思想和方法是不是可以测量其他物品的长度呢?我们试试吧。 〔活动提示〕继续用纸条测量你身边的物品,并将测量结果记录在学习单上。 (二)合作辨思 小组交流。 全班汇报。 汇报内容:你测的是什么?结果如何?重点说说最后剩下的不够一张纸条的部分,你是怎么测的? 核心问题:最后剩下的不够一张纸条的部分是以谁为单位测量的?数一数有几张这样的度量单位?所以是几分之几张纸条? 强调:像这样,分子是1的分数叫作分数单位。 追问:有了分数单位?怎么得到 $\frac{3}{4}$、$\frac{6}{8}$、$\frac{4}{5}$? 小结:先分,再数(shǔ)就产生了分数。	学生独立探究。 学生组内交流。 预设: (1)练习本长:3张纸条的长 + $\frac{1}{3}$ 张纸条的长 (2)橡皮长:$\frac{3}{4}$ 张纸条的长 (3)橡皮长:$\frac{6}{8}$ 张纸条的长 (4)吸管长:1张纸条的长 + $\frac{4}{5}$ 张纸条的长 学生思考、总结: 还需要数一数有几个这样的分数单位。
【设计意图】学生在测量中亲历确定分数单位后,分数单位的累加产生了分数的数学事实,学生基于度量的需要,数(shǔ)分数单位的个数,从而得到分数,体现出分数是个数(度量数)的意义。这样使学生对分数单位概念的内涵有了更深层次的理解	
环节四:训练反思,思维从具体走向抽象 观察黑板上的分数,你有什么发现吗? 预设: (1)不同分数单位的大小关系 追问:谁是最小的分数单位? (2)分数单位跟1的关系(横向垒墙) 5个 $\frac{1}{4}$ 是多少?跟1是什么关系?还是分数吗?(假分数、带分数) (3)等值分数 追问:它们有什么区别吗?	预设:$\frac{1}{2} > \frac{1}{3}$ 预设:没有最小的分数单位。 预设:2个 $\frac{1}{2}$ 是1,3个 $\frac{1}{3}$ 是1,4个 $\frac{1}{4}$ 是1…… 预设:$\frac{1}{2} = \frac{2}{4}$,大小相等,计数单位不同,计数单位的个数也不同。

续表

教师活动	学习活动

【设计意图】学生根据测量活动中的感悟和发现不断建造形成了"巨型分数墙"。在此过程中学生获取了分数知识间的联系,将这些知识紧密地联系在一起,建立了新的知识结构,感受了"分数群"的魅力,培养起良好的数感。学生测量过程中出现了假分数和带分数,数分数单位的时候也容易"多数",此时引出假分数和带分数很自然;学生也容易接受

教师活动	学习活动
任务情境:我们已经掌握了用小纸条测量长度的方法了,但是用小纸条折来折去比较麻烦。我们能不能以小纸条为"单位1"制作一把分数尺,送给"无量王国"的人们? 0 刻度在这里,1 应该标在哪? 你能找出分数的位置吗?标一标,画一画。	学生在"分数尺"上找一找分数的位置,标一标。

【设计意图】分数的意义丰富而复杂,学生需要多维多元地进行感受和认识,在数线上表征分数,具有将现实情境与有形对象进一步抽象为"数学符号"的作用,是沟通各种表征形式的良好介质

环节五:回归拓思,贯通数的认识

教师活动	学习活动
今天我们从度量的角度对分数进行了再认识,请你说一说你对分数有什么新的认识吗? 分数单位也就是分数的计数单位,其他的数有计数单位吗?举例说明。	学生谈收获。 学生主动联系,形成知识结构: 我们学过的整数、小数、分数都有计数单位,原来数的学习离不开计数单位,数的学习也离不开数(shǔ)。

【设计意图】引导学生把新知识——分数单位和学生已有的数的学习经验紧密结合起来,鼓励学生主动关联,体会分数与整数和小数之间的本质联系,实现学生新知识的自然生长,从而发展数感

第3课时 从"除法和商"的角度认识分数

【教学目标】

1. 结合分蛋糕的具体情境,通过操作、观察、比较、归纳来理解分数与除法的关系,会用分数表示两数相除的商。

2. 运用分数与除法的关系,探索假分数与带分数的互化方法,能借助数轴初步体会算理,并能正确进行互化。

3. 遵循从特殊到一般的合情推理过程,增强模型意识,提高观察、分析、总结的能力,渗透"数形结合"的思想。

【教学重难点】

沟通分数与除法的关系。

【教学过程】

教师活动	学习活动
环节一:创境启思	
把1块蛋糕平均分给2个小朋友,每人可以分几块蛋糕?可以写出怎样的算式?每人能分得多少块?请你带着问题结合蛋糕卡片,以4人小组为单位,算一算、画一画、分一分,将计算的过程与结果记录下来。 "$1 \div 2$"与$\frac{1}{2}$之间是什么关系?	学生分一分。 预设: $1 \div 2 = 0.5$ $1 \div 2 = \frac{1}{2}$ 预设:相等的关系。
【设计意图】简单直接的生活化情境引入,为整理数学信息、提出数学问题做好准备。在情境中探索,体会关系	
环节二:自探静思	
如果把7块蛋糕平均分给3个小朋友呢?请你写一写、画一画,表达自己的想法。	学生写一写、画一画,独立探究。
【设计意图】学生通过算一算、分一分的活动,在操作活动中表征思维过程,在分享交流中加深理解,在辨析比较中促进思考	

续表

教师活动	学习活动
环节三：合作辨思	
组织学生汇报交流。	预设1：$7 \div 3 = \frac{7}{3}$ 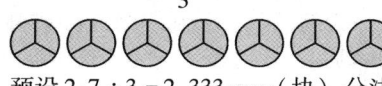 预设2：$7 \div 3 = 2.333……$（块），分法同上。 预设3：$7 \div 3 = 2\frac{1}{3}$ 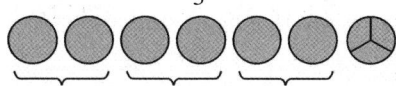
结果是$\frac{7}{3}$还是$\frac{3}{7}$？	预设：$7 \div 3$的结果肯定比2大一点，所以$\frac{7}{3}$正确。
$7 \div 3 = \frac{7}{3}$，这里有除法算式，也有分数，你有什么新发现或者问题吗？	预设1：我发现原来可以用分数表示除法中的商。 预设2：当除不尽的时候，可以用小数和分数来表示商。
$2\frac{1}{3}$和$\frac{7}{3}$是什么关系？	预设：数一数圆片，是相等的关系。
小结：当除不尽的时候，我们可以用分数来表示结果，看来分数与除法之间有紧密的联系。 你能具体说说除法和分数有什么关系吗？ 你能再多举几个例子说明这个关系是成立的吗？可以举一些含有真分数或者假分数的算式。	预设1：分子除以分母就是这个分数，$7 \div 3$就是$\frac{7}{3}$，$1 \div 2$就是$\frac{1}{2}$。 预设2：$a \div b = \frac{a}{b}$。 …… 被除数$\div$除数$=\frac{\text{被除数}}{\text{除数}}$ 除数不能为0，分母也不能为0。

【设计意图】用字母抽象概括出分数与除法之间的关系对学生来说没有太大的挑战，但要注意分母不为0的细节，保证数学思维的严谨性。最后再让学生通过多举例，不断应用，同时也验证分数与除法之间的关系。整个环节都是给予学生充分的思考与交流的空间，实现真正意义上的认知建构

续表

教师活动	学习活动
环节四:训练反思 　　假分数和带分数是可以互相转化的,以 $\frac{7}{3}$ 和 $2\frac{1}{3}$ 为例,写一写,画一画,说说它们是怎么转化的? $2\frac{1}{3} \rightarrow \frac{7}{3}$ 这几种转化方法有什么共同点? $\frac{7}{3} \rightarrow 2\frac{1}{3}$ 这几种方法之间有联系吗?有什么联系?	预设1: $2\frac{1}{3} = \frac{6}{3} + \frac{1}{3}$ 　　　 $= \frac{7}{3}$ 预设2: （数轴：0, 1, 2, $2\frac{1}{3}=\frac{7}{3}$） 共同点:2 转化为 $\frac{6}{3}$。 预设1: $\frac{7}{3} = \frac{6}{3} + \frac{1}{3}$ 　　　 $= 2 + \frac{1}{3}$ 　　　 $= 2\frac{1}{3}$ 预设:是相反的、互逆的过程。
【设计意图】在实例的一次次的对比、思考、交流中不断内化带分数与假分数的互化方法,感悟不论是带分数还是假分数,都是同一个数,潜移默化发展学生的抽象能力以及数感,更进一步地认识分数的意义	
环节五:回归拓思 　　练习:把10块巧克力平均分给3个人,每人分到几块?平均分给4个人呢?5个人呢?画一画,分一分,并与同伴交流你是怎么分的。 　　通过今天的学习,你有什么收获。	画一画,写一写,再次感受除法和分数的关系。 学生谈自己的收获。
【设计意图】在布置和汇报作业的环节,再次注重孩子对关系背后的理解以及转化道理的理解,通过小结,升华内涵,感受数学最真实的力量	

第4课时　分数的基本性质

【教学目标】

1.经历等值分数的探究过程,理解分数基本性质的内涵,归纳概括并掌握分数的基本性质,能运用分数的基本性质解决有关的数学问题。

2.培养学生观察、分析、比较、归纳、概括及动手实践的能力,进一步发展学生的思维。

3.经历观察、比较、猜想、验证、推理等数学活动,感受"比较""变与不变"等数学思想方法,提高学生自主探究知识的能力。

【教学重难点】

探索、发现和掌握等值分数,从而理解分数的基本性质,并能运用分数的基本性质解决问题。

【教学过程】

教师活动	学习活动
环节一:创境启思	
展示分数墙,找一找与1相等的分数都有谁?它们有什么共同点? $1 = \frac{2}{2} = \frac{3}{3} = \frac{4}{4} = \frac{5}{5} = \cdots\cdots$ 这样的分数叫作等值分数。	预设:分子和分母一样的分数等于1。
【设计意图】以分数墙为可视化图示工具,在观察分数墙的过程中,激活学生已有的知识经验,在寻找与1相等的分数过程中初步感悟等值分数的内涵	
环节二:自探静思	
妈妈买来了一块比萨:把这块比萨平均分成2份,哥哥和弟弟每人1份。弟弟很不开心地说:才1块,太少了。哥哥笑嘻嘻地说:"那平均分成4块,每人2块,怎么样?"弟弟连声说好,但拿到比萨后又觉得哪里不对。 1.弟弟得到的比萨多了吗? 2.你能折一折、画一画,将你的想法表示出来吗? 3.和你的同桌交流一下你的想法。 找一找,还有哪些分数与 $\frac{1}{2}$ 大小相等?	预设: $\frac{1}{2} = \frac{2}{4}$ 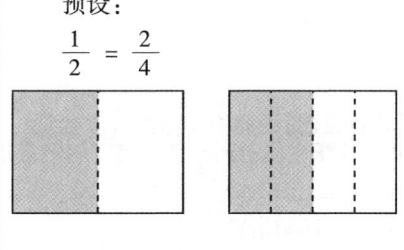 预设: $\frac{1}{2} = \frac{2}{4} = \frac{3}{6} = \frac{4}{8} = \cdots\cdots$
【设计意图】从"部分—整体"的关系入手,借助图示,引导学生在观察、比较、说理的可视化学习中理解 $\frac{1}{2}$ 和 $\frac{2}{4}$ 的等值关系,并能继续寻找与 $\frac{1}{2}$ 相等的分数	

续表

教师活动	学习活动
环节三：合作辨思 你能画图说明与 $\frac{1}{4}$ 相等的分数吗？ 分享交流：你怎么得到的这个分数，它们为什么等于 $\frac{1}{4}$？ 在找 $\frac{1}{4}$ 的等值分数的时候，大家的做法有什么相同的地方？	预设： $\frac{2}{8}$，$\frac{4}{16}$，$\frac{5}{20}$…… 预设：分母扩大为原来的几倍，分子也扩大为原来的几倍。平均分的份数发生了变化，取的份数也发生了变化，但是它们的大小是不变的。

【设计意图】引导学生在画图中自觉运用不同的直观模型解释与哪些分数相等，在可视化的图像表征与语言解释中发现真分数的等值关系，进一步体会"等价"思想

教师活动	学习活动
环节四：训练反思 分母扩大为原来的几倍，分子也扩大为原来的几倍，分数大小不变，这个规律是不是适合每一个分数呢？你有什么方法可以说明？ 我们今天发现的这个规律和前面学习的商不变的性质之间有什么联系？	预设1：列举法。 预设2：商不变的规律。 预设1：分子相当于被除数，分母相当于除数，商不变也就是分数的大小不变。 预设2：分数都可以写成除法算式，这个规律肯定也适合所有的分数。

【设计意图】由商不变的性质适合每一个除法算式推理出了这个规律也适合于所有的分数。让学生体会到推理也是我们经常用到的数学思想方法

教师活动	学习活动
环节五：回归拓思 练习：$\frac{5}{8} = \frac{10}{(\quad)}$ $\frac{42}{24} = \frac{7}{(\quad)}$ 通过本节课的学习，你对分数有了什么新的认识？	学生运用分数的基本性质，寻找相同的分数。

【设计意图】注重学生对分数基本性质的理解和运用，充分体会"变化中寻找不变"的内涵，感受分数意义的丰富内涵和分数的基本性质

第5课时 分数比大小

【教学目标】

1. 探索分数大小比较的方法,会正确比较不同分母分数的大小。

2. 理解通分的含义,掌握通分的方法。

3. 通过学生在探索分数大小比较的活动中,增强学生的探究意识,感受数学转化思想的解题策略。

【教学重难点】

重点:掌握通分的方法以及比较分数大小的方法。

难点:理解通分的含义。

【教学过程】

教师活动	学习活动
环节一:创境启思 为了了解学校对校园面积的利用,笑笑画了一张校园平面图(出示主情境图)。 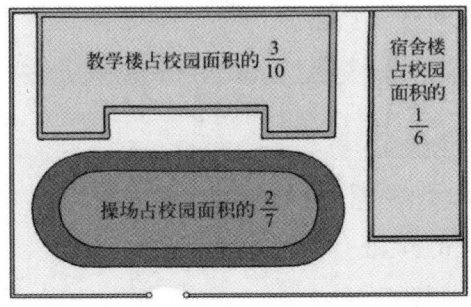 (注:本环节的图片来自北师大版五年级上册教材) 通过这幅校园平面图,你能知道哪些数学信息? 仔细观察,说一说。 根据这些信息,你能提出什么数学问题吗?	预设:通过这个校园平面图,我能知道教学楼占校园面积的 $\frac{3}{10}$,操场占校园面积的 $\frac{2}{7}$,宿舍楼占校园面积的 $\frac{1}{6}$。 预设1:操场和宿舍楼谁的占地面积大? 预设2:教学楼和宿舍楼谁的占地面积大? 预设3:操场和教学楼谁的占地面积大?
【设计意图】在这一环节,一方面是培养学生有序观察,发现并提出问题的能力,让学生从数学的角度去发现和提出问题。另一方面出示校园平面图,让学生了解其中信息更直观明了,让学生感受数学来源于生活并服务于生活	

续表

教师活动	学习活动
环节二：自探静思	
操场和宿舍楼谁的占地面积大？ 请独立思考，并将自己的想法通过画一画、写一写等方法表示出来。	预设1：画图。 预设2：转化成分子相同的分数再比较。 预设3：转化成分母相同的分数再比较。
【设计意图】鼓励学生根据对分数意义的理解和分数的基本性质来解决问题，给学生时间去探究，尊重创新，鼓励解法多样	
环节三：合作辨思	
交流汇报。 你用了什么方法？说说你是怎么做的？ 像这样，把分母不相同的分数转化成和原来分数相等，且分母相同的分数，这个过程叫作通分。 组织学生自由发言，学生言之有理即给予肯定。	预设1：画图 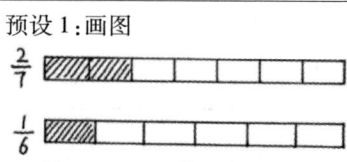 从图上可以看出 $\frac{2}{7} > \frac{1}{6}$。 预设2： $\frac{2}{7} = \frac{12}{42}, \frac{1}{6} = \frac{7}{42}, \frac{12}{42} > \frac{7}{42}$， 所以 $\frac{2}{7} > \frac{1}{6}$。 预设3： $\frac{1}{6} = \frac{2}{12}, \frac{2}{12} < \frac{2}{7}$，所以 $\frac{1}{6} < \frac{2}{7}$。 预设4： $\frac{2}{7} = 2 \div 7 \approx 0.29, \frac{1}{6} = 1 \div 6 \approx 0.17$， $0.29 > 0.17$，所以 $\frac{2}{7} > \frac{1}{6}$。 预设5： $\frac{2}{7} = 1 - \frac{5}{7}, \frac{1}{6} = 1 - \frac{5}{6}, \frac{5}{7} < \frac{5}{6}$， 所以 $\frac{1}{6} < \frac{2}{7}$。
这些方法中，你认为哪一种方法最方便？是以后比较分数大小时你更愿意用到的方法？	预设： 通分的方法只需要找到两个分数分母的公倍数，比较方便。 转化成分子相同的过程也同样简单，但是转化完成之后的比较过程，不像通分完成后直接比较分数单位的多少这样简单，所以综合比较还是通分最方便。

续表

教师活动	学习活动

【设计意图】在这个过程中,给予学生充分的空间和时间让学生自己探索异分母分数的大小比较的方法,让学生经历知识形成的过程,同时通过探索交流多种解决比较分数大小的方法,让学生感受解决问题方法的多样性,体验成功的喜悦

环节四:训练反思

| 教学楼和宿舍楼谁的占地面积大?
学生先独立思考,然后全班交流方法。

你们是怎么通分的? 通分的时候需要注意什么?
6 和 10 的公倍数有很多,有 30、60、90……用哪个公倍数好呢?

操场和教学楼谁的占地面积大?
请你用通分的方法尝试解决。 | 预设 1:
$\frac{1}{6} = \frac{10}{60}, \frac{3}{10} = \frac{18}{60}, \frac{10}{60} < \frac{18}{60}$,
所以 $\frac{1}{6} < \frac{3}{10}$。

预设 2:
$\frac{1}{6} = \frac{5}{30}, \frac{3}{10} = \frac{9}{30}, \frac{5}{30} < \frac{9}{30}$,
所以 $\frac{1}{6} < \frac{3}{10}$。

预设:应该找最小公倍数来做相同的分母,因为最小公倍数计算起来最方便。

预设:
$\frac{2}{7} = \frac{20}{70}, \frac{3}{10} = \frac{21}{70}, \frac{20}{70} < \frac{21}{70}$,
所以 $\frac{2}{7} < \frac{3}{10}$。 |

【设计意图】通过比较两组分母不同的分数的大小,讨论交流,让学生经历探究通分的方法,来更好地理解通分的含义和掌握通分的方法

环节五:回归拓思

| 练习:淘气、笑笑和奇思看一本同样的数学故事书。比一比,笑笑和奇思谁看的页数最多?

(注:本环节的图片来自北师大版五年级上册教材)
通过本节课的学习,你对分数有什么新的认识? 关于分数,你还想了解什么? | 学生利用通分的方法解决问题。

学生谈谈自己的收获和自己感兴趣的点。 |

续表

教师活动	学习活动
【设计意图】通过小结，引导学生系统回顾本节课所学的重要知识点，明确本节课的重点知识和重要方法	

六、单元教学反思

（一）素养导向下的单元整体构建

本单元根据新课标培养学生学科素养的要求，对整个单元内容进行整体设计。本单元属于"数的认识"，旨在培养学生"数感"和"符号意识"的数学核心素养，结构化的单元内容和思维型课堂组织形式为发展学生素养，提高学习能力提供了沃土。

（二）多维多元揭示分数的意义

本单元设计多个活动从多个维度认识分数的意义，即比、测量、运算和商。在全面了解分数的基础上，探索发现分数的基本性质，并创造性地解决分数比大小的问题，实现了学生对分数意义的全面深刻的理解。

利用多种模型，多种表征方式从形象到抽象多元地认识分数，有助于透过现象看到本质，便于学生顺利提取到分数的意义。

（三）教学评一体化设计

本单元进行教学评一体化设计，以评促教，评价从结果和过程两个方面进行，综合性评价从多维度记录着学生的成长历程。对教师来讲，在明确评价标准和内容的基础上，每节课的目标更清晰，课堂环节设计能更好地激发学生的思维，培养学生的素养，学生参与度和主动性更高，达到了很好的学习效果。

（首都师范大学附属育新学校小学部　孙金霞　朱爽滢　海萍）

案例8　"100以内数的认识"单元教学设计

一、单元内容分析

本单元聚集"数的运算、数量关系"核心概念，落实2022版课程标准中"在真实情境中理解数的意义,能用数表示物体的个数或者实物的顺序;能在简单的真实情境中进行合理估算,作出合理判断;能初步体会并表达事物蕴含的简单数量规律"。

(一)本单元学习指向的核心素养及其进阶路线

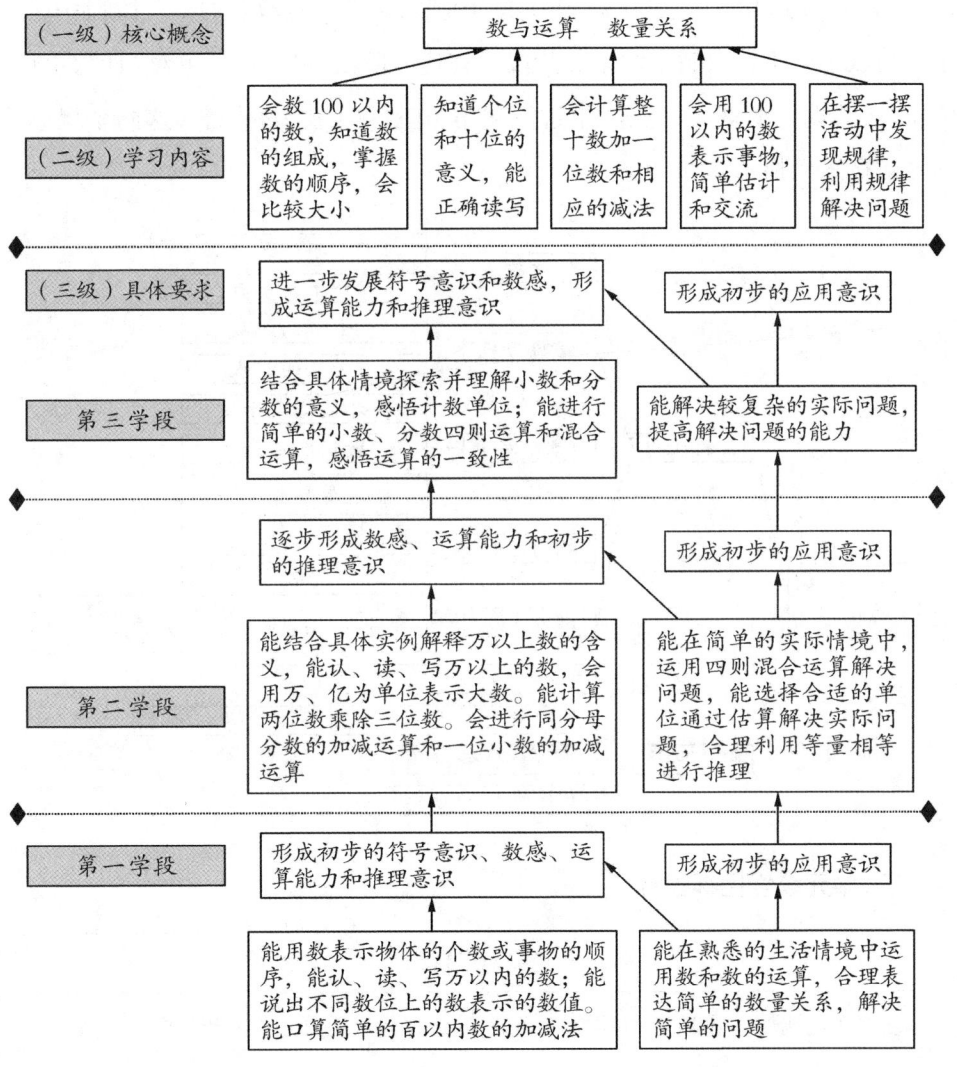

(二)本单元学习内容的组织线索

根据课标与教材的内容分析,在一年级上册,学生认识20以内各数,这是认数教学的第一阶段;在一年级下册,认数范围由20以内扩展到100以内,学生认识100以内各数,这是认数教学的第二阶段;在二年级下册,认数范围则由100以内扩展到万以内,学生认识万以内各数,这是认数教学的第三阶段……本单元的教学处于认数教学的第二阶段。在这一阶段,将拓展学生对"计数单位"的认识,并进一步感知、理解"十进制""位值制"两个基本概念,这两个概念是学习数概念的根本。

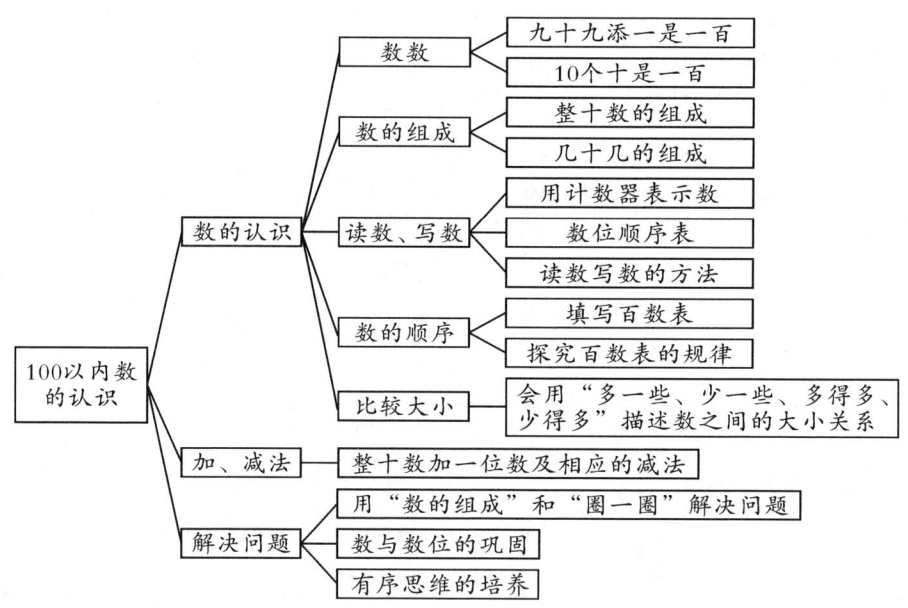

二、单元教学目标设计

单元教学目标	
数学知识	正确地数出100以内的物体的个数,知道这些数是由几个十和几个一组成的;知道个位和十位的意义,能够正确、熟练地读、写100以内的数;结合100以内数的认识,会计算整十数加一位数和相应的减法

续表

单元教学目标	
数学思维	结合100以内数的认识,在学习数序和大小的过程中,发展数感和推理意识在进行100以内数的大小比较过程中,应用数学思维进行科学的比较和推导
数学实践	结合具体实物,感受100以内数的意义,会用100以内的数表示日常生活中的事物;在具体情境中,能结合100以内的数,进行简单的估计和交流,逐步培养学生的数感;在解决实际问题的过程中,通过动手实践操作和记录的过程,感受用数学思考方法进行有序地列举、比较、推导,利用对数量的感知,发展数感和推理意识
态度责任	在日常生活情境中,利用校园中各种有关100以内数的收集和整理,感知生活中数学的应用价值,培养学好数学的价值感

三、单元学习评价设计

为了充分利用评价助力学生发展,数学组在本单元的教学中,以表现性评价为主要评价形式,评价特点如下。

(一)评价前置,指向素养目标

基于单元的素养目标,文清数学组教师在单元教学前就知识重点设计了单元评价量表(见下文),这一评价量表是针对不同知识要求达到的不同水平提出的,例如在"数与数的组成"一课中将评价分为三个维度,这三个维度对学生数数的能力提出了不同的要求,即能正确数,能有序数和多样化数数,三个目标维度也区分出三个层次的学生,由此在教学时可以根据学生的实际情况进行差异化教学,助力各类知识水平学生的知识掌握和能力发展。同时,量表后有自评、互评和教师评价,使得这份评价量表在单元教学过程中和单元教学结束时都能在一定程度上让学生自己、教师乃至家长及时了解和掌握学生的知识掌握情况,做到评价贯穿整个教学过程,让评价展现出学生的学习效果。

"100 以内数的认识"单元评价量表 班级： 学号：							
评价维度	评价内容	评价标准			自我评价	同伴互评	教师评价
^	^	★	★	★	^	^	^
知识技能	数数和数的组成	正确数出100以内的数，能说出数的组成	有序数出100以内的数，能看图写数	多种方法数出100以内的数，能根据条件说出这个数	☆☆☆	☆☆☆	☆☆☆
^	读数、写数	能正确读出、写出100以内的数	能看图写数	能按要求写数	☆☆☆	☆☆☆	☆☆☆
^	数的顺序	能根据数的顺序填完百数表	能根据数的顺序，用多种不同的规律，有序填完百数表	能根据百数表的规律，正确完成仅有部分百数表的填空	☆☆☆	☆☆☆	☆☆☆
^	数的大小比较	能比较出数的大小	○里填">""<"或"="（其中一个数个位未知，如：49○6□）	□里最大能填几？（如：74>□5）	☆☆☆	☆☆☆	☆☆☆
^	两个数之间的关系	会描述两个数之间的关系	会用精确、完整的语言表达比的结果	根据用语言所描述的数与数之间的大小关系及给出的数据来确定具体的数（如逆向练习第45页第4题青蛙吃了多少只害虫）	☆☆☆	☆☆☆	☆☆☆
^	计算整十数加一位数及相应的减法	会计算整十数加一位数及相应的减法	会熟练计算整十数加一位数及相应的减法	会运用整十数加减一位数或数的组成填写未知数（25=30-□，78=□-□）	☆☆☆	☆☆☆	☆☆☆

续表

评价维度	评价内容	评价标准			自我评价	同伴互评	教师评价
		★	★	★			
数学思考	用圆片有序摆数	会用圆片摆数	会有序摆数	不摆圆片直接写数	☆☆☆	☆☆☆	☆☆☆
问题解决	圈一圈解决问题	数一数解决	圈一圈解决	数的组成解决	☆☆☆	☆☆☆	☆☆☆
情感态度		主动	认真	合作	☆☆☆	☆☆☆	☆☆☆

"100以内数的认识"单元评价量表　　班级：　　　学号：

备注：将☆涂黑表示每项得分

（二）嵌入式评价，聚焦学习过程

在教学中，数学组教师也会注重教学过程的评价，设计与学习活动、实践内容相结合的具有特色的嵌入式评价量表（如下）：

问题一嵌入式评价量表　　班级：　　　学号：

评价维度	评价内容	★	★	★	自我评价	同伴互评	教师评价
学科实践	数回形针	一个一个顺着数	一个一个倒着数	会正着、倒着、拐弯数	☆☆☆	☆☆☆	☆☆☆
	数小棒	一根一根地数	十根十根地数	多种方法数	☆☆☆	☆☆☆	☆☆☆
	数纽扣	多颗叠加数	一行一行有序数	优化方法数（凑整）	☆☆☆	☆☆☆	☆☆☆
情感态度		主动	认真	合作	☆☆☆	☆☆☆	☆☆☆
数学思考		有条理	多种方法	方法优化	☆☆☆	☆☆☆	☆☆☆

备注：将☆涂黑表示每项得分

以"数的组成"一课为例,教师设计了与探究活动相结合的评价量表,这样的评价量表一改传统的终结性评价,更加关注学生的学习过程,以及在自主探究过程中能力的发展,这不仅仅检验学生对知识的掌握,更指向学生学习的过程,突出学习过程的重要性,凸显在学习过程中培养的操作能力,发展数学思想培养核心素养。

(三)评价拓宽,注重学习体验

文清小学一直秉持体验式教学的理念,针对第一学段学生学习过程,学习感受和态度变化尤为关注,由此在设计评价量表时注重对学生学习体验的评价。

问题三嵌入式评价:"百数表挖宝"实践活动评价量表 班级:_____ 学号:_____						
指标	★	★	★	自我评价	同伴互评	教师评价
态度责任	准备好学习用品,百数图实践单	认真独立完成,不交头接耳	遇到困难不放弃,认真思考,努力完成	☆☆	☆☆	☆☆
学科实践	有序解决百数表挖空问题	正确有序完成百数图挖空问题	在规定时间内正确有序完成百数图挖空问题	☆☆	☆☆	☆☆
数学思考	能通过观察,发现百数表中数的顺序的一个规律,并运用规律正确解决简单的百数表挖空问题	能通过观察,运用百数表横、竖的规律,正确解决百数表挖空问题	能通过观察,发现并运用两种以上方法、规律,准确解决百数表挖空问题,并予以验证	☆☆	☆☆	☆☆
备注:将☆涂黑表示每项得分						

如上表,在百数表的评价中有一栏关于学生态度责任的评价,主要从评价中表现学生在学习活动中的主动性、积极性,获得感等,在此基础上又进一步就激发学生探索精神、创新意识等方面进行努力。

四、学生情况分析

在学习这些知识之前,学生已经会数、会读、会写、会表示、会比较 20 以内的数,知道了10个一就是1个十,在日常生活中也积累了数100以内数的经验,但并没有对100这个数建立丰富的表象,同时根据该年龄段学生好奇、好动、喜欢模仿,思维倾向于直观形象的特点,因此本章宜采取更多的是利用直观化的学具,在活动中培养认识数的概念,在探究中培养抽象能力,发展数感。

五、单元学习进程设计

基于本单元的主题和学生核心素养的教学要求,数学组明确在这一阶段,将拓展学生对"计数单位"的认识,并进一步感知、理解"十进制""位值制"两个基本概念,这两个概念是学习数概念的根本。为此,数学组聚焦"数与运算、数量关系"核心概念,建立学习任务群,以任务驱动的形式开展单元整体学习,以更好地促进师生对核心概念的理解和掌握,形成相应知识技能和技能素养。将这一大任务细分成了记忆理解、理解运用和评价创造三个维度,每个维度都对应不同的学习问题,以解决一个大的学习问题来改进原先无单元整合下较为零散的教学设计,这样不仅让教学的目的性更加明确,而且聚焦核心素养使得教学更精准。这样的学习任务群(如下图),层层递进,更好地培养学生的核心素养和思维能力。

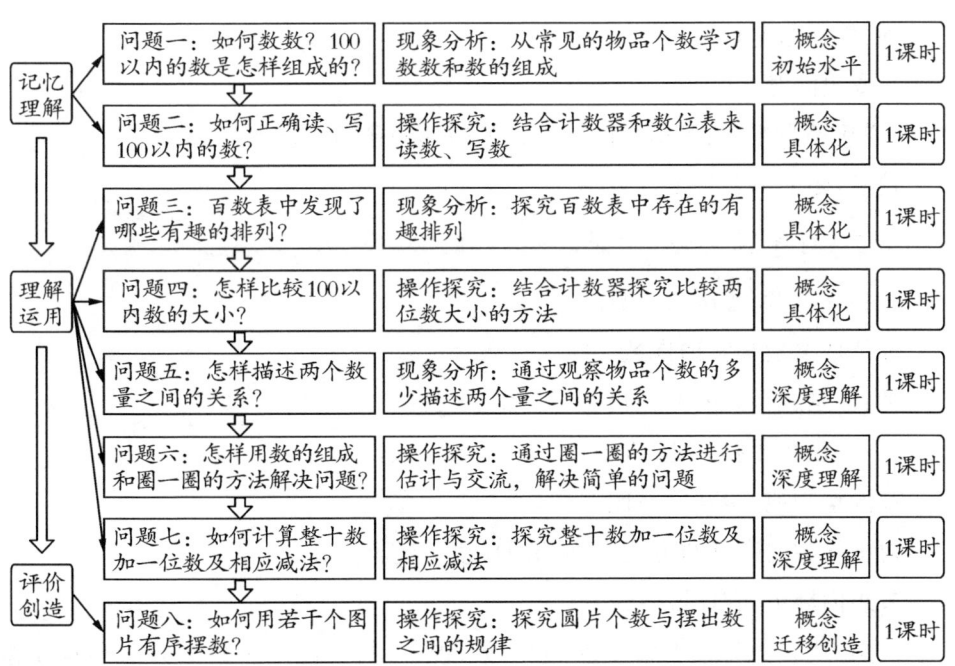

第1课时 数100以内的数和数的组成

【教学目标】

1. 认识计数单位"一"和"十",能够熟练地一个一个地或一十一十地数出数量在100以内的物体个数。

2. 掌握100以内的数是由几个"十"和几个"一"组成的。

3. 培养有序数数的意识,渗透方法多样化。

4. 培养学生观察、操作能力以及同学间的交流与合作的能力。

【教学重难点】

重点:能熟练地数出100以内的数,感受100以内数的大小。

难点:数到接近整十数时,下一个整十数是多少。

【教学过程】

(一)激学导思,疑学问思——主题情境创设

1. 出示主题图(用图片或视频展示)。

师:你在图上看见了什么呢?

2. 提出问题。

(学生通过观察,提出自己感兴趣的数学问题。)

预设:图上一共有多少只羊?

(二)自学独思,组学辨思——独立观察,数、比、说

1. 独立思考,尝试数一数。

你能数清楚吗?请你数一数。

师:你是怎么数的?先自己想一想。

(先自己用手指一指,在自己的书上数一数)

2. 同桌交流,相互比一比。

再把你数的数量与方法和你的同桌说一说。

3. 组内展示,有序说一说。

(小组内在数学书上指一指、数一数、说一说,关注学生数的方法和顺序指导)

（三）展学反思——数数方法展示并整理

1. 常规方法反馈。

师：你是怎么数的？请你上来数一数。

关注有序地数。

2. 不同方法反馈。

一只一只数。板书：100 里面有 100 个一。

十只十只数。板书：100 里面有 10 个十。

3. 方法小结（关注数数的有序性和方法的多样性指导）。

（四）拓学创思——结合真实情境，有层次地说一说、数一数

1. 数各种材料。

（四人小组合作）请数出 100 根小棒，100 个小正方体。

再次强调 10 个十是 100。

2. 按要求数数。

数小棒：从五十七数到六十三，再接着数到七十二。

出题考同桌。

3. 按要求拿小棒。

请分别拿出七十根、四十六根小棒。说说你是怎么拿的？

总结：七十里面有 7 个十。

4. 看小棒快速说出有几根。

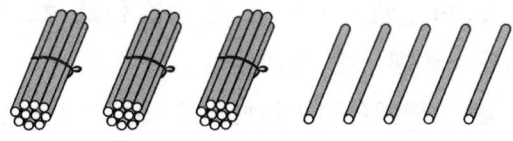

总结：三十五是 3 个十和 5 个一组成的。

第 2 课时　读数、写数

【教学目标】

1. 通过练习，让学生进一步理解个位、十位上的数所表示的意义，激发学生主动探究的欲望。

2. 巩固并读、写出 100 以内的各数。

3.结合具体实物,使学生感受100以内数的意义,会用100以内的数表示日常生活中的事物,并进行简单的估计和交流。

4.培养观察、操作能力以及与同学合作交流的能力。

【教学重难点】

重点:能正确读出和写出100以内的数。

难点:能掌握100以内数的读数和写数。

【教学过程】

(一)激学导思,疑学问思——主题情境创设

1.出示主题图(用图片或视频展示)。

师:你在图上看见了什么呢?

2.提出问题。

(学生通过观察,提出自己感兴趣的数学问题。)

预设:每种颜色的纽扣各有多少粒?一共有多少粒?

汇报:

黄纽扣:四十(4个十)

绿纽扣:二十七(2个十和7个一)

红纽扣:三十三(3个十和3个一)

总粒数:一百(10个十)

(二)自学独思,组学辨思——感受数位和数位上的数的意义

独立思考,尝试用小棒摆一摆,在计数器上画一画。

你能用小棒表示这三种颜色的纽扣吗?摆一摆,再在计数器上画一画。

以四人小组为单位,互相说一说你的作品。

(三)展学反思——学生小棒、计数器作品展示并整理

1.全班交流。

上台汇报,重点说清楚自己是怎么拨的,为什么。

2.数的读写。

教师示范在数位表中写出黄纽扣的数量。

学生模仿写出绿纽扣和红纽扣的数量。

3.数的意义。

引导学生明确各个数位上的数字所表示的含义。

讨论33中两个"3"的意思一样吗？各表示什么？为什么同一个数字表示的意义却不同呢？

深化学生对不同数位上的数字所表示的意义的理解。

（四）拓学创思——认识"百"

1.小棒表示"一百"。

把表示三种纽扣的小棒放一起。

10根小棒变一捆,10捆小棒变一大捆。

2.计数器表示"一百"。

一十一十地数,在计数器上拨出"一百"。

3.在数位顺序表上写"一百"。

对着计数器上的数位表,与同桌互相说一说,明确从右边起各个数位的名称及每个数位上的数字各表示什么含义。

4.归纳读、写数的方法。

回顾自己写的数,读一读、想一想,说说写数和读数的方法。

总结:读数和写数,都应从高位起。

第3课时　练习八

【教学目标】

1.认识计数单位"一"和"十",能够熟练地一个一个地或一十一十地数出数量在100以内的物体个数。

2.掌握100以内的数是由几个"十"和几个"一"组成的。

3.培养有序数数的意识,渗透方法多样化。

4.培养观察、操作能力以及与同学的合作交流能力。

【教学重难点】

重点:会数、读、写100以内的数。

难点:理解数位及数位上数的含义。

【教学过程】

（一）激学导思，疑学问思——主题情境创设

1. 出示主题图。

 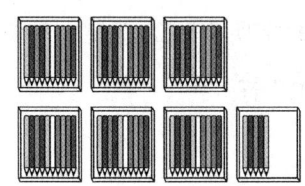 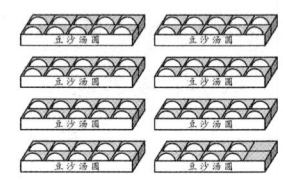

（注：图片来自人教版一年级下册教材）

你觉得哪几幅图的数量比较好数？

2. 提出问题。

为什么2号图和3号图比较好数？

（二）自学独思，组学辨思——独立数、写、说

1. 学生快速数出2号图和3号图的数量。

汇报你是怎么数的？

口答：（　　）个十和（　　）个一合起来是□。

2. 在65和78的后面连续数出5个数。

指名数：在"拐弯数"时，让学生说一说。

同桌互相数。

（三）展学反思——估计颗数

1. 估一估上面第一幅图有多少颗糖。

教师圈出十个后，再让学生重新估计。

教师采用动画圈完所有糖，并确定糖数量：45个。

2. 反思两次估的过程。

比一比两次估计的结果。

说一说哪种方法更好，为什么？

明确估计方法的重要性。

3.再次估计,加深感受。

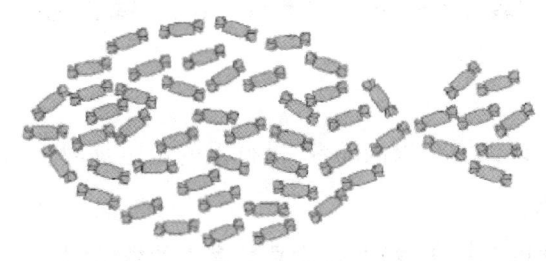

(注:图片来自人教版一年级下册教材)

总结方法:先数出 10 个(找标准),再估大约有几个这样的 10 个(标准)。

(四)拓学创思——结合真实情境找数

1.读出生活中的数。

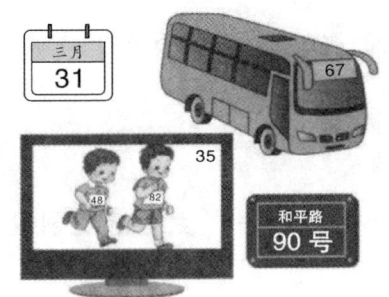

2.按要求写数。

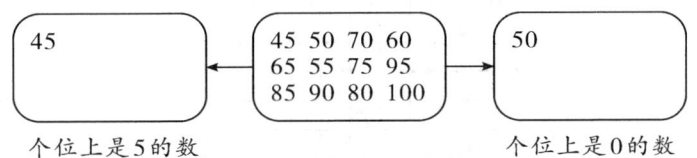

个位上是5的数   个位上是0的数

3.填空。

(1)本班有(　　)名同学。

(2)教室里有(　　)张桌子,(　　)把椅子。

(3)今年十月一日是中华人民共和国成立(　　)周年。

(4)我国有(　　)个民族。

4.想一想,卡片上的数可能是多少?

个位上的数和十位上的数字合起来是9。

第4课时　数的顺序比较大小

【教学目标】

1.在百数表上认识100以内的数,进行数的定位练习,通过探究,发现百数表行列的排列规律。

2.培养用数学的意识去发现、探索百数表中的数学问题。

3.通过观察、动手操作,引导学生自主发现百数表中行与列的规律,并能运用规律正确填表。

4.发展思维能力和学习能力,获得积极的情感体验。

【教学重难点】

重点:能对100以内的数按照顺序进行整理,掌握百数表中数的排列规律。

难点:自主探求规律,灵活运用规律。

【教学过程】

(一)激学导思,疑学问思——主题情境创设

1.出示主题图。

	2		4		6		8		10
11		13		15		17		19	
	22						28		
		33				37			
			44		46				
				55					
			64		66				
		73							
	82						88		
91								99	

师:你在图上看见了什么呢?

2.提出问题。

我们把1~100这100个数宝宝整齐地填到一张表中,这就是百数表。方格里还有不少位置是空着的,你能把它填完整吗?

(二)自学独思,组学辨思——独立填数观察发现

1.独立思考,尝试填数。

2.涂色。

给十位上是3的数涂上绿色;个位上是3的数涂上黄色;个位和十位数字相同的数涂上粉色。

引导学生逐项完成。

3.你能从表里发现哪些有趣的排列?

要引导学生观察思考,从横行看、竖行看等方式发现规律。

从横行看:第一行填单数,第二行填双数。每一横行的个位都是1、2、3、4、5、6、7、8、9、0。

从竖行看:每一竖行的个位数都一样,十位上的数是0、1、2、3、4、5、6、7、8、9排列(0省略)。

教师提问:第4行第8个数是多少? 第5行第8个数是多少? 55前面一个数是多少?

(三)展学反思——填写百数表的一角

按照上表中的排列,在下面的空格中填上适当的数。

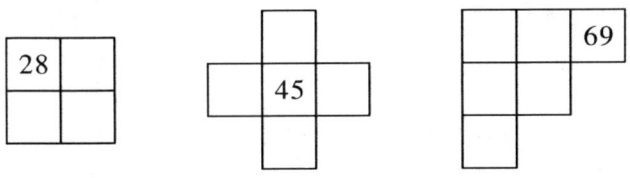

结合规律说明填数方法。

(四)拓学创思——比较数的大小

1.借助小棒比大小。

教师问:左边有多少根小棒? 右边有多少根小棒?

(根据学生回答,教师板书:42   37)

教师追问:"左右两边的小棒,哪边的多? (左边多)42 和37 两个数比较,哪个数大?"

学生回答,老师再作说明:42 和37 相比较,42 大,37 小,我们用">"来表示它们的关系。

2.借助计数器比大小。

让学生观察后问:

"左边的计数器表示多少?右边的计数器表示多少?"

(学生回答后,老师板书:23 25)

"23和25这两个数相比较,哪个数大,哪个数小,应该怎样表示?"老师在○里填上"<",大家齐读式子两遍。

3.做教材第42页"做一做"。

先让学生独立做题,教师巡视指导,对有困难的学生可对照数目表,做完后集体订正。

第5课时 描述数之间的大小关系

【教学目标】

1.会用多得多、少得多、多一些、少一些等词语形象地描述两个100以内的数之间的大小关系,培养学生的数感和语言表达能力。

2.在观察、比较的过程中,逐步发展估计意识和推理意识。

3.通过解决生活里相关的实际问题,体会数学的作用,发展应用数学的意识。

【教学重难点】

重点:掌握100以内数的大小比较的方法。

难点:正确熟练地进行大小比较。

【教学过程】

(一)激学导思,疑学问思——主题情境创设

1.出示主题图。

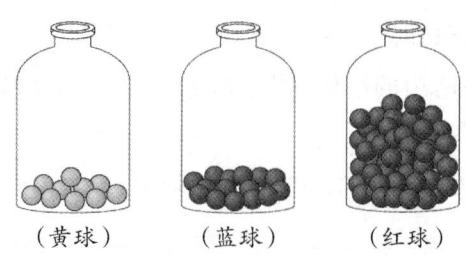

(黄球)   (蓝球)   (红球)

师:你在图上看见了什么呢?

2.提出问题。

黄球有10个,请你猜一猜,蓝球和红球各有多少个?

(二)自学独思,组学辨思——猜测中认识四个词

1. 蓝球和黄球谁多一些,谁少一些?

你觉得蓝球有几个?

为什么大家猜的数都和10比较接近?

教师示范:蓝球比黄球多一些,黄球比蓝球少一些。

(板书:多一些,少一些)

2. 红球和黄球谁多得多,谁少得多?

你们猜红球有几个?

为什么大家猜的数都比较大?

教师示范:红球比黄球多得多,黄球比红球少得多。

(板书:多得多,少得多)

3. 应用。

红球和黄球比,你会用哪个词?

(三)展学反思——根据数据描述

桃子:25个　苹果:30个　梨:65个

看看这些水果的数量,请你说说:谁比谁多一些,谁比谁多得多,谁比谁少一些,谁比谁少得多。

学生分小组讨论得出结论:

桃子比苹果少一些,苹果比桃子多一些。

桃子比梨少得多,梨比桃子多得多。

苹果比梨少得多,梨比苹果多得多。

看图验证结论。

(四)拓学创思——根据结论猜数量

1. 小丁和小兰比赛拍皮球,小丁拍了55下,小兰拍的比小丁多一些,小兰可能拍了(　　)。

A. 50 下　　　　B. 60 下　　　　C. 90 下

2. 玩具飞机需要 60 元,玩具汽车比玩具飞机便宜一些,玩具汽车可能需要(　　)。

A. 73 元　　　　B. 22 元　　　　C. 57 元

3. 比 69 少得多的数字可能是(　　)。

A. 55　　　　　B. 31　　　　　C. 98

4. 一本 70 页的童话书,小明已经读了 32 页,小雪比小明读的多得多,小雪可能读了(　　)。

A. 65 页　　　　B. 40 页　　　　C. 80 页

第 6 课时　用 100 以内数的认识解决问题

【教学目标】

1. 在解决问题"能穿几串"中理解几十里面有几个十。

2. 在具体情境中学会解决问题,发展学生的数感。

3. 在解决问题的过程中,培养解决问题策略的多样性,提高解决问题的能力。

【教学重难点】

重点:灵活运用相关知识解决生活中的简单问题。

难点:运用恰当的方法和策略解决实际问题。

【教学过程】

(一)激学导思,疑学问思——主题情境创设

1. 出示主题图。

师:你在图上看见了什么呢?

2. 提出问题。

58 个珠子,10 个穿一串,能穿几串?

从题目中你知道了什么?要解决的问题是什么?

(二)自学独思,组学辨思——画圈数数

1.要想知道能穿几串,该怎样解答?

A.画图:圈一圈。

B.数的组成:58里面有5个十和8个一。

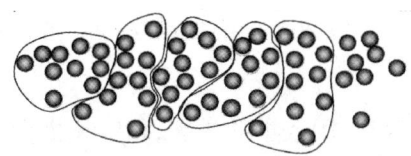

验证:1串是10个,5串就是50个,剩下的8个,正好是58个。

(三)展学反思——多种方法解决问题

1.如果5个穿一串,这些珠子能穿几串?

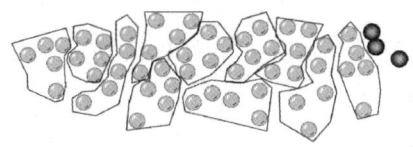

2.一个十里面有2个5。

2+2+2+2+2+1=11(串)

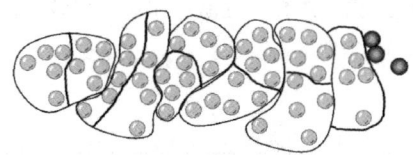

(四)拓学创思——装杯子

8个盒子能装下这些杯子吗?

第7课时　整十数加一位数及相应的减法

【教学目标】

1. 比较熟练地口算整十数加一位数和相应的减法。

2. 运用所学知识解决生活实际问题,培养学生思维的灵活性。

3. 经历研究整十数加一位数及相应的减法运算方法的过程,感悟生活中处处有数学。

4. 在学习中体验学数学、用数学的乐趣,培养积极探索的精神。

【教学重难点】

重点:掌握整十数加一位数及相应减法的口算方法。

难点:掌握100以内数的组成,理解算理,并能准确计算。

【教学过程】

(一)激学导思,疑学问思——主题情境创设

1. 出示主题图。

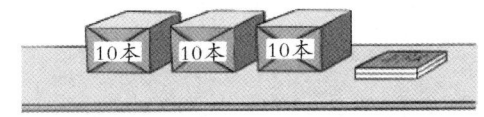

(注:图片来自人教版一年级下册教材)

师:你在图上看见了什么呢?

2. 提出问题。

老师一共买了几本写字本?你是怎么知道的?

32里面有3个十和2个一。

(二)自学独思,组学辨思——一图四式

1. 你能根据图片写四个算式吗?

□ + □ = □　　□ − □ = □

□ + □ = □　　□ − □ = □

2. 同桌互说。

3. 全班交流。

$30+2=32$:3个十和2个一合起来是32。

$2+30=32$:2个一和3个十合起来是32。

$32-30=2$:从32里拿掉3个十,剩2个一。

$32-2=30$:从32里拿掉2个一,剩3个十。

(三)展学反思——多种模型理解加减法

写算式,说意义。

1.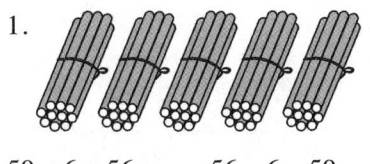

$50+6=56$　　　　$56-6=50$

$6+50=56$　　　　$56-50=6$

2. 　　　　$70+8=78$　　　　$78-8=70$

　　　　$8+70=78$　　　　$78-70=8$

3. 总结方法。

(四)拓学创思——计算练习

$70+8=$	$40+4=$	$5+70=$	$3+90=$
$78-8=$	$44-4=$	$75-70=$	$93-90=$
$78-70=$	$44-40=$	$75-5=$	$93-3=$

第8课时　练习十一

【教学目标】

1. 比较熟练地口算整十数加一位数和相应的减法。

2. 运用所学知识解决生活实际问题,培养学生思维的灵活性。

3. 经历研究整十数加一位数及相应的减法运算方法的过程,感悟生活中处处有数学。

4. 在学习中体验学数学、用数学的乐趣,培养积极探索的精神。

【教学重难点】

重点:理解各个数位的含义。

难点:能运用数位知识解决问题。

【教学过程】

(一)激学导思,疑学问思——主题情境创设

1. 出示主题图。

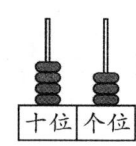

2. 提出问题。

看到这幅图,你想到了什么?

(二)自学独思,组学辨思——意义、算式、编题

1. 意义。

43:4 个十和 3 个一合起来是 43。

2. 加减法。

40 + 3 = 43　　　43 − 3 = 40

3 + 40 = 43　　　43 − 40 = 3

3. 请你想一想:以下语句说的是哪一个算式?

两只小猫吃了 8 条鱼,还剩 40 条鱼。原来有几条鱼?

我们班有 43 人,如果每人发一根跳绳,还差 3 根。我们班有几根跳绳?

你能自己试着编一道题吗?

与同桌说一说。

(三)展学反思——计算练习

1. 教材第 49 页第 4 题。

54 − 4 =　　　2 + 70 =　　　65 − 5 =　　　20 + 6 =

90 + 5 =　　　77 − 7 =　　　69 − 60 =　　　28 − 20 =

37 − 7 =　　　6 + 70 =　　　34 − 30 =　　　89 − 9 =

2. 教材第50页第8题。

25 = 20 + □　　　　50 = 51 − □　　　　99 = 90 + □
33 = □ + □　　　　60 = 62 − □　　　　78 = □ + □

(四)拓学创思——思维提升

如果○ + □ = 20，△ + □ = 11，○ + △ + □ = 27。

那么△ = (　　)，□ = (　　)，○ = (　　)。

第9课时　摆一摆，想一想

【教学目标】

1. 运用数位、计数单位、进率、记数的概念，掌握1~9个点子有序摆出两位数的方法，并能根据结果发现规律。

2. 经历摆一摆、写一写、想一想、说一说的活动过程，掌握有序操作的思考方法。

3. 在挑战中，体验成功的喜悦，感受数学的规律美。

【教学重难点】

重点：巩固数位及位值的概念。

难点：探索100以内数的特点及排列规律。

【教学过程】

(一)激学导思，疑学问思——主题情境创设

师：同学们，这节课老师给大家带来了一位老朋友，(出示实物数位表)你们还认识它吗？谁能简单介绍一下我们的这位老朋友吗？

生1：从右边起第一位是个位，第二位是十位。

生2：在个位放一颗珠子表示1个一，在十位放一颗珠子表示1个十。

如果用一个小圆片在数位顺序表上摆一摆，能摆出哪些数？

这节课我们就用数位表和圆片动手摆一摆，动脑想一想，看看谁最聪明、最厉害，摆得又多又好。

(二)自学独思，组学辨思——感受位值、有序

1. 用2个小圆片摆一摆，初步感受位值的意义。

师：用2个小圆片摆摆看，能摆出哪些数？要求：

(1)摆出所有的数；

(2)同桌两人合作完成，一人摆，另一人记录。

师：看哪一组同桌之间配合最默契。同时思考一下：怎样摆所组成的数才会按照一定的大小顺序排列呢？

(学生动手操作、动脑思考)

师：你摆出了几个数？是怎么摆的？

(1)2、20、11；

(2)2、11、20；

(3)20、11、2。

师：同学们最喜欢哪一种摆法，为什么？

总结：有序排列，不会遗漏，不会重复。

师：看来圆片在数位表中的位置太重要了，就这么2个圆片在数位表上移来移去就可以摆出3个不同的数。

2.用3个小圆片表示数，再次感受有序思考。

师：现在请同学们用3个小圆片来摆一摆，看能摆出哪些数？在记录表上写出所摆的数，记录完后，同桌比一比，看谁记录得有规律。思考：怎样汇报能让大家听得清楚、看得明白？(展示学生记录的数)

(1)30、3、21、12。

(2)3、12、21、30。

师：根据我们摆2个小圆片的方法，对比两种摆法，你们能看懂他们是怎么摆的吗？你更喜欢谁的？为什么？

(三)展学反思——运用规律解决问题

1.感知规律。

师：刚才我们用2个小圆片有顺序地摆出了3个数，用3个小圆片有顺序地摆出了4个数，现在小组研究一下，用4个小圆片能表示几个数？分别是哪些数？可以先猜一猜，再来摆一摆验证猜想。

师：看来同学们都掌握了摆数的方法，为了奖励大家，我们来玩一个小游戏。(规则：选出5名同学分别代表5个小圆片，5名同学商讨并按一定的顺序

摆出不同的数,老师做数位表)

2. 探索规律。

师:一直是老师在考你们,同学们想不想也来考一考老师呢?(想)同学们随便说一个数,老师就知道这个数是用几个小圆片摆出来的,你们相信吗?(学生疑惑,不信老师能做到)不信你们说出数字来考,现场检验。(学生说出不同的数字考老师,老师均答对)

师:老师厉害吧,你们想和老师一样厉害吗?其实老师知道它们之间的一个小秘密。

(出示 1 个、2 个、3 个、4 个、5 个小圆片摆出的数)

仔细观察你发现了什么?

(学生观察、讨论交流发现)

3. 总结规律。

师:刚才我们用 1、2、3、4、5 个小圆片发现了一些规律,下面不用我们摆,你能很快说出用 6、7、8、9 个小圆片可以表示出几个数吗?是哪些数呢?

(运用规律大多数学生很快说出用 6 个圆片可以摆出 6、15、24、33、42、51、60 共 7 个数,在具体说每一个数时部分学生不能按顺序说,教师提示"你先想到的第一个数是几?""那下一个呢?"小组合作把 6、7、8、9 个圆片在数位表上摆的数依次都说出来)

(四)拓学创思——巩固提升

1. 基本练习。

用 6 个圆片能摆出 34 吗?为什么?

2. 深化练习。

老师的年龄可以用 8 张圆片摆出来,你能猜出老师今年的年龄吗?

3. 拓展练习。

用 10 个小圆片能摆出几个数呢?先想一想,然后用圆片摆一摆。

六、单元教学反思

(一)基于单元目标整合教学内容

从单元章节内容的编排顺序来看,根据小学生已有的知识经验、心理发展规律设计课程内容的,能够让小学生在学习这一单元知识时,学习能力获得螺旋式地上升。整个单元课程的教学目标可以分为"培养数感""体会数的意义""掌握数的基本运算"等方面,小学数学教师在基于结构化的单元整合模式下,可立足具体的单元目标,对单元知识进行整合,形成结构化的数学知识体系。在"培养数感"目标引领下,教师可将教材中的"数小棒""按要求写数""读数和写数""在空格填数""数的比较""猜一猜数学游戏"等方面的内容整合起来,综合性地培养学生的数感。在"体会数的意义"目标引领下,教师可将教材中的"数的组成"与"数的比较"等部分内容进行系统的整合,启发学生对单元课程的知识进行全面的思考,并通过动手操作的方式,真正体会百以内数的意义。

(二)借助任务驱动突破重难点

教学重难点是教学中学生必须掌握而较难理解的知识。因此,在单元设计中定准教学重难点,并分解落实到具体课时,随后再设计学生的学习活动。在具体设计时不仅要围绕教学重点设计有针对性的学习活动,还要针对学生的学习难点进行分步设计,使学习难点被逐一攻克。因此,有效的数学活动应是有利于促进学生主动思考、自主建构新知和促进数学思维发展的活动。"100以内数的认识"单元的重难点是知道100以内数的组成,会读、写100以内的数,能进行100以内数的大小比较。为了突破教学重难点,教师通过设计不同的操作活动,让学生亲身经历知识的形成过程,从而抽象出数学概念。

(三)采用多元评价增进学习成效

基于新的课程改革,教学理念从知识逻辑走向学习逻辑、认知逻辑,开始更多关注到人的发展。在这个过程中,学习任务会分解到每个学生身上,基于真实情境下的问题解决,让学生在经历与体验中,达成深度学习,发展学生的核心素养。而就中国学生发展核心素养指出,基础教育的顶层理念就是强化学生的核心素养。2022版数学课程标准指出,学生核心素养主要表现在三个方面:会用数学的眼光观察现实世界;会用数学的思维思考现实世界;会用数学的语言表达现实世界。本单元设计根据每课一评的原则,嵌入到每一个教学环节。评价对象由原来的师生评价增加生生互评,以多元评价促进学生发展。

(杭州市文海教育集团　楼宸瑞)

案例 9 "元、角、分"单元教学设计

一、单元内容分析

(一)本单元学习指向的核心概念及其进阶路线

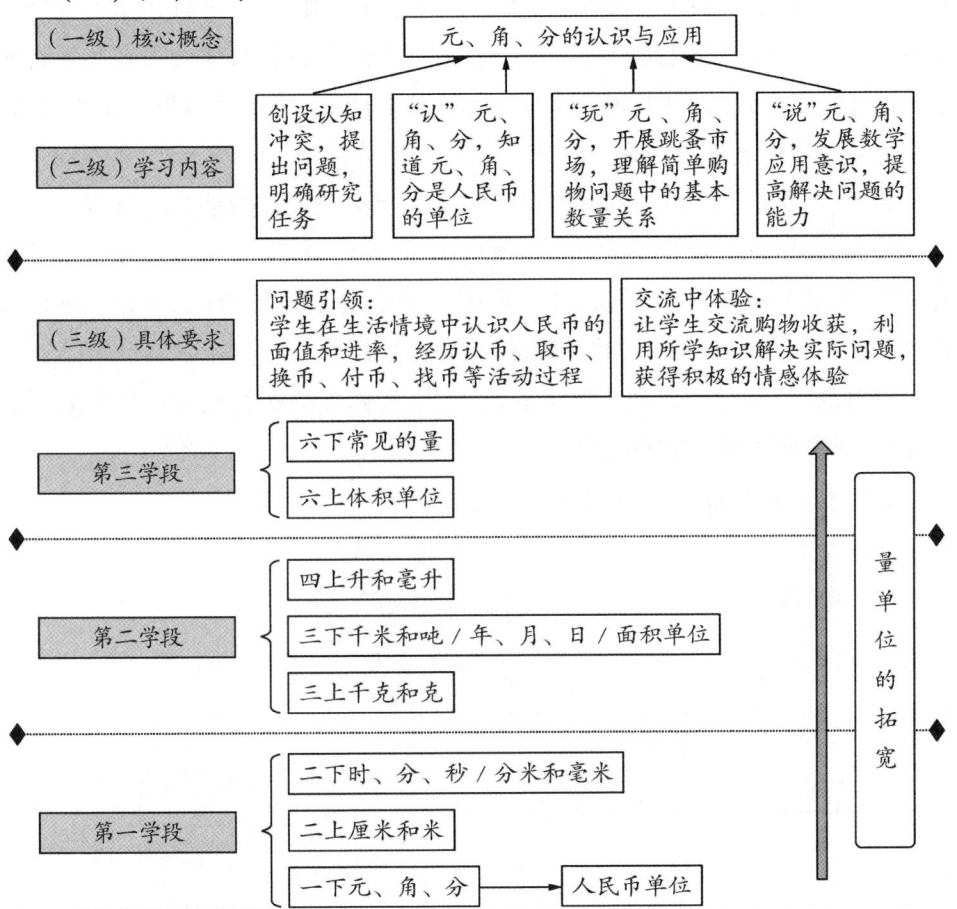

在小学整个阶段关于计量单位的拓宽,主要研究以下三个方面:第一是计量单位的统一与认识,第二是计量单位的感知,第三是计量单位的应用。

本单元属于第一学段中关于人民币计量的内容,聚焦"数感、量感和应用意识"核心概念,落实 2022 版课程标准中提出的"在实际情境中认识人民币,能清晰表达和交流信息,知道元、角、分之间的关系,能进行简单的单位换算;会在真实或模拟的情境中合理使用人民币;在教师的指导下能够反思并述说购物的过

程,积累使用货币的经验;了解货币的意义,具有勤俭节约的意识,形成初步的量感和初步的金融素养"。

在2022版课程标准中是这样描述数感的:"数感主要是指关于数与数量、数量关系及运算结果的直观感悟。"将数感描述为感悟,就不再单纯地指向直觉、感知、潜意识、经验等方面,而是在"感知"后的"领悟"。所以在学习元、角、分的过程中,要鼓励学生在观察、操作、合作、交流等活动中,体会买者和卖者操作过程和思考方式的不同,进一步理解加减法的应用,感悟货币与商品的关系,货币交流的过程及货币的意义。

量感:主要是指对事物的可测量属性及大小关系的直观感受。所以在学习元、角、分的过程中,要让学生认识各种面值的人民币,知道元、角、分是人民币的单位,知道1元=10角、1角=10分,引导学生熟悉货币之间的换算。确保每名学生至少经历一次买和卖的过程,体会人民币的大小。

应用意识:有意识地利用数学的概念、原理和方法解释现实世界中的现象与规律,解决现实世界中的问题。

(二)本单元学习内容的组织线索

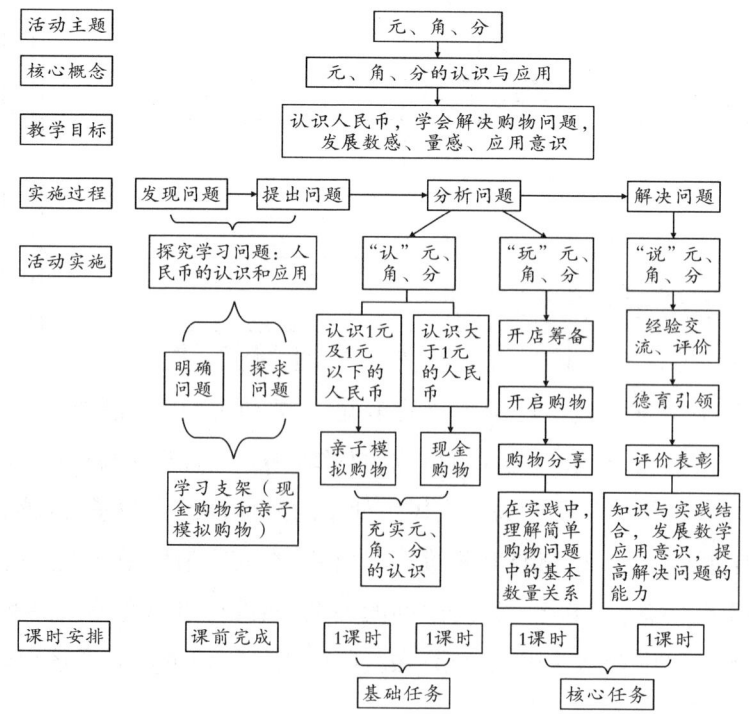

将认识人民币的学习以实践活动呈现,有利于促进学生的参与和体验,在做中学,在学中做,更加加深对人民币知识的理解、应用。通过亲子模拟购物巩固1元及1元以下的人民币的认识,元、角、分之间的进率和换算;通过体验现金购物,能够进行简单的计算,积累解决简单购物问题的经验,在实践中增加对数量之间关系的认识,学习购物中的交流和表达。把实践中学到的知识和经验运用到跳蚤市场,通过解决跳蚤市场中遇到的问题,渗透德育教育。再通过跳蚤市场把学到的知识,运用到生活中。学习是从生活中来,再服务于生活。

二、单元教学目标设计

1. 数学知识:以购物活动为主线,充实元、角、分的学习,在实践中理解数量之间的关系、积累解决简单购物问题的经验,完善购物流程,能够表达和交流购物信息,提出解决问题的思路,并解决问题。

2. 数学思考:利用学生已有的生活经验,以购物活动为主线,体会数学与生活的联系,在跳蚤市场中发现、提出购物问题,运用数学知识与生活智慧分析、解决问题。活动中通过富有挑战、引发思考的问题,激发学生的学习欲望,促进积极动脑思考,培养和发展思维的灵活性和条理性。

3. 数学实践:在购物活动中,学会解决简单的购物问题。感受数学与现实生活的密切联系,体会数学的应用价值。

4. 态度责任:学会与他人合作交流,增强合作意识。在交流中把自己积累的知识和方法表述出来,内化为自己的感悟和经验,很好地培养量感,同时也能体会到数学既好玩又实用。

三、单元学习评价设计

评价内容		评价标准	同伴互评
一级指标	二级指标		
课前评价	课前准备	A. 能从生活中找到人民币,但描述不清楚购物过程	
		B. 能从生活中找到人民币,并能清楚说明自己的购物经历	

续表

评价内容		评价标准	同伴互评
一级指标	二级指标		
课中评价	参与程度	A. 不敢参与或参与少	
		B. 积极主动参与,与同学进行有效的合作和交流,充满自信	
	独立思考	A. 能独立思考,对人民币的相关知识基本掌握,积累了一些解决简单购物问题的经验	
		B. 能深入思考,掌握并理解人民币的相关知识,能够解决简单的购物问题,对人民币的意义有感悟	
	主动质疑	A. 学习过程中能提出一个简单的问题	
		B. 能提出一个问题,引发大家的思考、讨论与交流	
	表达观点	A. 有条理、清晰地表达自己的观点	
		B. 表达时有自己的见解、有创新,对购物过程中的数量关系有较深刻的认识	
课后评价	思考与应用	A. 关于元、角、分的学习你还有什么问题?	
		B. 今天的学习引发了你哪些思考,你有什么新的发现和问题?	

主题活动的评价是综合与实践的重要组成部分,应当关注过程性评价,对照主题活动的教学目标确定评价方式,不仅要关注学生对教学内容的掌握情况,还要关注学生参与活动的程度。活动之前要了解学生已有的购物经验,确定学生的课前知识基础和经验。第 1～2 课时,评价学生认识人民币的情况;第 3 课时,引导学生与同伴互评,关注活动过程;第 4 课时,组织学生进行反思、

互评。

四、学生情况分析

调研孩子们对人民币的了解程度和购物经历,找准教学的切入点。

调研题目:(与课前调研融合)

1. 你认识哪些人民币?画一画。

2. 你购买过商品吗?回忆你的购物经历,完成这份表格。

前置任务调查单				
购物场所	确定购物商品	你带了多少钱?	商品多少钱?	找回多少钱?
超市				
文具店				
(_____)				

调研分析:

第1题:你认识哪些人民币?画一画。

1. 学生对人民币的认识仅限于数字,对于单位的意识薄弱,这正是教学的重点。指导教学时要注意对比1元、1角、1分一样大吗,为什么?突出单位不同,面值不同,认识人民币时既要看数字也要看单位。

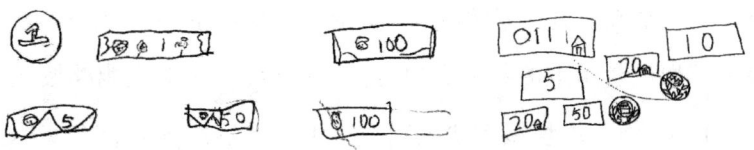

2. 学生对人民币的认识不全面,限于生活中用到的。教学中要让学生把人民币的面值按从小到大的顺序完整地认识。

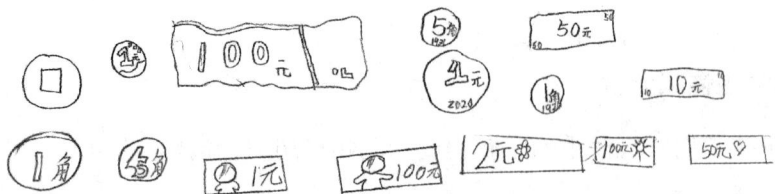

3. 学生自己创造人民币的面值。教学中要告诉学生人民币是中国的法定货币,面值不可以自己随便编造,而且有些面值如 2 元、2 角的人民币在流通中慢慢消失了。

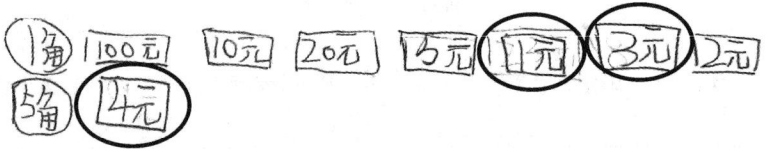

4. 少数学生基础较好,能够完整写出人民币的所有面值,并能够区分纸币和硬币,但人数较少。

第一个思考:学生对人民币的认识基础不同,教学时要着重抓住课前调研中的问题,在课堂上把人民币的单位、11 种不同的币值、大小关系重点强调。

第 2 题:回忆你的购物经历,完成这份表格。

第二个思考:为帮助学生积累购物活动经验,同时也为了帮助教师了解学生对人民币的认知水平,单元教学前设计了一个"前置任务调查"活动,让学生带着任务走进生活超市,完成购物任务。调查结果显示,对于较常用的人民币,多数学生能够根据货币上的数值和单位区分面值,一些学生能够按照要求取出一定数额的货币,但速度快慢有所差别。学生也通过这项调查在实际情境中了解和初步认识了人民币,积累了基础知识的学习经验。

五、单元学习进程设计

单元主要概念	学习进阶	学习问题链	主要学习活动	思维型教学原理	课时建议
元、角、分的认识与应用	制订学习方案	问题一：开办跳蚤市场，你觉得需要做哪些准备或者会遇到什么问题？	创设问题情境： 提出学习：元、角、分的认识与应用。 明确学习内容，厘清重难点。 搭建活动支架：利用"现金购物和亲子模拟购物"在实践中更好地理解元、角、分的知识，同时为开办跳蚤市场积累活动经验。 组织学习，开展实践活动	自主建构 自我监控	课前完成
	活动实施	问题二："认"元、角、分，进行问题分析	组织学习：认识1元及1元以下的人民币和大于1元的人民币。 课后实践：亲子模拟购物和现金购物	知识构建 应用迁移	2课时
		问题三："玩"元、角、分，进行问题分析	全班交流：亲子模拟购物和现金购物。 全班汇总购物的流程、注意事项。 开展活动：跳蚤市场	实践经验积累	1课时
		问题四："说"元、角、分，在实践中巩固、掌握知识	问题解决：交流"玩"跳蚤市场的经验，掌握人民币的应用，理解数量之间的关系。 交流分享活动过程与收获。 发展数学应用意识，提高解决问题的能力。 自我反思、互相评价	问题解决 应用迁移 自我监控	1课时

本单元分为四个课时，前 2 课时借助人民币学具认识 11 种人民币及单位和进率，学习解决一些和购物有关的简单实际问题。在此基础上安排综合练

习,帮助学生进一步认识人民币,感受人民币的实际价值,在解决简单的购物问题中,发展解决问题的策略,提高解决问题的能力。最后安排综合实践课程"小小商店",利用已有的购物经验发挥学生主体作用,让学生自主解决购物中的问题,培养问题意识、观察能力。具体课时如下:

第1课时 认识1元及1元以下的人民币

【教学目标】

1. 在观察人民币以及换币、取币等活动中认识1元以内的人民币,知道元与角、角与分之间的进率。

2. 初步认识商品的价格,学会简单的购物,培养思维的灵活性,与他人合作的态度以及学习数学的兴趣。

3. 对学生进行爱护人民币和勤俭节约的教育。

【教学重难点】

重点:知道人民币单位间的进率。

难点:各种面值人民币之间的简单换算。

【教学过程】

一、创设情境、激趣导入

1. 出示例题第一幅图,让学生仔细观察。

2. 提问:你们从图中看到些什么?买过东西吗?买东西要用什么?我们国家的钱叫什么?

同学们的知识真丰富,这节课表现积极、认真思考的同学,老师也会奖励大红包,比比谁拿到的红包多。

【设计意图】本节课活动较多,一年级学生会很感兴趣,参与积极性很高,但是孩子们年龄较小,在活动中的课堂纪律需要重视。设置红包奖励,调动学生积极性的同时,更有助于课堂常规培养,保持良好的课堂纪律。

3. 揭示课题,齐读课题。

二、自主探究

（一）人民币的认识

1. 认识不同面值的人民币。

师：你们认识人民币吗？请你从盒子里找出认识的人民币，介绍给本组的小朋友听，并说一说你是怎样认识的。分组活动。

（分组汇报）让学生在实物投影仪上逐一介绍面值不同的人民币，教师相机补充，并把不同面值的人民币分别展示出来。

【设计意图】让学生自己辨认不同面值的人民币，增加对人民币的直观感知。从交流中了解到学生辨认不同面值人民币的依据主要是数字和汉字。

2. 揭示人民币的单位。

师：出示1元、1角、1分的纸币，为什么数字都是1，但是大小（面值）却不同呢？

生：因为后面跟的汉字不一样。

相机揭示这些汉字，元、角、分就是人民币的单位。

小结：在认识人民币时既要看数字，也要结合单位。

【设计意图】学生自己辨认不同面值的人民币时，来自直观感知，通过辨认1元、1角、1分，让学生认识了人民币的单位，完善对人民币的认识。同时为接下来的分类做好铺垫。

3. 人民币的分类。

我们已经认识了7种人民币，知道在辨认不同面值人民币时，既要看数字，也要看单位。那小朋友，你们能把这些人民币分类吗？请学生拿出盒子里的人民币，小组合作分类。学生汇报分类情况，并说说分类的依据。

总结学生的回答，得出人民币可以按照纸币和硬币分类，也可以按照人民币的单位"元、角、分"进行分类。

（二）元、角、分之间的关系

1. 元和角之间的关系

选出上面环节表现好的两名同学，教师奖励每人一个红包，让学生猜猜哪个大？

两名学生拆红包，一名同学是1张1元的纸币，另一名同学是10张1角的纸币。

师：你们知道谁的红包大吗？

生：一样大！

师：为什么呀？谁来说一说。

生：10张1角就是1元。1元就是10角。

师总结：1元＝10角，10角也是1元。

出示例题第二幅图，要求学生仔细观察。

师：图中的小朋友想买什么？（练习本）买手表该付多少钱？（1元）

请学生从盒子里拿出1元钱，看看谁最善于思考，能拿出不一样的。

学生汇报拿1元钱的不同方法。

当出现拿一个1元的和10个1角的时候，引导学生建立"元"与"角"之间的进率关系：1元＝10角。

【设计意图】通过红包比大小，让学生建立1元＝10角，再经过真实的买卖活动，让学生把知识与生活建立联系，丰富元和角之间关系的认识。

2. 角和分之间的关系

提问：我们已经知道元和角的关系"1元＝10角"，那么角和分之间有什么关系？1角等于几分呢？

学生自主完善认知1角＝10分，10分就是1角。

(三) 换币

教师及时选出本环节表现最好的两名同学也给予红包奖励。提示这两个红包是一样大的，先由其中持有1元纸币红包的同学打开，请你们猜一猜另一名同学可能是怎样的红包？

学生积极回答，有的说10张1角纸币，有的说10个1角硬币、有的说1张5角纸币和5个1角硬币，让持有另一个红包的同学确认，并提醒这两张是一样大的，从而猜出是2张5角纸币。

试一试：一张1元的人民币可以换几张5角的？几张2角的人民币可以换1张1元的？同桌互换。

请学生说说互换的结果，以及为什么要这样换。

【设计意图】让学生知道1元人民币可以用1张1元表示,也可以用2张5角表示,还可以用5张2角表示。及时表扬想出很多不同答案的同学,也为练习题第3题做好铺垫。

三、应用拓展

布置拓展作业:用1元及1元以下的人民币进行亲子模拟购物。

【教学评析】

元、角、分的知识与我们的日常生活联系非常紧密,但是把知识集中到课堂上会有一定的难度,所以本节课用红包奖励与教材内容有机结合,灵活调整教材,放手让学生自己认一认、分一分、比一比。学生将所学到的元、角、分之间的关系与生活建立联系,并真实体会不同的付钱方式。通过拓展作业亲子模拟购物,让学生在实践中发现新问题、解决新问题。

第2课时　认识大于1元的人民币

【教学目标】

1. 认识1元以上的人民币,教育学生爱护人民币。
2. 会进行简单的人民币计算。
3. 经历探究的过程,在探究过程中培养思维的灵活性。

【教学重难点】

重点:认识大面额的人民币,准确地把握各种面值的实际大小。

难点:掌握人民币之间的换算关系。

【教学过程】

一、启动已有经验,导入新知

上一节我们认识了1元以下的人民币,知道了"1元=10分,1角=10分"。今天我们再一起来认识1元以上的人民币。

二、认识1元以上的人民币

1. 出示例题提问:你认识这些人民币吗?自己先说说看,再互相说说。
2. 老师介绍一些有关人民币的知识。

3. 刚才我们已经认识了一些1元以上面值较大的人民币,现在说说1元以上的人民币有哪些特点?

人民币正面左上角印的是国徽,新版10元、20元、50元、100元上有大写面值与小写面值,人民币是由国家印制的,正面的图案印的是谁?反面的图案有什么?咱们一起欣赏一下。

4. 爱国教育:你有什么想说的?(祖国太美丽了,想去游玩)不但是我们中国人,实际上,世界各国人民都十分向往我们这个美丽又神秘的文明古国,人民币上有许多我们国家的信息,它向全世界诠释着我们中国的美丽。难怪人们说钱币是一个国家的名片。你觉得我们应该怎样对待我们国家的名片?(不乱撕,不乱涂乱画)

5. 小结:现在你能说说看,我们都认识了哪些1元以上的人民币?

(板书:……)

6. 购买商品:人民币最大的用途是什么?(买东西)

估计:哪些商品最贵?(儿童皮鞋)可能价值多少钱?(100元)

三、人民币的应用

1. 拿钱组合:现在我们有5种不同面值的人民币,只能购买5种价格的商品吗?

用5种不同面值的钱,你认为还可以买到什么价格的商品呢?

例如:30元的物品怎么付钱?

(1)可以将2张合起来的,你们学会了吗?10+20=30(元)。你们还可以将几张合起来?

(2)同桌说说:还可以组合哪些价格?

(3)交流:让一个学生任意组合,请其他学生回答钱数。

2. 现在来试试看买这件商品,1盏台灯40元,你打算怎样付钱?(口答)

小结:虽然我们可以利用现有面值的钱组合出许多价格,但有的价格我们仍然没法付,这个时候,国家就开始批量生产每种面值的钱币。

3. 换钱游戏。

当每种面值的钱有了很多以后,每种价格的付钱方式就有许多种了,现在我们做一个游戏。

游戏:你们和老师购买的商品价格一样,但是你们的付钱方法不能和我一样。(同桌合作,说说怎样付钱来购买)

买 100 元的鞋子,我拿(　　)张(　　)元。说说你怎么拿?你是怎么想到的?

(可用列式或用数的组成说理,如 10 张 10 元就是 100 元)

4. 比较:这样看来,其实 1 张 100 元的钱可以换(　　)张 20 元,还可以换(　　)张 10 元。你看这些钱币哪种最值钱?

5. 拓展:1 张 50 元的跟你换,在脑子里摆钱你能换吗?(2 张 20 元和 1 张 10 元,5 张 10 元,1 张 20 元和 3 张 10 元,10 张 5 元,50 张 1 元等等。)

四、总结评价,拓展应用

同学们今天表现得非常好,谁能用一句话说一说这节课你学到了哪些本领?回家后参加一些购物活动,既能帮助爸爸妈妈,又能锻炼本领,大家愿意吗?不过要注意合理使用人民币,养成节俭的好习惯。

【教学评析】

本节课设计了不同层次、不同要求的活动,由浅入深,引入部分是根据学生已有的生活经验,由学生自己提出学习的内容。让学生从谈话中引出大面额人民币学习的必要,紧接着,用课件展示人民币让学生认识,练习时提出找钱、换钱的问题,这样由易到难,步步深入。以这种学生乐于参与的活动形式调动学习热情,同时不断提高活动的要求,由独立思考到合作交流,学生在活动中不仅认识了人民币,同时练习了如何使用人民币。"换钱"对学生来说是一个难点,再利用所学的知识解决实际问题,使学生在解决问题中不仅获取了知识,更锻炼了应用意识和解决问题的能力。

第 3 课时 "玩"元、角、分

【教学目标】

1. 经历换币、付币、找币、计币等活动过程,初步认识商品的价格,获得一些简单的购物活动经验,发展数学思考,培养解决问题的能力。

2. 丰富对购物活动中相关数量关系的理解,积累解决简单购物问题的经验。

3.在购物或模拟购物等活动中,获得积极的情感体验,产生学习数学的兴趣。

【教学重难点】

重点:加深对人民币的认识,进一步掌握人民币的换算及简单的计算。

难点:培养学生在实际生活中运用数学的意识。

【教学过程】

一、购物初体验、充实购物经历

来一场真实的现金购物之旅,和家长带上50元人民币,一起逛商场、超市或文具店,认识价格标签,选择自己需要的商品。和家人、同学分享自己的购物经历。

通过真实的购物之旅,相信同学们不管是在商品的选择上,还是和商家的沟通上会有不少的收获,运用自己学到的知识和家长开展亲子模拟购物,利用家里的书本、文具、玩具等开店,交换角色,体验卖家和买家的不同,丰富购物经历。教师根据任务分七组,确定店长、售货员和顾客,方便学生课后的讨论、交流。

【设计意图】通过模拟购物和现金购物,经历取币、换币、付币、找币的购物过程,初步认识商品的价格,初步理解简单购物中的基本数量关系,充实购物经历,体会人民币与日常生活的密切联系,形成对货币多少的量感和初步的金融素养,同时激发学生的学习兴趣。

二、开店筹备

我们自己创办个"小小商店——跳蚤市场",大家都来买。要开办跳蚤市场,你觉得需要做哪些准备或者会遇到什么问题?

预设:

①我们要准备好商品,挑选自己闲置的玩具、文具、书籍、生活用品等。

②我们要准备人民币学具。

③我们要给闲置的商品定价,制作价格标签。

④我们要计算购买的商品一共多少钱。

⑤我们多付钱时,要让卖家找回。

……

如果开办跳蚤市场要做很多准备,同时也会遇到很多问题。创设真实购物情境,引发学生思考,利用跳蚤市场贯穿本单元学习。从人民币的认识、了解商品的价格、付钱、找钱都与购物息息相关,但是把知识集中到课堂中就会有一定的难度,通过跳蚤市场的开设,调动学生学习的积极性。

分配开店任务,包括:商品准备、价格标签、店名、海报、宣传语、优惠政策等。

店员:确定闲置物品、完成定价。

店长及售货员:整理商品填写售货清单、拟定店铺名称和海报、制作价格标签、商量店铺宣传语及引流措施。

【设计意图】有了前期的购物体验,在家长和老师的帮助下,开始积极筹建自己的小店,确定商品,设计属于自己的店铺名称和宣传标语,体验日常售货员的工作,学生相互合作,共同完成商店筹备,增强合作的意识,培养合作学习的技巧,体验成功合作的乐趣。

三、市场开业,自主购物

伴随着音乐开始,跳蚤市场开业啦!

商店介绍:七种商店,店长介绍店名、经营范围、商品价格及引流政策。

自主购物:顾客自主购物,有序排队结账,及时填写自己的购物清单,根据付钱和商品价格核对找回钱数。

售货员根据售货清单,及时记录卖出商品的付钱数和找钱数,根据商品的价格和顾客不同的付钱方式,算清楚找钱数。

【设计意图】创设购物的真实情境,让学生人人参与简单的购物活动,充分体验取币、付币、找币,学会与人合作,体验交易的过程,同时师生间情感交流得自然、融洽,使学生体会到数学知识来源于生活,服务于生活,从而进一步激发学习的好奇心,引发更强烈的求知欲望。

四、交流

1.填写完购物清单和售货清单。

师:请所有的小顾客将购物清单填写好,请七位售货员将售货清单填写好。

2.购物结束后,组织学生发表购物过程中的感想以及对其他人的评价和建议,最后进行表彰活动。

店长:叙述本次活动中自己组织本次商店的感悟,并对自己小店以及售货员进行评价。

售货员:讲述自己在店长的带领下通过本次活动中的感想,并对本次活动以及自己的表现进行叙述。

顾客:对本次购物活动中自己的收获以及小店中商品价格和服务态度进行叙述和评价。

第4课时 "说"元、角、分

【教学目标】

1.在活动中,进一步了解人民币的实际价值。

2.经历用数学知识和方法解决购物活动中各种实际问题的过程,培养收集、整理和加工信息,以及提出问题、分析问题和解决问题的能力。

3.在活动中,进一步培养与他人合作交流的自觉性,获得一些成功的体验,增强学习数学的兴趣和学好数学的信心。体会挣钱的辛苦以及花钱时避免铺张浪费。

【教学重难点】

重点:加深对人民币的认识,了解人民币与日常生活的密切联系。

难点:解决一些和购物有关的简单实际问题。

【教学过程】

一、思维碰撞、融通经验

活动一:分享你的购物清单,说说为什么买这些商品。

预设1:我买了喜欢的商品。

预设2:我买了需要的商品。

小结:在购物时,我们可以挑选自己需要的商品和喜欢的商品,并及时鼓励按需购买的孩子,告诉学生要根据需要去购物,不能盲目、从众购买,培养正确的消费理念。

活动二:分享你怎么计算所有商品的价格?

师:挑选好满意的商品,接下来我们要做什么呢?

预设1:付钱。

预设2:计算所有商品的价格。

小结:大家说的都对,挑选好商品,首先我们要计算所有商品的价格。

师:你怎么样计算所购买商品的价格。

预设:把所有商品的价格加起来。

小结:计算商品的价格,要用加法。

继续完善购物清单、售货清单,核对所有商品的价格。

小结:单位相同直接相加。

活动三:分享你的付钱方式。

师:计算出所有商品的价格,现在我们要进行付钱,你是怎么付钱的?

预设:我买了一个5元5角的数字华容道,付了一张5元和一张5角。

师:如果你也购买5元5角的商品,你准备怎么付钱?

预设1:5张1元,1张5角。

预设2:1张5元,5张1角。

预设3:1张5元和1张1元。

预设4:1张10元。

小结:通过大家的分享发现,我们在购物时要根据自己手中人民币种类去付钱,当我们有和价格一样的人民币时,可以付正好的钱,没有时,根据手中的人民币,就会多付。

活动四:分享你怎样计算找回的钱?

师追问:当我们多付钱时,会产生什么问题。

预设:售货员需要找钱。

师追问:怎样计算找回的钱?

预设1:付出的钱减去商品的价格就等于找回的钱。

预设2:付出的钱比商品价格多了多少钱,就需要找回多少钱。

小结:同学们说的都很好,求找回的钱就是求付出的钱比商品价格多多少钱,要用减法计算。

继续完善购物清单、售货清单,核对找回的钱。

小结:相同单位可以直接相减。

活动五:分享你在购物中的问题,你是怎样解决的?

情境一:一个文具盒6元,我给了他10元,他不给我找钱,我们交易失败了。商家说因为我没有4元零钱,我只有一张5元和一张10元。

师:此时要怎么办呢?

预设1:把5元钱拿去和周围的商家换成5张1元。

预设2:可以把5元钱找给买家,让他再退回1元。

情境二:我收入的钱太多了,数不清了!

师:我们一起帮你算!

情境三:我想买的商品太多了,可是我的钱不够怎么办?

预设:我们不能看到什么都想买,要想想是不是真的需要,我以前买了好多玩具,没玩几次就不玩了,一直在家里放着。

师:钱可以买很多我们喜欢的商品,但是我们要文明购物,养成节约用钱的习惯。

二、交流、评价

自主填写购物清单后的评价。

评选最优店铺:①顾客体验七个店铺之后,评选出自己心中的最优店铺。②根据学生购物分享,评选出"小算盘"老板。

颁奖:①为最优店铺颁奖,成员一起领奖,并发表获奖感言。②为"精打细算"小顾客颁奖,并发表感言。

三、了解钱币的"前世今生"

师:你们知道钱是怎样产生的吗?

视频播放钱币的前世今生,演绎物物交换时代、"代币"时代、"纸币"时代。

全体成员回忆述说购物过程,发现人民币背后的图案是祖国的大好河山!通过视频介绍人民币中的图案地点,让学生感受祖国风景的秀丽,增强学生的爱国情怀,认识到"绿水青山就是金山银山"。

【教学评析】

数学源于现实,扎根于现实,应用于现实。让学生准备闲置的物品开办跳蚤市场,运用人民币的有关知识解决问题,并在交易过程中感受合作交流、运用数学知识的乐趣。综合与实践活动的教学目标除了要落实基础知识、基本技能的学习要求外,还要关注学生活动体验的获得和情感态度的发展。本次实践活动很好地实现了"会在真实的或模拟的情境中合理使用人民币,形成对货币多少的量感和初步的金融素养"的教学目标。

【活动延伸】

欣赏微课,总结延伸:

让学生认一认超市里的一些特殊标记,如优惠商品的标签等,(这些标签为什么是黄色的呢?)并提醒学生购物时看清商品的生产日期和保质期,尤其是面对打折促销的商品时,要根据实际情况理性消费。

以欣赏微课的形式总结全课并进行拓展延伸,真正将数学知识融入生活。

六、单元教学反思

通过对"元、角、分"单元的学习,学生一方面在实际的购物过程中积累了购物经验,能从数学角度发现问题、提出问题,并主动应用数学知识解决问题,拓宽了所能解决的简单实际问题的范围,同时为四则运算的学习提供了更多现实生动的素材;另一方面,学生能为认识其他常见的量积累学习经验。

数学源于现实,扎根于现实,应用于现实,"元、角、分"以实践活动展开,把数学与生活建立联系,使学生在亲历活动中解决问题、发散思维、自主完善并构建知识体系。基于学生的知识经验与心理发展规律,创设现金购物、模拟购物的情境,设置富有层次的常见问题,在不断的追问中引发学生深度思考。

(太原市小店区第二实验小学　张倩妮、赵慧敏、赵磊)

一、著作与标准类

[1] 曹一鸣,张生春.数学教学论[M].北京:北京师范大学出版社,2010.

[2] 韩琴.课堂提问能力实训[M].北京:高等教育出版社,2019.

[3] 韩琴.课堂互动与青少年的创造性研究[M].北京:科学出版社,2013.

[4] 何克抗,林君芬,张文兰.教学系统设计(第2版)[M].北京:高等教育出版社,2016.

[5] 胡卫平.科学思维培育学[M].北京:科学出版社,2004.

[6] 胡卫平.思维型教学理论操作指南[M].上海:上海科技教育出版社,2023.

[7] 胡卫平.中学科学教学心理学[M].北京:北京教育出版社,2001.

[8] 皮连生,王小明,胡宜.教学设计[M].北京:高等教育出版社,2009.

[9] 林崇德.21世纪学生发展核心素养研究[M].北京:北京师范大学出版社,2016.

[10] 沈丹丹.小学数学教学设计与案例分析[M].北京:中国人民大学出版社,2016.

[11] 孙国春.小学数学教学设计[M].上海:复旦大学出版社,2019.

[12] 王家正,沈南山.小学数学优秀教学设计[M].合肥:中国科学技术大学出版社,2017.

[13] 徐利治.数学方法论选讲[M].武汉:华中科技大学出版社,2000.

[14] 杨军,李志河.通识方法论:成人方略和生存艺术[M].北京:清华大学出版社,2022.

[15]张新全.数学课教学设计经典案例研究[M].合肥:安徽大学出版社,2017.

[16]中华人民共和国教育部.义务教育数学课程标准(2022年版)[S].北京:北京师范大学出版社,2022.

[17]义务教育教科书数学人教版(1—6年级)[M].北京:人民教育出版社,2023.

[18]义务教育教科书数学北师大版(1—6年级)[M].北京:北京师范大学出版社,2023.

[19]义务教育教科书数学苏教版(1—6年级)[M].江苏:江苏教育出版社,2023.

二、期刊论文类

[1]白如平.《小数的性质》教学设计[J].教学管理与教育研究,2017(20):86-88.

[2]蔡凌燕.小学数学教材中数学思想方法的探究[J].教学与管理,2008(14):35-37.

[3]陈安宁.浅谈数学思想方法对小学数学教学的启示——以鸡兔同笼问题为例[J].兰州文理学院学报(自然科学版),2014(06):97-100,111.

[4]陈柏华.论课程行动研究——兼论头脑风暴法和中立主席法[J].外国教育研究,2001(04):32-37.

[5]陈琦,张建伟.信息时代的整合性学习模型——信息技术整合于教学的生态观诠释[J].北京大学教育评论,2003(03):90-96.

[6]陈祥彬.在小学数学教学中渗透数学思想方法[J].课程·教材·教法,2010(07):37-41,36.

[7]陈云.小学数学复习课的逻辑走向[J].教育研究与评论(小学教育教

学),2021(06):72-75.

[8]葛灿.思维型教学课堂,从如何提问开始[J].教育现代化,2020(25):113-116.

[9]郭成,陈红.试论小学数学课堂教学中创设问题情境的有效策略[J].课程·教材·教法,1999(09):48-52.

[10]韩琴,胡卫平,周宗奎.国外对课堂教学中学生创造性问题提出能力的影响研究[J].比较教育研究,2007(01):37-42.

[11]韩琴,胡卫平,贾小娟.同伴互动小组结构对小学生创造性问题提出的影响[J].心理科学,2013(02):417-423.

[12]韩琴,胡卫平.小学生创造性数学问题提出能力的发展研究[J].心理学探新,2007(04):59-63.

[13]韩琴,强瑞超,秦亚平.样例启动对中学生创造性科学问题提出能力的影响[J].心理与行为研究,2017(06):750-755.

[14]蒋春香.小学数学复习课的系统建构[J].安徽教育科研,2021(32):67-68.

[15]邝美兰.数形结合思想方法在小学数学教学中的应用策略初探[J].学周刊,2018(15):39-40.

[16]林崇德,胡卫平.思维型课堂教学的理论与实践[J].教育研究与评论(小学教育教学),2010(09):92.

[17]刘蕊.关于小学数学教材中主要数学思想方法的思考[J].新课程,2021(32):141.

[18]罗劲.顿悟的大脑机制[J].心理学报,2004(02):219-234.

[19]吕斓,曾祥琼.大概念统领的小学数学教学设计——以"数的认识"为例[J].教育科学论坛,2021(16):44-46.

[20]马文杰,鲍建生."学情分析":功能、内容和方法[J].教育科学研究,2013(09):52-57.

[21] 马艳,吴骏,吉欢.演绎推理在小学数学教材中的渗透[J].内蒙古师范大学学报(教育科学版),2020(03):105-111.

[22] 秦华荣.浅谈数学命题教学模式[J].新课程学习(上),2013(01):66-67.

[23] 邱忠华.数学命题特征分析的初步研究[J].山东教育学院学报,2007(04):50-52.

[24] 宋运明.核心素养导向的小学数学概念教学——融合优秀教师课例的探析[J].基础教育课程,2020(20):41-45.

[25] 苏虹.促进学生形象思维与抽象思维的协同发展——小学数学教学中强化概念教学的一些做法[J].中国教育学刊,2004(05):36-39.

[26] 王林.小学渗透数学思想方法的实践与思考[J].课程·教材·教法,2010(09):53-58.

[27] 王晓清.小学数学复习课从"碎片化"到"整体性"教学设计[J].读写算,2021(10):175-176.

[28] 王颖.认知冲突在应用语言学中的作用[J].山东社会科学,2008(12):118-120.

[29] 温小勇,周玲,刘露,陈昱静.小学科学课程思维型教学框架的构建[J].教学与管理,2020(24):109-111.

[30] 许中丽.小学数学概念教学的策略研究[J].中小学教师培训,2015(03):40-44.

[31] 杨君玲.感悟数学思想方法,积累数学活动经验——西师版小学数学四年级下册第六单元"探索规律"教学心得[J].新课程(小学),2016(04):2.

[32] 姚丽霞.小学语文课堂提问的有效性研究[J].上海教育科研,2011(10):71-72.

[33] 于潇.谈形象思维在小学数学教学中的作用[J].才智,2019

(29):109.

[34]郑庆全,单墫.数学命题的特征及其教学意义[J].数学通报,2009,48(03):5-8,16.

[35]周小新.数学命题教学中思维流向的引导[J].陕西教育(教学版),2009(09):22.

[36]朱希萍."结构化教学"视域下的小学数学复习课设计[J].教学月刊小学版(数学),2020(05):53-56.

三、学位论文类

[1]陈宝红.小学"分数"概念的学习进阶研究[D].昆明:云南师范大学,2023.

[2]杜梅.小学数学教学中促进学生推理能力发展的实证研究[D].呼和浩特:内蒙古师范大学,2020.

[3]韩冰.小学"探索规律"内容教学研究[D].西安:陕西师范大学,2019.

[4]谭海艳.小学数学复习课教学的问题及策略研究——以湖南省四所小学为例[D].长沙:湖南师范大学,2019.

[5]万明莉.猜想在数学命题教学中的应用研究[D].重庆:重庆师范大学,2018.

[6]吴松玲.基于数学核心素养的小学数学"三角形面积"教学设计研究[D].扬州:扬州大学,2019.

四、外文著述类

[1]Qin Han, Weiping Hu, Jia Liu, Xiaojuan Jia & Philip Adey. The influence of peer interaction on students' creative problem-finding ability[J]. Creativity Research Journal,2013,25(3):248-258.

[2]Rowe, M. B. Wait-time and rewards as instructional variables, their influ-

ence on language, logic, and fate control: Part one-wait-time[J]. Journal of Research in Science Teaching, 1974, 11(2): 81-94.

[3] Ran Ding, Qin Han, Peiqian Wu, Ying Cui, Ruifen Li. Unconscious versus conscious thought in creative science problem finding: Unconscious thought showed no advantage![J]. Consciousness and Cognition, 2019(71): 109–113.

五、会议论文类

[1] 董艳军. 浅谈增强小学数学复习课的复习效果策略研究[C]. //教育部基础教育课程改革研究中心. 2020年"基于核心素养的课堂教学改革"研讨会论文集. 2020: 2.

[2] 郑小青. 第十八届全国新世纪小学数学课程与教学系列研讨会——研究成果案例2 借助"等积变形"增值有效复习——《多边形的面积复习》教学与思考[C]. //北京师范大学基础教育课程研究中心. 第十八届全国新世纪小学数学课程与教学系列研讨会暨"数学素养发展导向的课堂教学——空间观念"主题专场论文集. 2019: 7.